数字经济时代互联网发展
对城市全要素生产率的影响

The Impact of Internet Development
on Urban Total Factor Productivity
in Digital Economy Era

王钺 著

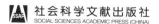

社会科学文献出版社
SOCIAL SCIENCES ACADEMIC PRESS (CHINA)

本书出版得到以下项目的资助：

中共中央党校（国家行政学院）创新工程项目"乡村振兴问题研究"；

国家社会科学基金青年项目"农业转移人口市民化政策体系研究"（19CJY012）。

前　言

在"双循环"战略实施的背景下,整合国内市场资源、利用市场规模优势促进城市的全要素生产率增长是畅通国内大循环、实现经济高质量发展的关键之一。然而长期以来,我国部分政府部门的地方保护主义行为不仅限制了外地商品流向本地区,还阻碍了本地市场资源的流出,从而造成地区间的市场分割,影响了资源的有效配置和全要素生产率的提升。近年来,信息技术的普及和互联网的快速发展逐步打破了传统市场的地域限制,拓展了城市间合作交流的渠道,突破了劳动力、资本、土地等传统要素在实现市场整合过程中面临的时空距离、信息流通等方面的阻碍,为区际要素的自由流动、生产方式的变革等提供了新的动力,进而也成为影响城市全要素生产率增长的重要力量。

本书立足于当前我国互联网快速发展的现实,以区域市场一体化理论、新兴互联网经济理论和经济增长理论作为理论基础,建立了"互联网发展→市场整合→城市全要素生产率增长"的逻辑脉络,旨在探索互联网发展能否通过作用于市场整合进而对城市全要素生产率增长产生影响。从理论层面看,首先从空间联通机制、经济整合机制和制度作用机制三个层面考察了互联网发展影响市场整合的理论机制;其次在此基础上进一步将市场整合变量纳入新经济地理学的自由企业家模型,深入探讨了市场整合影响城市全要素生产率增长的理论机制;最后综合上述分析,全面剖析了市场整合路径下互联网发展影响城市全要素生产率增长的理论机制,打开了互联网发展、市场整合与城市全要素生产率增长之间的"黑箱"。从实证层面看,本书综合运用固定效应、随机效应、工具变量法等计量分析方法,对互联网发展影响市场整合的平均效应,以及市场整合影响城市全要素生产率增长的平均效应进行精准剖析，进而根据上述回归结果科学设定中介效应模型的具体形式，精准评估市场整合路径下互联网发展对城市全要素生产率增长的影响效应，实现效应评估与路径识别的双重目标。本书的主要结论如下。

（1）互联网发展显著促进了市场整合，且这一促进作用不仅不会被高速铁路和高速公路所替代，还会随着互联网规模的增大而提高；互联网发展对市场整合的影响存在区域异质性特征，即相较于内陆地区和中部地区，东部地区和沿海地区互联网发展水平的提升对城市间市场整合的促进作用更强；互联网发展对市场整合的影响也存在"因经济发达程度而异"的特征，即相较于初始经济发展水平较低的城市，具备一定经济发展基础的城市更容易通过互联网发展水平的提升促进城市间的市场整合；互联网对市场整合的影响还存在基于城市规模的异质性特征，即城市规模越大，互联网对市场整合的正向促进作用越强；最后，互联网发展对市场整合的促进作用在较大的地域空间范围内更容易发挥。

（2）市场整合能够显著促进城市全要素生产率的增长，并且相较于中部地区和内陆地区，东部地区和沿海地区的市场整合对城市全要素生产率增长的影响作用更强，西部地区和东北地区的这一影响效应并不显著；此外，初始经济发展水平较高的城市更容易通过市场整合实现城市全要素生产率的增长；市场整合对城市全要素生产率增长的影响存在"因城市行政层级而异"的特征，即在低行政层级城市中这一影响效应显著为正，但是在高行政层级城市中市场整合对城市全要素生产率增长的影响效应并不显著；最后，市场整合对城市全要素生产率增长的作用主要是通过效率改善效应实现的，技术进步效应发挥的作用并不明显。

（3）互联网发展不仅可以直接促进城市全要素生产率增长，还可以通过促进市场整合间接影响城市全要素生产率增长；互联网发展影响城市全要素生产率增长的直接效应和通过市场整合影响城市全要素生产率增长的间接效应均存在"因城市规模而异"的特征，即在规模较大的城市中上述这些影响效应均显著为正，但是在中小城市中这些影响效应均不显著；沿海地区互联网发展影响城市全要素生产率增长的直接效应和通过市场整合影响城市全要素生产率增长的间接效应均高于全国平均水平，而在内陆地区中这些影响效应虽然显著，但是明显低于全国平均水平；此外，互联网对城市全要素生产率增长的影响需要建立在一定程度的经济发展水平之上，即互联网发展影响城市全要素生产率增长的直接效应，以及通过市场整合影响城市全要素生产率增长的间接效应在初始经济发展水平较高的城市中均显著为正，而在初始经济发展水平较低的城市中并不显著。

　　基于上述研究结论，本书从加快互联网发展、打破数字鸿沟、促进市场整合、推动城市全要素生产率增长等方面提出了相应的政策建议和优化措施。本书的相关结论为进一步促进我国互联网的合理化发展、推动市场整合和要素自由流动，进而实现中国全要素生产率的增长提供有益启示。

目　录

第一章 绪论

本章重点阐明本书的选题背景、研究意义、研究思路、研究方法、技术路线及可能的创新点，为后文进行充分铺垫。

第一节 研究背景与研究意义

城市生产率①增长关系着一个国家或者地区的经济发展质量和竞争能力，是一国经济运行和发展的核心问题。长期以来，我国城市间的发展差距和地方保护主义行为的存在在一定程度上阻碍了市场整合，限制了整体市场规模优势的发挥，对城市生产率增长产生了不利的影响。互联网的迅猛发展不仅直接拓展了城市间合作交流的渠道、加速了信息的流动、降低了交易成本，同时也为各地区提供了更多参与区际贸易、优化区际资源配置的机会，这对于整合区际市场资源，进而提高城市的生产率增长水平具有重要的现实作用。本书正是基于提高城市生产率增长水平这一现实问题，试图从市场整合的视角，论证市场整合在互联网发展影响城市生产率增长过程中的传导路径和作用机制。

---

① "生产率"是指产出的某种度量与所用投入的某种指数之比，分为单要素生产率和全要素生产率。单要素生产率只能反映总产出与单一投入要素之间的比率，对经济增长源泉的解释力十分有限，而全要素生产率包含了所有投入要素的综合效果，其不仅是探寻经济增长之谜的主要工具，还是评价经济增长质量的主要方法，因而本书中的"生产率"是指全要素生产率。

一 研究背景

20 世纪末以来，互联网的快速发展和普及对人类生产和生活产生了重要的影响，被称为世界经济的第五次康德拉季耶夫周期（Yushkova，2014）。互联网对经济活动的高度嵌入，不仅改变了传统经济的价值创造方式，同时也深刻影响着实现资源优化配置的地域范围。对于城市之间的要素流动而言，互联网技术的发展可以在一定程度上弱化地方保护主义下的行政性贸易壁垒，为资源的自由流动提供了便利，并且还极大地缩小了区际经济往来的成本，从而能够对地区间的市场整合产生影响，而市场整合又能够明显提升市场的运行效率，方便知识和技术的溢出，从而提升全社会的技术存量水平，最终可能会对城市生产率增长产生影响。本书的研究主要基于以下三点现实背景：城市生产率增长是保障我国经济高质量发展的关键因素之一、市场整合对城市生产率增长的影响效应日益凸显以及互联网发展正在成为影响城市间市场整合的重要原因。

（一）城市生产率增长是保障我国经济高质量发展的关键之一

改革开放以来，中国经济创造了举世瞩目的增长奇迹，这一奇迹一方面得益于劳动力、自然资源等生产要素的大量投入；另一方面也与我国市场化进程的推进提升了资源配置效率，使各地区的全要素生产率得到提升有关（樊纲等，2011）。习近平总书记在党的十九大报告中做出"我国经济已由高速增长阶段转向高质量发展阶段"的重大判断，并指出现阶段经济发展要"以供给侧结构性改革为主线，推动经济发展质量变革、效率变革、动力变革，提高全要素生产率"，其中，全要素生产率的提升是实现经济高质量发展的主要驱动力（蔡昉，2018）。2020 年面对新冠疫情冲击和国外贸易保护主义抬头的双重压力，我国的 GDP 仍达到了 101.60 亿元，全年平均增速为 2.3%，①表明中国经济具有的巨大潜力和强劲韧性。但是，代表经济增长"质量"的全要素生产率的情况却不容乐观，自 2008 年的

---

① 国家统计局：《中华人民共和国 2020 年国民经济和社会发展统计公报》，中国统计出版社，2021。

国际金融危机以来，我国的全要素生产率增速一直呈现下降趋势（彭绪庶，2019），并导致其对经济增长的贡献也不断降低，甚至还有研究预测了我国"十四五"期间的全要素生产率增速，指出"十四五"期间我国的全要素生产率增速仍会继续下降，并将成为潜在经济增长速度下降的主要原因（王满仓和吴登凯，2021）。在此情形下，探究如何提升各城市的全要素生产率增长水平，对于实现中国经济的高质量发展具有重要的理论和现实意义。

（二）市场整合对城市生产率增长的影响效应日益凸显

面对国内外经济环境的深刻变化，2020 年 5 月 14 日，中央政治局常务委员会会议提出"充分发挥我国超大规模市场优势和内需潜力，构建国内国际双循环相互促进的新发展格局"。在"双循环"新发展格局的战略背景下，整合国内市场资源，进一步激发国内市场潜力，利用市场规模效应提升城市生产率增长速度是畅通国内大循环，实现经济高质量发展的核心要素。从经济发展的历史进程来看，市场从分割走向整合是保证生产活动、经济活动高效运行的充分条件，随着经济社会发展和居民需求从简单向多样化转变，资源流动和商品交换日趋频繁，市场范围呈扩张型发展趋势。当生产力水平较低时，资源短缺，商品供不应求，要素和商品流动渠道受阻，因而最初的市场范围往往相对较小，但是随着生产力水平的提升，各地区市场凭借比较优势生产出的特色商品可能会超过当地居民的需求，为了获取更多的利润，催生了跨区域经济贸易，市场出现整合的迹象。对于中国这样一个转型经济体，财政分权体制下的地方保护主义行为也是造成我国国内市场分割较为严重的重要原因之一，分割的市场已经对我国区域间竞争、发展以及生产率增长产生了诸多不利的影响。因而近几年来，我国一直在大力推进市场经济体制改革，致力于破除国内市场分割，构建统一的市场体系。

目前，随着我国生产力水平的不断提升和市场经济体制改革的稳步推进，区际的市场范围明显扩大，市场整合程度不断提升（张昊，2014）。市场的日趋整合一方面为生产要素依照市场信号在区际自由流动提供了便利，从而极大提升了资源配置效率；另一方面可以加速地区间的合作交流和知识溢出，提高了社会整体的知识存量水平；另外，还可以促使各地区依照比较优势进行专业化生产，这些影响效应均会对城市生产率增长产生重要的影响。由此可见，在"双循环"新发展格局下，提升城市间的市场整合水平是影响城市生产率增长的关键因素之一。

（三）互联网发展正在成为影响城市间市场整合的重要原因

近年来，在我国大力推进互联网基础设施建设的背景下，中国各地区的互联网普及率快速增长，互联网使用已经深入社会生产、生活的方方面面，并产生了明显的信息福利效应。截至 2020 年底，我国网民规模达 9.89 亿人，较 2020 年 3 月份增长 8540 万人，互联网普及率达 70.4%，较 2020 年 3 月份提升 5.9 个百分点；手机网民规模达到 9.86 亿人，网民使用手机上网的比重约为 99.7%，接近 100%；此外，网络购物用户规模已经达 7.82 亿人，约占整体网民的 79.1%，使用手机进行网络购物的用户规模也达到了 7.81 亿人，约占手机网民的 79.2%。[①] 互联网的快速发展为国内区际市场的资源流动和商品贸易带来了质的改变，跨区域交易行为和交易模式不断涌现。一方面，互联网能够突破地域空间的限制，极大地降低交易成本，在一定程度上弱化行政性贸易壁垒，有利于扩大市场规模，促进市场整合程度的提升；另一方面，当前互联网的快速发展也为市场整合带来了新的挑战——信息冗余和垄断，互联网上存在的虚假信息增加了交易双方有效甄别、筛选信息的成本，并且互联网具有的"成本次可加性"特质提升了出现市场垄断的可能性，当前大型互联网平台对入驻条件和商品价格的限制已经表现出明显的垄断趋势。当存在垄断时，正常的市场运行机制受到干扰，要素价格和供求关系也偏离正常轨道，无疑增加了市场整合的困难。数字经济时代，互联网的高质量发展和普及已经成为影响一国内部市场整合的重要因素。

基于上述研究背景，本书选择以城市全要素生产率增长为切入点，重点考察互联网发展是否对城市全要素生产率增长产生了影响，以及市场整合是否在互联网发展影响城市生产率增长的过程中发挥了显著的中介作用，以期

---

① 中国互联网络信息中心：《中国互联网络发展状况统计报告》第 47 次，2021。

为新发展格局下，我国更好地发挥互联网的"连接经济"效能，提升全要素生产率增长率，进而实现经济的高质量发展提供理论思考与现实借鉴。

二 研究意义

(一) 理论意义

本书在对以往相关文献、经济理论进行归纳和梳理的基础上，围绕"互联网发展、市场整合与城市生产率增长"这一研究主题，首先从空间联通机制 (spatial connection effect)、经济整合机制 (economic integration effect) 和制度作用机制 (institutional effect) 三个方面考察了互联网发展影响市场整合的内在机制；接着利用新经济地理学中的自由企业家模型 (FE 模型) 探究了市场整合对城市生产率增长的影响机制；在此基础上，本书将互联网发展、市场整合与城市生产率增长三者纳入统一的框架进行分析，探究市场整合路径下互联网发展影响城市生产率增长的理论机制。这可能存在以下三个方面的理论意义。

第一，拓展了互联网与经济交叉领域的研究体系。以往研究中虽然关注了互联网的经济影响效应，主要包括互联网对就业、居民消费、经济增长、智慧城市建设、国际贸易等的影响，但忽视了互联网发展与一国内部各地区之间市场整合的内在关系，以及在市场整合路径下互联网发展影响城市生产率增长的理论逻辑。本书从市场整合这一中介路径出发，通过考察互联网发展影响市场整合的内在机制，以及互联网发展通过作用于市场整合进而影响城市生产率增长的内在机制，能够进一步拓展关于互联网与经济交叉领域的研究体系。

第二，丰富了区域经济学中市场整合理论的相关研究，包括市场整合的形成动力以及市场整合影响城市生产率增长的理论机制。尽管以往研究中已经有学者从财政分权或者地方政府竞争等角度考察了制度因素对市场整合的影响，但是这些研究忽视了制度因素以外的互联网发展也是影响地区间市场整合的重要力量以及互联网作用下的市场整合是如何影响城市生产率增长的。本书在分析互联网发展影响市场整合的空间联通机制、经济整合机制和制度作用机制的基础上，通过构建包含互联网发展的跨期分工决策模型，考察了互联网发展影响市场整合的理论机制，并进一步基于空间一般均衡的理论分析框架，对市场整合影响城市生产率增长的内在机制进行积极探讨，这些研究均有助于丰富区域经济学中市场整合领域的理论体系。

第三，深化了城市生产率理论的研究内容。在经济高质量发展的背景下，实现城市生产率的增长，打破我国全要素生产率增速缓慢的困境是目前研究中需要关注的重要问题。同样遗憾的是，以往文献在对城市生产率增长进行研究的过程中忽视了互联网发展所引致的市场整合程度变化这一因素的影响。基于此，本书还综合考察了互联网发展对城市生产率增长的直接影响以及市场整合作用机制下的间接作用，这也在一定程度上深化了关于城市生产率增长理论的研究内容。

（二）现实意义

本书围绕中国互联网快速发展的现实背景，在分别对互联网发展、市场整合与城市生产率增长三个核心变量的演进特征进行分析的基础上，探讨互联网发展、市场整合与城市生产率增长之间的关系。首先，从城市层面考察了固定互联网普及率和移动互联网普及率对市场整合的影响；其次，采用DEA-Malmquist指数等方法测算了各城市的全要素生产率增长水平，并考察了市场整合对城市生产率增长的影响效应；最后利用中介效应模型，分析了市场整合路径下互联网发展影响城市生产率增长的直接效应和中介效应。这可能存在以下三个方面的现实意义。

第一，有利于为更好地发挥互联网功效、提升互联网发展质量提供启示。在中国互联网快速发展的过程中，除了对城市间的市场经济活动产生正向的网络效应、规模效应、交易效率提升效应等作用以外，也带来了市场垄断、信息冗余、数字鸿沟、互联网使用规章制度不完善等一系列挑战，本书深入分析了互联网发展伴随的正面效应和负面效应对城市生产率增长的直接影响以及通过市场整合作用于城市生产率增长的间接影响和影响机制。这有利于全面识别当前互联网的经济效应，研究结论为进一步完善互联网发展的相关制度安排，提升互联网发展质量，进而发挥互联网对城市生产率增长的促进作用提供有益启示。

第二，有利于为破除国内市场分割、促进中国区域协调发展提供启示。打破区域市场间影响资源优化配置的壁垒，实现市场整合是新时期中国实现区域协调发展的关键方面。本书通过探讨我国市场分割的形成机制，进而基于中国城市层面的零售商品销售价格指数分别测算了"以邻为壑"情况和全国整体层面上的市场整合指数，并以此分析了中国城市间市场整合的情况以及地区分布特征，相关研究结论为提升中国地区间的市场整合水平、促进区域协调发展提供启示。

第三，为中国实现全要素生产率增长、加快经济高质量发展提供新的思路。中国经济已经结束单纯依靠要素投入的粗放式发展方式，进入了高质量发展阶段。在此情形下，同时涵盖技术和效率因素的城市全要素生产率的增长是保证经济高质量发展的重要方面。本书基于城市全要素生产率增长的角度，利用 DEA-Malmquist 指数衡量中国各城市的全要素生产率增长水平，并进一步将其分解为技术进步和效率改善两个方面，综合分析了互联网发展、市场整合与城市生产率增长之间的关系。这有助于进一步识别影响城市全要素生产率增长的因素，进而为经济高质量发展相关政策的制定提供有益启示。

第二节　研究思路与主要内容

在前文分析互联网发展、市场整合与城市生产率增长的研究背景和研究意义的基础上，本小节首先介绍了本书研究思路的形成逻辑，然后总结并阐述了本书的主要研究内容。

一　研究思路

本书以问题分析为目标导向，遵循"发现问题—分析问题—解决问题"的内在逻辑，对研究思路进行具体阐释。

（一）研究的出发点

长期以来，中国各地方政府在财政收入和财政支出方面的不匹配和权责差异强化了地方政府的经济激励，从而使各地区政府为了加强对本地区经济的保护和扶持，不断设置人为的行政性贸易壁垒限制其他地区的企业和商品流入，"以邻为壑"情况严重。这在一定程度上阻碍了地区间市场的整合，极大限制了统一市场规模优势的发挥，并降低了资源的配置效率，对城市生产率增长产生了不利的影响。然而，互联网的迅猛发展不仅直接拓展了城市间合作交流的渠道，弱化了行政性贸易壁垒，同时也增加了各地区更多地参与区际贸易、实现要素自由流动、优化区际资源配置的机会，这无疑会对城市间的市场整合产生影响，进而对城市生产率增长产生影响。那么，互联网发展能否显著促进城市生产率的增长？其内在的影响机制是什么？市场整合是否在互联网发展影响城市生产率增长的过程中发挥了中介作用？不仅如此，在互联网发展通过作用于市场整合影响城市生产率增长的过程中，互联网发展究竟如何影响市场整合？市场整合又如何影响城市生产率增长？对这些问题的思考和分析构成了本文的逻辑起点。

（二）研究的内在逻辑

互联网的快速发展和普及打破了区际要素流动的空间距离限制，弱化了城市间的行政性贸易壁垒，为资源的自由流动提供了便利，并且还极大地降低了区际经济往来的成本，从而能够对地区间的市场整合产生影响；而市场整合又能够明显提升市场的运行效率，还能为知识和技术的溢出提供便利，从而提升全社会的技术存量水平，最终可能会对城市生产率增长产生影响。基于这一逻辑，本书首先从空间联通机制、经济整合机制和制度作用机制三个层面考察互联网发展影响市场整合的内在机制，并通过构建包含互联网发展的跨期分工决策模型对上述内在机制分析进行检验；接着，使用新经济地理学中的自由企业家模型，考察市场整合影响城市生产率增长的理论机制；在此基础上，综合分析市场整合路径下互联网发展影响城市生产率增长的理论机制；之后，通过测算中国城市层面上的互联网发展水平、市场整合程度和城市生产率增长水平，实证研究了互联网发展影响城市生产率增长的直接效应和通过市场整合影响城市生产率增长的中介效应，在此基础上为了更深入地探究清楚互联网发展、市场整合与城市生产率增长这一动态链接背后的作用机制，进一步实证检验了互联网发展对市场整合的影响以及市场整合对城市生产率增长的影响，并对相关结果的稳健性、内生性和相关异质性进行了检验。以上研究过程也形成了本书的内在逻辑。

（三）研究的落脚点

研究城市生产率增长问题的落脚点在于寻求更加科学有效地促进城市生产率增长的办法。本书致力于全面剖析互联网发展是否能够通过影响城市间的市场整合水平从而对城市生产率增长产生作用这一问题。研究结论也进一步证实市场整合在互联网发展促进城市生产率增长的过程中发挥了中介作用，并且互联网发展能够显著地促进市场整合，市场整合又能够对城市生产率增长产生显著的正向促进作用。基于上述研究结论，本书紧密结合当前中国数字经济的高速发展和经济高质量发展的现实，提出了相应的政策建议和优化办法。本书的研究目的不仅在于从学理上进一步丰富互联网发展、市场整合与城市生产率增长领域的相关研究视角和研究体系，还在于为我国互联网的规范化发展、区域间的协调发展、提升城市生产率增长水平，进而推动经济高质量发展提供有益启示。本书的研究思路具体如图 1-1 所示。

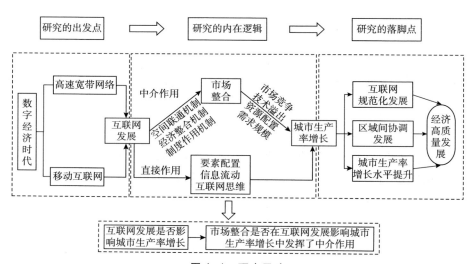

图 1-1 研究思路

资料来源：笔者绘制。

二　主要内容

基于前文所述的研究思路，本书围绕"互联网发展、市场整合与城市生产率增长"这一主题，遵循"理论基础与文献梳理→理论分析→特征事实→实证研究→政策研究"的总体思路，拟从十个章节展开研究。

第一章，绪论。重点阐述了本书的理论背景和现实背景、研究的理论意义和现实意义；进而对本书的研究思路、研究内容、技术路线、研究方法进行梳理总结；最后归纳本书可能的创新点。以期为后文的研究进行充分铺垫。

第二章，理论基础与文献综述。本章首先对书中所涉及的经济增长理论、区域市场一体化理论以及互联网经济相关理论进行阐述。在此基础上，从互联网发展影响城市生产率的相关研究、互联网发展影响市场整合的相关研究、市场整合影响城市生产率的相关研究三个方面对现有的研究文献进行了归纳和梳理。最后，在对现有的文献进行述评的基础上，提炼其存在的不足和可拓展之处。

第三章，互联网发展、市场整合与城市生产率增长的理论分析。本章内容首先从空间联通机制、经济整合机制和制度作用机制三个层面探讨了互联网发展影响市场整合的内在机理，并利用考虑互联网因素的跨期分工决策模型进行进一步论证；其次，探析了市场整合伴随的竞争加剧效应、技术溢出效应、资源配置效应和需求规模改变效应对城市生产率增长的影响，并通过将市场整合变量纳入新经济地理学的自由企业家模型，进一步推导出市场整合影响城市生产率增长的理论机制；最后，综合上述分析，基于市场整合机制研究了互联网发展影响城市生产率增长的内在机制，发现市场整合是承接互联网发展对城市生产率增长影响的重要中介。本章内容是本书理论分析的核心部分，为后续的实证研究奠定基础。

第四章，中国互联网发展、市场整合与城市生产率增长的特征事实分析。本章主要对三个核心变量互联网发展、市场整合与城市生产率增长进行测度，并对其特征事实进行分析。首先，采用单一指标法（固定互联网普及率、移动互联网普及率）对我国的互联网发展水平进行衡量与测度，然后利用测算得到的数据分析了我国互联网发展水平在全国层面、区域层面的演进特征。其次，借鉴桂琦寒等（2006）和范爱军等（2007）的方法，分别测算了我国相邻城市间的市场整合程度和全国整体层面上的市场整合程度，并对我国区际市场整合的演进趋势进行了分析。最后，分别使用 DEA-Malmquist 指数法、SFA-Malmquist 方法、Malmquist-Luenberger 指数法对我国各城市的全要素生产率增长水平和绿色全要素生产率增长水平进行测度，在此基础上描述了考察期内中国全要素生产率增长水平的演进特征。本章内容为后文的实证研究奠定基础。

第五章，互联网发展影响市场整合的实证分析。本章基于第四章测算的互联网发展数据和市场整合数据，实证考察了互联网发展对城市间市场整合的影响；在对基准回归模型的结果进行分析和讨论的基础上，不仅考虑了模型可能存在的内生性问题和回归结果的稳健性问题，还检验了互联网的规模效应；在此基础上进一步考察了互联网发展对市场整合的影响作用是否会被交通基础设施所替代以及互联网发挥作用的范围大小，并基于不同的视角分析了互联网发展影响市场整合的异质性特征。

第六章，市场整合影响城市生产率增长的实证分析。本章在介绍市场整合影响城市生产率增长的计量模型设计与数据来源的基础上，首先，检验了市场整合对城市生产率增长的平均影响效应，并对模型的内生性和回归结果的稳健性进行了讨论；其次，进一步探究了市场整合影响城市生产率增长的区域异质性和基于城市发达程度差异的异质性；最后，本章还基于第四章中对全要素生产率变动的分解数据，探讨了市场整合影响城市生产率增长的路径到底是通过效率改善还是技术进步实现的。

第七章，市场整合路径下互联网发展影响城市生产率增长的实证分析。本章在简要论述研究背景的基础上，采用中介效应模型，实证检验了互联网发展促进城市生产率增长的直接效应和通过市场整合促进城市生产率增长的中介效应；并进一步采用工具变量（IV）估计方法考虑了中介效应模型中可能存在的内生性问题，以及由测度误差和样本误差所造成的回归结果稳健性问题。

第八章，数字经济对区域产业发展的影响研究。本章基于数字经济快速发展的时代背景，深入阐述了数字经济对破解中国产业发展低端困境的特殊意义，从数字产业化和产业数字化两个角度分析数字经济影响产业发展低端锁定的直接作用机制，在此基础上，基于"要素、技术、交易效率"三个方面，分析了数字经济影响产业发展低端锁定的间接作用机制，从而全面系统地揭示了数字经济影响产业发展低端锁定的理论机制；实证检验了数字经济对产业发展低端锁定的破解作用，识别数字经济影响产业发展低端锁定的净效应，并对相应的间接作用机制进行了检验，为相关政策制定提供决策支撑。

第九章，数字经济与中国式城市现代化。城市生产率增长是实现中国式城市现代化的重要方面。本章基于数字经济的视角，拓展了中国式现代化的研究框架。现有研究往往根据历史唯物主义的观点，将数字经济发展等同于现代化的一个子集，忽视了数字经济本身可能会对中国式现代化产生的影响效应和影响机制。本章立足于中国经济发展的实际，分析数字经济发展对中国式城市现代化的作用机制和影响路径，从而在一定程度上丰富了中国式现代化的研究框架；在厘清数字经济背景下中国式城市现代化面临的现实困境的基础上，构建了数字经济赋能中国式城市现代化的实践路径，为我国充分发挥数字经济对中国式城市现代化的赋能作用提供政策参考。

第十章，研究结论、政策启示与研究展望。首先，本章对理论分析和实证检验的结论进行整理和归纳；其次，结合研究结论，基于当前中国互联网快速发展、区域协调发展、经济高质量发展等重要的现实背景，提出相应的政策建议；最后，对本书可能存在的不足之处进行客观性评价，做出进一步的研究展望。

第三节　研究方法与创新点

根据前文的研究思路与研究内容，本节重点阐述了本书从选题思路形成到最后完成整个过程中使用的研究方法，并给出了研究的技术路线。

一　研究方法

本书基于实事求是的方法论要求，综合运用了归纳演绎方法、数理分析方法、比较分析方法和计量分析方法，具体如下。

（一）归纳演绎方法

本书通过梳理和归纳互联网发展、市场整合与城市生产率增长领域的相关研究文献，总结了现有研究中存在的不足之处，进而对中国地区间的市场分割成因进行归纳，探讨了互联网发展对市场整合的影响以及互联网通过作用于市场整合对城市生产率增长的影响，这体现了从个体到一般的归纳分析方法。除此之外，在对考察期内我国互联网发展、市场整合与城市生产率增长的经验事实进行分析的过程中，本书还对各核心变量的时间演变趋势和区域分布差异进行了归纳分析。最后，本书在分析过程中从空间联通机制、经济整合机制和制度作用机制三个方面探讨了互联网发展对市场整合的影响，从竞争加剧效应、技术溢出效应、资源配置效应和需求规模改变效应分析了市场整合对城市生产率增长的影响，这体现了从一般到个体的演绎分析方法。

（二）数理分析方法

本书对数理分析方法的使用主要体现在以下两个方面：第一，在研究互联网发展影响市场整合的理论机制过程中，将互联网因素纳入跨期分工决策模型，通过探究互联网发展对各地区参与区际分工后效用变化的影响，推导出互联网发展对市场整合的影响；第二，在探究市场整合影响城市生产率增长的理论机制过程中，在新经济地理学自由企业家模型（Forslid and Ottaviano，2003）的基础上，借鉴孙博文（2020）的研究思路，在模型中引入政府部门，将政府部门对其他地区的商品征收的从价税作为市场整合的代理变量，以数理方法推导出市场整合作用于城市生产率增长的理论机制。

（三）比较分析方法

本书对于比较分析方法的使用主要体现在以下几个方面：第一，比较分析了我国固定互联网发展和移动互联网发展的具体情况，以及两者的影响效应差异；第二，在第四章对市场整合测算方法的论述中，综合比较分析了生产法、贸易法、问卷调查法、价格法等的利弊，并最终选择了以价格法测算市场整合指数；第三，分别借鉴桂琦寒等（2006）的"以邻为壑"思想以及范爱军等（2007）的思想，测算了相邻地区间的市场整合程度和全国范围内的市场整合程度，并对两者的实证回归结果进行比较分析；第四，在实证分析中，本书对互联网发展影响市场整合、市场整合影响城市生产率增长、市场整合路径下的互联网发展对城市生产率增长影响的区域异质性、发展程度异质性、行政层级异质性等进行了比较分析，体现了比较分析的思路。

（四）计量分析方法

基于理论分析和特征事实分析建立的直观直觉，本书使用了计量分析方法实证检验了互联网发展、市场整合与城市生产率增长之间的关系。本书在第五章和第六章采用了固定效应和随机效应估计方法、工具变量估计方法，并综合考虑了测量误差、样本选择误差、模型设定误差等，对回归结果进行了稳健性检验，除此之外还分析了城市发达程度差异、区位差异、行政层级差异、城市规模差异等引起的异质性；在第七章中采用了中介效应模型，并使用工具变量估计方法检验了目前中介效应模型争议较多的内生性问题。

二 主要创新点

根据上述的研究思路、研究内容和研究方法，本书可能存在以下三个方面的创新之处。

第一，从市场整合的视角研究了互联网发展对城市生产率增长的影响效应及作用机制，构建了以"互联网发展→市场整合→城市生产率增长"

为支撑的研究框架。互联网的快速发展对社会经济活动产生了重要的影响，但鲜有研究关注互联网发展对我国区际行政性贸易壁垒的弱化作用以及由此产生的市场整合效应，也没有关注市场整合在互联网发展影响城市生产率增长过程中的中介作用，从而难以全面、系统地揭示当前互联网发展对经济社会的深刻影响。本书在既有研究的基础上，构建了"互联网发展→市场整合→城市生产率增长"的研究框架，将市场整合纳入互联网发展影响城市生产率增长的传导路径，从多个维度探讨了互联网发展是否能够通过影响市场整合进而对城市生产率增长产生影响，在这一过程中还具体探究了互联网发展影响市场整合的理论机制以及市场整合影响城市生产率增长的理论机制，从而在数字经济的时代背景下，拓展了互联网经济效应的研究视角。

第二，深入探究了市场整合路径下互联网发展影响城市生产率增长的理论机制。互联网的快速发展突破了区域市场边界的限制，不仅能直接影响城市生产率增长，还能够通过影响城市间的市场整合间接对城市生产率增长产生影响。本书首先将互联网因素纳入跨期分工决策模型，探究了互联网发展影响区域间市场整合策略的理论机制；进而创新性地将市场整合变量纳入新经济地理学的自由企业家模型，揭示市场整合影响城市生产率增长的理论机制；在此基础上，进一步将市场整合作为"承上启下"的中介桥梁，综合分析了互联网发展通过作用于市场整合进而影响城市生产率增长的内在机制。本书试图通过系统性的理论分析，深化对互联网发展通过市场整合影响城市生产率增长的作用机制的理解和认识。

第三，利用数据挖掘和手工整理等方法，有效刻画了城市层面的市场整合水平，在此基础上采用多种计量模型实证检验了市场整合路径下互联网发展对城市生产率增长的影响效应，以及在这一过程中互联网发展对市场整合的影响效应和市场整合对城市生产率增长的影响效应。首先，限于城市层面上商品价格数据搜集的困难，现有关于市场整合的研究大多集中于省级层面，但不可否认的是，即便是同一个省份的不同城市，政府间的竞争与地方保护主义也是存在的，由此造成的市场分割也不容忽视。因此，本书一方面利用各地级市的统计年鉴，手工整理出城市层面的商品价格数据；另一方面基于 Python 语言编写数据挖掘程序，从中国价格信息网

（CPIN）中抓取了城市层面的商品价格数据，并将两种方法下得到的数据进行比较、综合，更加精准地测度我国城市层面上的市场整合水平。其次，针对当前关于互联网发展与市场整合之间关系的研究缺乏科学的、量化的计量分析的问题，本书综合利用固定效应、随机效应、工具变量等计量估计方法，从经验层面对互联网发展与市场整合之间的关系进行了验证。在此基础上，利用固定效应和随机效应模型实证检验了市场整合与城市生产率增长之间是否存在非线性关系。这些实证研究为理论分析提供了经验性支撑，从量化分析的视角丰富了互联网发展、市场整合与城市生产率增长方面的相关研究。

第二章　理论基础与文献综述

本章主要梳理了与互联网发展、市场整合与城市生产率增长研究相关的经济理论和研究文献。首先，介绍与本书相关的理论基础，主要包括经济增长理论、互联网经济相关理论以及区域市场一体化理论；其次，在此基础上对互联网发展影响城市生产率增长的相关研究、互联网发展影响市场整合的相关研究以及市场整合影响城市生产率增长的相关研究进行梳理与总结，为后文的研究奠定理论基础；最后，对现有研究文献和研究动态进行简要的述评。

第一节　理论基础

本书的主题在于研究互联网发展能否通过作用于市场整合进而对城市生产率增长产生影响，与本书相关的理论主要有三个方面：一是经济增长理论，包括古典经济增长理论框架下的劳动生产率理论、新古典经济增长理论框架下的全要素生产率理论、现代经济增长理论框架下的全要素生产率分解理论；二是互联网经济的相关理论，包括网络经济理论、交易成本理论和信息价值理论，这些理论对互联网的特性以及其如何嵌入经济社会活动并发挥作用提供了理论支撑；三是区域市场一体化理论，主要包括关税同盟理论、新经济地理学理论和大市场理论，这些理论从不同视角解释了市场整合的动机与优势来源。

一 经济增长理论

经济增长理论始终在尝试解答"经济增长的源泉有哪些""如何实现经济的持续和稳定发展"等问题。古典经济增长理论将"劳动生产率"的提升作为经济增长的源泉，忽视了其他因素对经济增长的影响；以美国经济学家索洛（Solow）为代表的新古典经济增长理论开始注意劳动力、资本要素以外的剩余因素对经济增长的贡献，索洛将这些因素统称为技术进步，并将其定义为"全要素生产率"；随着研究方法的不断推进，现代经济增长理论则指出技术进步和效率改善的共同作用是经济增长的源泉，也即全要素生产率的增长。

（一）古典经济增长理论框架下的劳动生产率

古典经济增长理论框架下的生产率主要指的是劳动生产率，以亚当·斯密的分工理论为代表，其核心观点是分工能够促进经济增长和劳动生产率的提升。亚当·斯密在《国富论》中指出，经济增长的关键途径在于劳动生产力的增加与劳动力熟练程度的提高，也即劳动生产率的提升，而这两个途径均源自合理的分工。斯密对于分工为何能够实现经济增长从三个方面进行了解释：首先，分工有助于劳动力熟练程度的提高，分工的存在使劳动力可以长期专注于某项具体的工作，在日积月累的工作过程中提升自己的熟练程度，使其能够在更短的时间内完成同样数量的工作，大大提高了劳动生产率；其次，分工可以消弭由于工作变更所带来的损失；最后，分工也能够促进机器的产生，有效的分工能够帮助组织者更加专注于生产技术的改进，提高生产活动的简易程度，从而促进了机器的发明与技术的改良，实现劳动生产率提升。除了分工之外，斯密同样强调了资本积累在经济增长中扮演的重要角色。他认为，资本的积累是分工能够合理化开展的前提，资本积累程度的提升能够有效提高分工的细密程度，进而加快技术创新与技术进步。

同时，亚当·斯密也是最早强调技术进步对经济增长具有至关重要的作用的学者之一，而之后的现代经济增长理论指出技术进步是全要素生产率增长的主要来源之一。他认为分工的合理化以及专业化水平的提高，具体表现在生产工具的更新改良、劳动者生产能力的提升。

在古典经济增长理论的分析框架下，虽然全要素生产率这一概念尚未提出，但亚当·斯密已经开始重视要素的生产效率在经济增长中的作用，并且也强调了作为全要素生产率来源的技术进步的作用。亚当·斯密在对专业化分工的进一步分析中认为分工受限于市场容量，而市场容量又受限于资本积累与国内外贸易状况，因此亚当·斯密认为应扩大市场容量，充分发挥市场机制"看不见的手"的作用。亚当·斯密的理论几乎涉及全要素生产率的各个角度，比如规模效应、资源配置与资本积累等，但是由于时代所限，他的研究重点更多是关于劳动生产率的提升，而且过于强调机器的发明在技术进步中的作用，对要素生产率和技术进步的研究只是浅尝辄止，缺乏深度与广度。

（二）新古典经济增长理论框架下的全要素生产率

索洛的经济增长理论是新古典经济增长理论的代表，而新古典经济学的基础则是熊彼特的创新理论。在他的创新理论中，熊彼特将经济增长的原因归结于创新，即生产部门的技术创新是造成经济波动与经济增长的原因。1956 年，索洛和斯旺（Swan）分别建立了新的经济增长模型，在古典经济理论之外对经济增长的内在动力进行了剖析。学界普遍将索洛—斯旺模型作为新古典经济学理论研究的起点，而索洛—斯旺模型也奠定了后续有关经济增长研究的重要基础。

1957 年，索洛在解释经济增长的过程中，首次提出了全要素生产率的概念。他在资本、劳动等生产要素之外引进了技术进步，把生产产出的生产要素扣除，得出的残差便是技术进步的结果，即全要素生产率。随后，全要素生产率开始逐渐在学界获得广泛应用。索洛基于希克斯中性技术进步与规模报酬不变假定，对生产函数进行取自然对数和求时间导数推导，得出如下全要素生产率的测算方程。

$$TFP_t = \frac{\mathrm{d}Y_t}{Y_t} - \alpha_{kt}\frac{\mathrm{d}K_t}{K_t} - \alpha_{lt}\frac{\mathrm{d}L_t}{L_t} \tag{2.1}$$

在式（2.1）中，*TFP*、*Y*、*K*、*L*分别代表全要素生产率、总产出、资本、劳动，假定条件为规模报酬不变。从式（2.1）中可以得出，将总产出中劳动与资本的贡献剔除之后得到的余值便是全要素生产率，在新古典经济学市场出清的假设下，劳动力和资本均已达到自身的最大贡献值，实现了最大产出，因此根据该生产函数推算出的余值即为技术进步所代表的全要素生产率，也被称为索洛余值。

索洛对全要素生产率的解释构成了全要素生产率理论的重要内容，但是该理论仍存在缺陷。通常来说，由于现实中经济的不均衡与厂商生产效率的损失，理论上的生产函数与实际数据得到的生产函数间具有一定的误差，而且简单将全要素生产率归结于技术进步过于偏颇。因此，基于实际统计数据得出的索洛余值仅涵盖了规模效应等，后来学者也对此进行了广泛研究。

（三）现代经济增长理论框架下的全要素生产率及其分解

新古典经济增长理论中的生产函数仅是理论层面的规范研究，在使用于现实数据时仅能反映平均意义上的投入产出关系，无法精确计算出被衡量单元效率的具体数值，造成理论假设与实际情况间存在相悖的情况。因此，学者们在现代经济增长理论中的生产效率研究中加入了实证分析的细节，在提高测算准确度的同时明确界定了要素配置效率的影响，丰富与完善了全要素生产率的相关理论与研究。

现代经济增长理论框架下全要素生产率的雏形最早是技术效率。Koopmans（1951）率先对技术效率的内涵进行了解释，将其定义为产出和投入均无法进一步变化时的投入产出关系。Farrell（1957）认为技术效率是在给定的价格与技术水平下，生产一定量的产品理论上所需的最低成本与实际生产成本的百分比。除此之外，在界定技术效率概念的同时，Farrell首次提出了前沿生产函数，即在产出最大值时的最佳投入生产要素组合，通过对比实际产出与最优产出间的差距能够反映生产的综合效率，也被称为生产前沿面。Aigner等（1977）与Meeusen等（1977）均提出了随机前沿生产函数，将全要素生产率的研究从理论层面拓展至应用层面。Banker（1984）使用BCC函数模型，将综合效率细分为规模效率与技术效率。以往的前沿生产函数局限于静态均衡框架下的测算与分解，而随机前沿生产函数法则可以在对技术进步进行测算时加入时间趋势变量，体现了动态均衡下的技术进步对全要素生产率增长的影响。Whitesell（1994）指出生产率是在给定的目标条件下生产部门的最大产出，并将生产率细化为两个方面，一是技术效率，代表技术与其他要素投入确定时实际产出与理论产出的比率；二是配置效率，表示各要素的组合能够实现以最低成本进行生产，这里的生产率实质上就是全要素生产率。相似的，Färe 等（1994）将DEA 方法与 Malmquist 生产率指数结合，综合计算出全要素生产率的增长率，并认为全要素生产率的增长可以被分解为技术进步和效率改善。

综上所述，不同发展阶段的经济增长理论对生产率概念、理论与方法的发展做出了极大的贡献，从最初单一的劳动生产率理论转向了内涵更丰富的全要素生产率理论，并且全要素生产率的概念与内涵也更加科学完善，这为本书城市生产率增长的研究奠定了理论基础。

二　互联网经济相关理论

（一）网络经济理论

从 20 世纪 80 年代开始，互联网和信息技术的飞速发展催生了新兴互联网经济理论，网络经济理论就是其中之一。互联网在其初始阶段仅局限于通信与交流方面，但随着计算机技术的爆炸式发展以及网络基础设施的全面铺开，目前的互联网已经渗透到社会生产生活的各个方面，成为支撑经济发展的主要通用技术之一，更成为各国未来经济布局的关键竞争领域。

从宏观经济发展阶段层面出发，人类社会经济从最早的农业经济阶段过渡到工业经济阶段，进而发展到现在的网络经济时代。农业经济阶段的经济增长主要来源于土地要素以及劳动力要素的大量投入，工业经济阶段是在土地与劳动力要素投入的基础上，充分发挥了资本与技术等生产要素的功效，而网络经济时代是现代科学技术与经济社会发展到一定高度之后产生的，除了传统的土地、劳动力、资本等生产要素外，网络、信息、数据和相应的新型基础设施等同样成为新的生产要素。

网络经济理论的起点首先是网络经济的内涵和特征性质。网络经济特指在信息技术突破性发展的背景下，社会经济活动在互联网环境中的运行过程，而这一过程能够消弭时空距离带来的阻碍，提高多个区域之间的联通程度，带来一定程度的规模效应。网络经济的主要特征源自网络的独特性质，也即看似不相关的错综复杂行业均能够通过网络环境结合起来，创造出更多的经济价值的过程。当前网络的发展已经对人类经济社会产生了深刻的影响，并为传统经济学中的价值规律、交易规则以及产业分工等方面带来了新的变革，但是网络经济仍然处于发展时期，网络经济理论也在不断地丰富和完善。

网络经济是以信息、技术为特征的一种具体形态，这种新的经济形态正以极快的速度影响着社会经济活动与人们的生活。与传统经济相比，网络经济具有以下显著的特征：边际收益递增性、外部经济性、可持续性，具体如下。

1. 边际收益递增性

与传统生产要素（土地、劳动力和资本）均呈现边际收益递减和边际成本递增的规律不同，网络经济则呈现边际收益递增的规律。

首先，网络经济的边际成本呈现递减的特点。信息网络的主要成本包括三个部分：网络构建成本、信息传输成本与信息收集处理成本。信息网络的使用时限较长，而且入网人数的增加并不会提高建设费用和信息传递成本等固定成本，因此这一部分网络构建成本与信息传输成本的边际成本为零，并且平均成本呈现递减趋势。网络使用人数的增加与信息收集处理成本相关，当使用人数增加时，随之而来的更多信息数据要素将提高这一部分成本，但其平均成本与边际成本均呈现递减趋势。因此，信息网络中的平均成本随着网络使用人数的增加而显著递减，边际成本则随之缓慢递减，所获得的收益却随之增加。

其次，网络经济具有累积增值性，从而使边际收益呈现递增趋势。针对信息的投资活动除了能够获得常规的投资报酬，还能够获得信息积累所带来的增值报酬。一方面，信息网络在一定条件下能够按照使用者的要求，对大量无序杂乱的数据、信息等进行整合、处理、分析等操作，从中提炼有价值的信息资源，从而为经济决策提供相应科学依据；另一方面，信息在使用过程中会带来传递效应，使报酬不断增加，比如说某条技术信息能够在成本几乎不变的情况下不断在生产中加以运用，这种传递效应也是网络经济呈现边际收益递增趋势的关键因素。

2. 外部经济性

通常来说，市场交易是买卖双方根据各自独立的决策形成的一种契约，其主体仅包含契约双方，而某些与契约无关却受到契约影响的第三方个体则被称为外部个体，其所受到的影响被称为外部效应。互联网经济的另一个主要特征是具有外部经济效应，由于网络的形成是一种自我增强的虚拟循环成员增加的过程，这一过程能够带来价值的增加，进而吸引除了契约双方之外的更多经济主体参与，形成螺旋式优势，因此，网络是特别有效的外部价值资源，能够产生外部经济效应。

3. 可持续性

互联网经济在某种意义上是知识经济的一种具体表现形式，知识、信息、数据是其主要的支撑资源，两者的特性使网络经济获得了可持续性。与实物资源不同，知识、信息、数据具有可分享性，出售者并不会失去知识、信息、数据，而是能与购买者进行共享。另外，信息的再生能力为信息资源的共享创造了基础。更重要的是，作为知识产品的主要资源，知识、信息、数据不存在折旧与消耗等问题，能够把产品多样化的成本推向零。除此之外，网络经济在很大程度上还能有效杜绝传统工业生产对有形资源、能源的过度消耗，降低环境污染、生态恶化等的危害，实现了社会经济的可持续发展。

（二）交易成本理论

传统经济理论在研究问题时总是假定市场中的交易活动能够不受阻碍地进行，且不存在任何与交易相关的费用或成本，但是在实际的市场交易中，往往存在各种交易费用，由此便催生了针对交易成本的相关理论研究。互联网经济的最大特征就是能够极大地降低交易成本，因而了解交易成本理论能够更好地进行后文的理论分析。

1. 交易成本理论的起源

Coase（1937）在其发表的《企业的性质》一文中最早提出了交易费用这一概念，并将其纳入经济学分析框架进行系统研究。在文中，Coase对企业间的交易行为进行了深入的分析，他指出任何交易都存在一定的成本，而市场交易行为的完成则是价格机制与企业家协调行为共同协作的结果。当价格机制在交易中发挥作用时，某些隐形成本的增加是必然结果，也正是由于这些成本的存在，阻碍了市场机制作用的发挥，因此，将某些市场化的交易行为"内化"是十分必要的。市场机制在劳动力的配置过程中发挥作用，主要是通过劳动力的价格对不同技能、能力以及不同类型的劳动力进行分配，以完成不同岗位和不同生产部门的需求，整个过程中劳动力的价格便是劳动力价值的体现，发挥"看不见的手"的作用，推动劳动力的配置，而当市场经济体制完善以后，企业成为市场活动的主体，劳动力的配置从完全市场化逐渐被转移到企业内部完成，此时企业作为雇主对成为雇员的劳动力进行分配与调动，取代了原有的价格机制。由此可见，市场与企业的资源配置机制是共存的，两种机制能够相互替代的关键因素便是交易过程中产生的费用，即交易成本。之后，更多的学者对交易成本理论进行了完善。

Williamson（1979）在上述交易成本理论的基础上，提出了交易经济学理论，对交易和交易成本的定义做出了规范的解释。他认为，交易是指"拥有独立技术的买卖双方为了获取自身利益，对期望获得或使用的产品与服务，基于交易双方能够接受的条件，在洽谈之后形成契约关系并以此为依据进行交换"；交易成本便是指"在交易活动中，进行必要的信息搜集、条件谈判以及监督活动等工作时所产生的多个方面的成本"。Matthews（1986）同样对交易成本的定义进行了解释：在整个交易活动流程中所发生的全部成本支出，包括交易前的准备工作、交易完成后的监督工作以及可能的强制执行工作所发生的全部支出，并指出交易费用本质上属于履行合同义务所发生的费用，不能简单地划为生产成本。Vining 和 Globeman（1999）进一步将交易费用分解为谈判费用与机会主义费用。

2. 交易成本的决定因素

交易成本的决定因素包括交易的不确定性、资产专用性和交易频率三个方面。

交易的不确定性包括内生不确定性与外生不确定性，内生不确定性主要来源于交易双方之间信息的不对称，而外生不确定性则是独立于交易双方的某些变化带来的，比如自然因素变化和消费者偏好变化等。另外，还存在行为的不确定性，主要源自人的机会主义所产生的变化。

资产专用性是指某项资产适用范围的大小，或者由他人使用而不会造成生产价值降低的程度。资产专用性具体分为：地点的专用性、人力资本专用性、无形资产专用性、有形资产专用性等。资产专用性越高的商品交易成本也越高。

交易频率不会对交易成本的绝对值产生影响，只会影响进行交易的相对成本。交易频率与交易成本之间呈线性相关，直接影响了交易成本的总量。

互联网的发展能够提升信息搜集效率、降低谈判费用和监管成本，弱化交易过程中的不确定性，极大地降低了交易成本，提升了市场运行效率。

（三）信息价值理论

针对信息价值的研究最早起源于 20 世纪 60 年代的信息经济学，其中以信息不对称为研究起点，形成了包括委托—代理与激励机制理论、逆向选择与信号传递理论、信息搜寻与价格离散理论等的复杂理论体系（张永林，2016）。作为信息价值理论核心内容的信息价值学说是基于传统经济学理论框架下提出的，它指出信息的价值主要体现在获取信息前后的最大效用之差，并且信息的价值可以通过交易活动中购买方预期成本的减少额来衡量。

随着以互联网为代表的信息通信技术的快速发展，学界逐渐开始重视对信息价值理论的研究，并对此进行了深度思考。在博弈论与信息经济学的分析框架下，信息不仅是财富的一种体现，更是创造财富的关键要素。信息能够作为重要的公共要素资源参与社会经济生产与价值创造的过程中，并可以与劳动力、资本等生产要素相结合投入到生产部门中，形成新的价值创造模式。信息使用者需要做到甄别有效信息，结合需求对信息进行鉴别处理和思维逻辑的提炼,实现信息向生产要素的转变。

三 区域市场一体化理论

区域市场一体化的经济学含义是指某一地理区域内或不同区域间,为了达到相互之间各种生产要素、服务或商品能够自由流动的目标,消除关税或非关税贸易壁垒,从而建立起超越行政空间单元的组织结构的过程。在目前相关研究中,国内层面的区域市场一体化理论尚未成熟,在新经济地理学中有所涉及,而国际层面则主要集中于关税同盟理论、新经济地理理论、大市场理论等,因此本书需要对区域市场一体化相关理论进行梳理阐述。

(一) 关税同盟理论

20 世纪中叶,Viner (1950) 在其撰写的 *The Customs Union Issue* 一文中提出了关税同盟理论,将其阐述为关税缔约国在联盟内部相互间实施免税或降低关税的优惠政策,而对联盟之外则采用统一的关税标准。因此,关税同盟本质上是缔约国之间对联盟内外共同实行的差异化策略。目前一些学者开始从关税同盟的视角分析区域市场一体化的影响因素。关税同盟理论更多关注国际视角下的地区间贸易壁垒对于社会发展和资源配置的影响,包括静态效应与动态效应。

1. 关税同盟的静态效应

关税同盟的静态效应主要包括贸易创造效应与贸易转移效应。Viner (1950) 最早提出了二者的概念,认为贸易创造效应是由于关税同盟内部实行自由贸易后,那些生产成本较高的本国产品,会被同盟内部其他国家生产成本较低的产品所替代,使原本由本国生产的产品需要从国外进口才能满足需求,从而"创造"了新的贸易;贸易转移效应则是指关税同盟成立后对外实行统一关税税率,使原本由第三方进口成本较低的产品转变为与同盟国之间的进口,贸易关系发生转移,贸易成本可能变高。Viner 的关税同盟理论重点考察了同盟内部成员国之间生产结构差异对同盟国福利的影响,其指出,成员国生产结构越相似,关税同盟福利增加效应也越大,并且这种福利还取决于运输成本的大小，运输成本越大，区域市场整合的福利越小。

在 Viner 的研究假设中，关税同盟中各成员国的社会消费需求原本在未来处于稳定状态，但是关税同盟的成立将促使产品价格下降，影响消费者剩余，导致消费者需求发生改变，也会引致贸易创造与贸易转移现象的发生。Meade（1955）提出了贸易扩张效应，同盟中生产效率较高的国家能够利用成本优势与价格优势在同盟市场中占据较高份额，带来贸易额的增长；而低生产效率的国家则可以通过市场价格降低刺激国内需求，从而带来贸易额的增长。Lipsey（1960）认为成员国内部生产商品数量和从非成员国进口商品数量的相对比重会影响关税同盟所带来的福利效应，比如在其他条件相同的情况下，如果成员国主要依靠自身生产而对进口依赖程度较低，那么加入关税同盟所带来的福利增长就更明显。

2. 关税同盟的动态效应

关税同盟的动态效应是指在关税同盟成立后，成员国之间的竞争随着时间推移而越发激烈，从而加快经济结构优化，提升资源配置效率，具体体现在规模经济效应、竞争效应和投资效应三个层面。规模经济效应是指关税同盟的形成帮助成员国将市场范围从国内扩展到国际，在降低生产成本的同时还会扩大生产规模，形成规模经济效应；竞争效应是指关税同盟的形成打破了成员国内经济部门中原有的垄断与固化，使各国面临开放的竞争环境，从而不得不加大创新投入与研发投入力度，提升生产率与自身竞争力；投资效应是指关税同盟成员国内部统一、外部差异化的策略，能够促使成员国内部之间相互投资生产，同时也使非成员国为了避免关税壁垒造成的损失而选择在同盟国内进行投资生产。但不可否认的是，关税同盟所带来的动态效应也会造成某些负面影响，比如带来新的垄断、造成成员国内部经济差距不断扩大等问题。

（二）新经济地理理论

随着经济全球化进程的推进，各种各样的经济活动在地理层面逐渐呈现集聚的趋势，此时新古典经济学中完全竞争、规模报酬不变等假设无法对此做出合理解释。20 世纪 70 年代，一些经济学家突破了新古典经济学理论的分析框架，将空间要素纳入经济学分析框架中，提出了新经济地理理论。新经济地理理论放松了新古典经济学的假设，引入了不完全竞争、规模报酬递增等概念，分析了经济活动的空间集聚及其变化过程。该理论认为，如果存在两个资源禀赋相似的地区，某些不可控因素会破坏两个地区间的贸易平衡，致使经济活动会向某一地区聚集。当规模递增效应存在，且运输成本无法阻碍市场一体化时，产业就会形成聚集。除此之外，运输成本的概念在新经济地理学中至关重要，即所有商品在销售过程中均存在运输成本，既有显性的交通运输成本，也有由行政因素造成的隐形运输成本。

基于不完全竞争、规模报酬递增的假设条件，新经济地理理论认为厂商应选择在最接近大市场空间的某一点进行生产，当市场内的大部分厂商都选择这一经营策略时，便随之产生了产业集聚，带来了"空间外部性"。当某个地区将初始优势与空间外部性相结合并循环累积，便可以形成新经济地理理论中的"核心—边缘"结构，造成地区经济发展的两极分化。当市场一体化程度提高时，两极间的差距逐步缩小，产业集聚的扩散效应逐渐发挥作用。在此阶段，经济发展所带来的土地价格上升、环境污染等负面效应也开始显现，一些劳动密集型产业或技术水平较低的产业开始逐渐向边缘地区转移，原有的核心地区逐渐成为研发、金融、科技等技术密集型或资本密集型产业集聚中心，这一过程带来了区域分工。

（三）大市场理论

大市场理论主要是从动态视角对区域市场一体化所产生的经济效应进行研究的理论，是基于共同市场理论提出的，主要代表人物为西托夫斯基（Scitovsky）和德纽（Deniau）。大市场理论对一体化程度的定义较关税同盟理论更进一步，认为分割的多个市场统一起来形成了大市场，通过在大市场范围内形成激烈的竞争推动企业提升自身生产率从而实现规模经济。

大市场理论认为，各个国家间保护主义政策的实施，导致市场被分割且缺乏弹性，企业只能面对小范围的市场，从而无法实现大规模生产和规模经济。因此，大市场理论的核心观点认为，区域小范围市场向统一的大市场扩展，使经营范围扩大至更大的市场从而获得更多的经济收益与技术收益，与此同时，大市场能够带来更加激烈的竞争，迫使企业提高自身竞争力从而实现规模效应。

在大市场中，阻碍生产要素流动的壁垒已经被消除，在趋利性特征的支配下，生产要素倾向于流向能够使自身获取最大收益的地区，从而实现要素的最优化配置。但是受限于生活习惯、政治等因素，劳动力生产要素往往不会因为大市场的建立而出现大规模流动，但是资本要素则会一直向收益更高的地区流动，直到各地区间的资本边际回报率相等时，资本要素才会停止流动。在大市场中不仅能够实现关税同盟理论下的产品市场的一体化，还能够实现要素市场的一体化，产品和要素自由流动后伴随的资源配置效率和经济效率的提高能够增加社会的总收益，这部分增加的收益被称为配置收益。

大市场理论可以具体表述为：通过构建共同大市场，扩大市场经营范围，将原有的零散式生产集中，以实现生产规模的扩大化，这样能够使生产机器充分利用，实现生产的高效化与专业化；与此同时，市场的扩大也加剧了竞争，这也势必降低商品的生产成本与销售价格，进而导致市场购买力的扩大与居民消费水平的提高，反过来又能进一步促进投资的增加和生产规模的扩大。因此可以得出，大市场的形成会使经济实现良性循环，从而提高经济效益，促进大市场内产出的增长。

第二节　文献综述

本节旨在梳理与本书内容相关的重要文献，包括互联网发展影响城市生产率增长的相关研究、互联网发展影响市场整合的相关研究、市场整合影响城市生产率增长的相关研究三个层面，从而为本书研究框架的构建提供论据支撑。

一 互联网发展影响城市生产率增长的相关研究

(一) 互联网发展影响经济增长的相关研究

城市生产率增长是经济增长领域的一个重要分支,因而在梳理总结互联网发展影响城市生产率增长的相关研究之前,首先要梳理互联网发展影响经济增长的相关研究。

目前对互联网发展的经济增长效应的研究较多集中于探讨互联网(或是信息技术、数字化、IT)发展是否对国内生产总值或劳动生产率产生了影响效应,这些研究大多数是基于行业或企业、国家或地区层面经验数据的实证研究。本部分主要从以下两个角度对相关文献进行梳理:一是关于互联网发展对经济增长是否存在显著促进作用以及具体的影响路径方面的相关研究,二是关于互联网发展对经济增长影响的区域异质性方面的相关研究。

1. 互联网发展对经济增长促进作用的存在性

Jorgenson 和 Strioh(1999)的研究发现,投入计算机领域的资本对 1990~1996 年美国经济增长的贡献率约为 0.16%。Jorgenson 等(2008)的研究同样认为,美国 20 世纪 90 年代后半叶的经济增长在很大程度上源自计算机产业的生产率增长与大量资本投入。Strioh(2002)对 1995~2000 年美国经济增长率提高与信息技术发展之间的关系进行了研究,实证检验结果显示,信息技术的投入有助于美国经济的增长,其中 IT 生产部门和 IT 使用部门的贡献率分别为 0.83% 和 0.17%。另外,还有一些学者的研究提供了不同国家和地区的经验证据:Cumming 和 Jordan(2007)认为互联网发展不仅对地区内的实际私人投资有着显著的促进作用,还明显加强了各个区域间的经济联系,从而有利于经济增长;Choi 和 Yi(2009)使用 207 个国家 1991~2000 年的面板数据进行研究,结果显示互联网发展会对经济增长产生显著的促进作用;Czemich 等(2011)以 25 个经济合作与发展组织(OECD)国家为对象,研究了 1996~2007 年互联网普及程度提升对区域经济增长的影响,结果显示互联网普及率每提升 10%,人均 GDP 将提升

0.9%~1.5%；Chu（2013）对 1988~2010 年 201 个国家和地区的人均 GDP 与互联网普及率之间的关系进行研究，实证结果显示，互联网普及率每提升 10%，人均 GDP 会随之提升 0.57%~0.63%。

随着中国互联网的发展与普及，国内学者也开始针对这一主题进行研究。郑世林等（2014）以信息基础设施角度为切入点，使用 1990~2010 年的省级面板数据进行研究后发现：在 20 世纪 90 年代，互联网基础设施建设显著促进了经济发展，而 2000 年之后，移动通信设施的边际贡献率下降，固定通信设施则对经济发展产生了抑制作用。刘生龙和胡鞍钢（2010）通过对 1999~2007 年省级面板数据的研究，认为中国的信息基础设施建设能够作为一种投资直接对经济增长带来促进作用，同时其产生的溢出效应也能间接促进经济增长。张之光（2014）采用自回归模型对 1996~2010 年中国经济增长与和技术投资的数据进行了实证分析，结果表明互联网的发展在短期会对经济增长产生显著的正向影响，而在长期则会通过协整关系促进经济增长。韩宝国和朱平芳（2014）研究了国内 2000~2011 年的省级面板数据，结果表明宽带渗透率每增加 10%，将促进人均 GDP 增长率提高 0.19%。王娟（2016）实证分析了微观层面的企业数据，发现互联网发展与中国制造业企业劳动生产率和产出具有显著的正相关关系。刘姿均和陈文俊（2017）认为互联网发展不仅对区域经济增长产生促进作用，同时也有助于提高经济结构合理化水平。相似的，叶初升和任兆柯（2018）利用 2001~2014 年中国城市层面的数据，通过工具变量回归进行实证研究后认为，互联网在经济增长和经济结构调整中发挥了显著的促进作用。张家平（2018）进一步对互联网发展与经济增长间的关系进行研究，通过面板门槛模型实证分析后得出互联网发展与经济增长间存在非线性关系，互联网对经济增长的正向溢出效应与地区人力资本和创新水平成正比。李一丹等（2019）针对共建"一带一路"沿线国家 1996~2014 年的相关数据进行研究后，发现这些国家与地区内的互联网普及率每提升 10%，就能促进 GDP 上升 0.8%。

在互联网发展影响经济增长的机制与效应方面，现有研究的视角与内容较为广泛，比如汪淼军等（2006）认为，信息化水平提升企业绩效的主要影响路径包括降低通信和协调成本带来的直接影响以及推动技术创新与管理效率带来的间接影响。谢平和邹传伟（2012）指出以互联网技术为代表的现代信息科技促进经济增长的原因在于，互联网发展不仅能够有效降低市场中的交易成本，还能够提高整个经济社会的资源配置效率。周建中和陈秀宏（2013）认为，互联网所带来的产品信息化能够降低企业供应链的总成本，从而增加生产利润、提高资源配置效率，进而促进经济增长。李海舰等（2014）则从互联网所引致的思维模式转变入手，认为思维方式的开放化、共享化与协作化提高了消费者与生产厂商的匹配度，由此带来的规模效应促进了经济增长。蔡跃洲和张钧南（2015）从两个方面总结了互联网通信技术发展对经济增长的作用机制：一是互联网通信技术的"渗透效应"，即通信技术能够作为一种常规技术手段普遍应用于其他经济部门进而促进生产率增长；二是互联网通信技术的"替代效应"，即通信技术资本可以替代其他资本投入从而促进经济增长。王娟（2016）认为通信技术能够通过提高企业管理效率、降低交易费用成本以及推动企业间竞争三个路径影响劳动生产率和产出。叶初升和任兆柯（2018）指出互联网影响经济增长的内在作用机制主要是通过资本深化和通用型技术渗透实现的。

2. 互联网发展影响经济增长的区域异质性

从上述研究可知，互联网发展对经济增长的正向促进作用已经得到了学界的共识，但这种促进作用在不同国家和地区之间也可能存在明显的差异，即互联网发展对经济增长的促进作用具有显著的区域异质性。从目前学界的研究来看，互联网发展对经济增长的促进作用在哪种类型的国家或地区更为明显尚未形成共识，主要存在两种不同观点。

一种观点认为，相较于发展中或较为落后的国家和地区，发达国家和地区的互联网发展对经济增长的正向促进作用更为显著。Dewan 和 Kraemer（2000）对不同国家 IT 技术投资回报率的差异性进行了研究，通过面板数据进行实证分析后得出，发达国家的 IT 投资回报率显著为正，而发展中国家的 IT 投资回报率并不显著。Peters（2001）的研究也指出，互联网发展对信息资源贫瘠、技术水平低下的发展中国家的经济增长贡献十分有限，并且有可能将其带入数字鸿沟的底端，而位于顶端的发达国家则能够利用这一优势持续推动经济增长，使经济差距不断扩大。Daveri（2002）的研究也支持了上述观点，发现与美国相比，虽然一些欧盟国家正在不断提高互联网发展水平并提升互联网普及率，但其对经济增长的贡献程度较低。Colecchia 和 Schreyer（2002）发现在所有发达国家中，通信技术资本的推动作用在美国最为显著。Jorgenson 和 Vu（2005）考察了 IT 投资在不同发展水平国家对经济的影响，研究发现虽然众多国家均加大了对 IT 产业投资的力度，但在以美国为首的七国经济集团中，IT 投资对经济增长的贡献率最为显著，其次是亚洲的发展中国家。就同一个国家内而言，王铮等（2006）认为某个区域自身的经济发展水平越高，信息化发展所带来的推动作用就越显著。相似的，姜涛等（2010）研究了互联网对经济增长的推动作用在中国东部、中部、西部三个地区间的异质性，结果表明对经济发达的东部地区的推动作用最明显，中部地区次之，在西部地区该推动作用并不存在。茶洪旺和胡江华（2012）发现互联网发展会加大贫富地区间的经济发展差距，使富裕地区变得更加富裕，拉大地区间的数字鸿沟。韩宝国和朱平芳（2014）的研究发现，虽然中国西部、中部与东北地区的宽带渗透率并不存在较大差距，但宽带对西部地区的经济增长推动作用并不明显。林娟（2016）的研究同样发现互联网发展对经济发展条件较好地区的促进作用更强，而对经济发展水平较低地区的影响作用较弱，也即互联网发展扩大了中国不同区域间的经济发展差异，数字鸿沟明显存在。

另外一种观点则认为，在相对落后的国家和地区中，互联网和通信技术发展的推动作用更为显著。Alexandre（2008）以世界范围内 50 多个国家 1984~2004 年的数据为研究对象，考察了互联网发展对经济增长的影响，研究结果显示网络通信技术对经济增长的促进作用在落后的非洲国家最为显著，然而在发达国家，该正向促进作用却微乎其微。陈亮等（2011）以 2001~2008 年中国 31 个省（自治区、直辖市）的面板数据为基础，实证考察了互联网基础设施建设对东部、中部、西部地区经济增长贡献程度的大小差异，结果显示地区经济发展程度与互联网基础设施贡献程度成反比，也即对西部不发达地区的促进作用要高于全国平均水平，而对东部发达省份与大部分中部地区的促进作用反而低于全国平均水平。Jung（2014）以巴西为研究对象，利用州级面板数据进行实证研究后发现，互联网普及率的提升对经济增长的影响具有地区异质性，宽带普及率的提高在落后地区内对经济增长的促进作用更为显著，而在经济发展条件较好地区反而并不显著。石敬勋（2020）在研究中发现，当地区间的溢出强度趋于稳定之后，互联网对落后地区经济的促进作用更强，从而促进落后地区的发展。

综上所述，以互联网为代表的信息通信技术一方面可能提高落后地区资源获取能力，为其实现突破性发展提供重要机遇；另一方面也可能拉大地区间的数字鸿沟，带来"马太效应"，进一步扩大地区发展差距。

（二）互联网发展影响全要素生产率的相关研究

1987年，美国著名经济学家、诺贝尔经济学奖得主索洛在其提出的"生产率悖论"（Productivity Paradox）中指出，计算机对经济社会的影响无处不在，唯独除了全要素生产率领域。在此基础上，随着计算机与互联网技术的不断发展，众多学者利用不同层面的统计数据对互联网与全要素生产率之间的关系进行了大量的研究与论证，其中很大一部分研究均发现互联网或信息通信技术的发展会对全要素生产率的提升产生显著的促进作用。

互联网作为一种信息技术，也具有多功能性、通用性等特征，能够从多个角度对社会经济系统的生产消费活动产生诸多影响，从而显著提高全要素生产率水平（Jovanovic，2005）。同时，互联网具有技术溢出特征，能够将其所具有的技术进步性和创新互补性扩散到整个经济社会中，加快了原有的全要素生产率增长步伐，对全要素生产率产生了显著的促进作用。在互联网高增值、高渗透的作用下，有助于经济逐渐由原有的粗放式发展转向集约式发展，在此过程中全要素生产率的提升便是最直接的外在表象。

Gretton等（2004）以澳大利亚的互联网发展和全要素生产率为研究对象，发现澳大利亚国家网络通信技术的使用极大地推动了全要素生产率的提升。Ark和Inklaar（2005）对美国互联网发展与全要素生产率之间的关系进行了研究，发现随着美国通信技术资本深化的渐缓，互联网与通信技术应用广泛的行业全要素生产率提升较快。Corrado（2006）以美国金融服务业为样本，研究发现该行业网络信息技术的广泛使用对全要素生产率的提升做出了较大贡献。Bosworth和Triolett（2007）则发现美国服务业生产效率的提升与行业内网络通信技术的大范围使用具有直接的联系。Basu 和 Fernald（2007）的研究结果同样表明美国全要素生产率的提升与网络通信技术的发展之间具有显著的正相关关系。Rudra（2020）以亚洲 21 个国家为研究对象，发现互联网对全要素生产率具有显著的正向推动作用。

针对国内互联网发展与全要素生产率的关系，学者也进行了研究。田帆和孙琳琳（2013）研究了网络通信技术的外溢效应，结果显示网络通信技术的外溢效应对我国全要素生产率有一定的正向促进作用。沈月和郭品（2015）则以商业银行为研究对象，使用 2003～2012 年我国 36 家商业银行数据进行研究，结果显示互联网带来的技术外溢效应促进了商业银行全要素生产率的提升。王娟（2016）使用世界银行企业调查数据进行研究，结果显示"互联网+"对中国全要素生产率具有显著的提升效应，并且该效应具有一定的区域异质性特征，在东部地区和资本技术密集型企业中这一提升效应更为显著。郭家堂和骆品亮（2016）利用 2002～2014 年省级面板数据，从全要素生产率视角切入，研究后发现互联网发展能够对中国技术进步以及技术推动型全要素生产率产生显著的促进作用，同时当互联网使用人数超过 41.43% 的临界值时，互联网产生的促进作用显著增强，研究结论指出，"生产率悖论"在中国并不存在。施炳展（2016）从资源配置视角切入，利用 2009 年互联网与贸易数据进行研究，结果显示互联网发展显著降低了信息搜寻与沟通成本，能在一定程度上提高企业内部资源配置效率，从而帮助企业提高全要素生产率。谢莉娟等（2020）的研究发现，信息通信技术投资对全要素生产率的提升具有显著的促进作用，并且主要是通过促进技术效率提升实现的，其进一步研究发现，只有达到一定的互联网普及率时，信息通信技术促进技术效率的作用才得以显现。

二　互联网发展影响市场整合的相关研究

目前学界对市场整合的研究大多聚焦于交通基础设施方面，探究交通基础设施对市场整合的影响。而针对互联网发展与市场整合的研究比较少，仅有部分学者提出了自己的观点。

Arthur（1996）等指出互联网与信息通信技术的建设与发展具有规模效应和网络效应，这一特性能够促进区域间经济联系与市场一体化。同时，Hardy（1980）、Leff（1984）认为互联网的网络外部性能够加快技术的创新与扩散，降低信息搜寻成本，进而对市场一体化产生显著的正向溢出效应。刘云鹏（2000）通过对信息技术产业进行研究，发现信息技术具有网络效应，能够增强地区间的联系。汪向东和张明才（2011）探究了电子商务的发展对地区间市场一体化的影响，研究发现网络电子商务可以带来经济结构优化效应，促进市场一体化，进而加快国内大市场的整合与形成。程艳和袁益（2017）在C-D生产函数中引入了交易成本，分析了商品市场从分割走向整合的内在机制，认为互联网企业的存在降低了交易成本，而这在促进商品市场整合的过程中发挥了重要的作用。王伟和孔繁利（2020）以中国2000~2017年的省级面板数据为考察对象，对比分析了交通基础设施和互联网基础设施对地区间市场分割的影响，研究发现交通基础设施和互联网基础设施均能够降低区域间的市场分割程度，促进市场整合，并且互联网基础设施对市场分割的抑制作用从2015年开始超过了交通基础设施对市场分割的抑制作用。张治栋和赵必武（2021）考察了长三角地区的互联网产业集聚对地区间劳动力和资本错配的影响，研究发现互联网产业集聚能够促进劳动力和资本的有效配置。侯世英和宋良荣（2021）利用A股高新技术产业上市公司的数据，发现数字经济和市场整合均能促进创新绩效的提升，并且数字经济还能够通过拓展市场边界进而影响市场整合。

可以发现，目前学界探究互联网发展影响市场整合的相关研究文献还比较少，并且这些文献并没有深入探讨数字经济时代下固定互联网和移动互联网的发展影响市场整合的内在机制，而是单一地从交易成本降低、技术溢出或者网络效应的一个方面，探究了信息通信技术、电子商务、互联网基础设施建设、互联网企业等对市场边界的拓展作用。因此，深入探究互联网发展对市场整合的影响机制和影响效应，并进一步分析互联网发展能否通过影响市场整合进而对城市生产率增长产生影响是本书关注的重点。

三　市场整合影响城市生产率增长的相关研究

本部分内容对市场整合影响城市生产率增长的相关研究进行梳理总结。目前学界针对市场整合的研究更多是从国内市场分割的视角展开的，而"市场整合"和"市场分割"两者实质上是同一个问题的正面和反面表述（Machlup，1978）。在经济意义上，市场分割主要指区域市场间的非整合状态，而对应的区域市场间的整合状态则被称之为市场整合，两者在市场壁垒、地方保护、资源流动、边界效应等多个维度的内涵均一致。市场整合水平越高，市场分割水平越低，相反，市场整合水平越低，市场分割水平也就越高（白俊红和刘怡，2020）。鉴于此，本书在研究中限于某些研究内容的具体需求，为了使意思表达呈现得更加清晰明确，同时使用了市场整合和市场分割两个词语。在本部分的文章梳理中，由于目前学界直接针对市场整合的研究较少，而更多是从其反面——市场分割视角展开的，该部分内容重点梳理了市场分割影响城市生产率增长的相关研究。

（一）市场分割成因的相关研究

目前，针对一国内部市场分割现象形成原因的研究文献较多从四个维度进行探讨，即自然因素、文化因素、经济因素与制度因素。

1. 自然因素

通常来说，不同区域间的市场分割能够分为自然意义上的市场分割与非自然意义上的市场分割（石磊和马士国，2006）。自然意义上的市场分割是指由某些短期内无法改变且长期相对稳定的因素比如地理条件、运输条件等所导致的天然分割状态。从世界范围内区域增长的经验来看，自然因素导致的市场非整合状态是无法避免的，特别是对于面积广阔、各地自然条件十分多样化的中国来说，自然因素所造成的区域市场非整合状态是一个不可忽视的方面。

自然资源禀赋在区域经济发展中扮演重要角色，同时也会影响地方政府的决策。戴亦一等（2016）发现如果某一地区内山脉河流较多，地理状况复杂，其在发展过程中更有可能被分割或孤立成较为封闭的区域。相似的，吕越（2018）研究发现市场分割会受到地区自然因素比如海拔高度等的影响。从现实状况来看，中国的海拔高度与地形复杂度从东部沿海地区到西部高原地区不断提升，与此相对应的是西部地区内部和西部地区与其他地区间的市场分割程度也较高，这表明自然地理条件的限制是造成市场分割程度提高的重要因素之一。较高的海拔和恶劣的地形成为天然的屏障，提高了生产要素的流通运输成本，也阻碍了不同地区间知识与文化的交流，进而加剧了市场分割。

具体的，自然地理因素对市场整合的阻碍主要体现在交通运输方面，其造成区域间贸易往来与要素流动的运输成本提高。Fujita 等（2001）从新经济地理学视角进行阐述，认为交通运输水平的提升能够降低商品交易中的运输成本，进而实现产业布局中向心力与离心力的动态平衡。Anderson 和 Wincoop（2004）、刘建等（2013）等学者认为运输成本作为贸易成本的重要组成部分，其与空间距离呈现明显的正相关关系，毛琦梁和王菲（2018）同样认为交通基础设施建设的缺失会提升贸易的运输成本，从而阻碍地区间市场整合的进程。

在国内外相关研究中，Stephens 等（2012）以津巴布韦番茄市场为研究对象，发现高昂的交易运输成本显著抑制了津巴布韦番茄市场的市场整合程度。Studer（2015）考察了工业革命前后印度粮食市场所发生的变化，研究结论显示商品交易过程中出现的运输成本过高等因素，导致印度粮食市场区域一体化程度低于西欧地区。国内学者也进行了相应研究，颜色和刘丛（2011）从历史层面对中国南北两个区域的市场整合程度进行研究，以 1742~1795 年主要粮食水平的省级月度价格数据为基础，研究结果显示南方地区的市场整合程度明显高于北方，主要原因在于南方地区交通运输业尤其是水上航运业的发达。刘龙生和胡鞍钢（2010）则通过研究后认为开展交通基础设施建设能够显著促进地区贸易，进而提高区域市场一体化程度，加快地区间市场整合。范欣等（2017）使用 1993~2012 年省级市场数据，采用空间面板杜宾模型进行研究后发现，交通基础设施的完善能够极大程度地改进各区域间"各自为营"的分割状态，从而进一步佐证了运输成本在市场整合过程中的扮演的重要角色。安虎森和陈晓佳（2018）通过构建技术异质的新经济地理学贸易模型，推导了交通规模扩大引起劳动力要素集聚的市场整合效应。潘爽和叶德珠（2021）探究了高铁开通对市场分割的影响，研究发现高铁开通能显著缓解地区间的市场分割状态。

2. 文化因素

在经济增长理论的研究成果中，Aghion 和 Howitt（1998）、徐现祥等（2015）强调了文化因素对区域经济发展的重要作用。Hofstede（1980）认为文化是"具有相似教育背景和生活经验的人群所共有的心理程序"，而文化多样性则是不同文化群体间的关系，而这一关系也会直接影响不同区域间的交流，比如 Alemina 和 La Farrara（2005）认为当某个地区存在多元文化或多元种族时，会降低社会信任度，提高沟通与交流的成本。陈柳等（2009）以中国长三角地区为研究对象，探究了文化融合与区域经济一体化间的内在联系，结果显示文化融合程度与区域经济一体化水平之间具有显著的正相关关系，即当文化融合程度提高时，区域经济一体化水平同样会随之提高。

目前，部分学者还尝试以语言的差异化为切入点，分析市场整合与文化多样性间的关系。语言作为某种文化的标志性载体，能够帮助人们建立认同感并消除距离感。中国地域辽阔、民族众多，因此存在多种多样的方言，语言障碍的存在降低了身份的认同感，影响了贸易过程中的信任度与经济合作，同时也不利于生产要素在不同方言片区间的流动，不利于市场整合与资源配置（刘毓芸等，2017；丁从明等，2018）。

3. 经济因素

上文所述的自然因素与文化因素均属于"自然意义上的市场分割"，而目前学界更多关注的是"非自然意义上的市场分割"，即在区域经济发展中由不同经济主体行为所导致的市场分割，主要包括经济因素与制度因素。本部分主要针对经济因素的相关研究进行梳理。从目前的学界研究方向与成果来看，针对市场分割的经济因素的研究较多集中于区域内分工和对外开放两个层面。

从区域内分工层面来说，社会不同成员的分工任务会随着社会发展和生产力变革而不断完善与发展。马克思主义理论认为：从分工产生开始，分工与劳动力和生产关系间就存在十分紧密的内在关系，分工不仅能够影响人们的物质生活，同时能够对精神生活产生不同的影响。因此分工的发展与变迁将会对经济主体的行为决策产生关键影响。陆铭等（2004）在研究中使用了跨期分工决策模型，对收益递增条件下各个地区出现重复性建设和市场分割的深层次根源进行了研究，该研究认为，当经济处于转型阶段时，原有的计划经济中的平均分配制度已无法满足新的社会分工的要求，因此需要向市场经济转型，利用谈判机制来对分工收益进行分配。对于经济较为发达的地区来说，其所拥有的高新技术产业优势能够使其在收益分配过程中掌握更多的话语权，从而获得较大收益；而对于经济较为落后的地区来说，贸然加入分工体系很有可能使自己处于整个链条的底端，无法从中获得足够收益，如果放弃眼前的一小部分收益，发展自身的高新技术产业，就能够在未来的收益分配过程中提升话语权。因此，落后地区通常选择游离于分工体系之外发展自身的优势产业，这也是发达地区与落后地区间市场整合困难的原因。

从对外开放层面来说，市场整合与对外开放通常能够作为地方政府进行区域发展的一种策略选择，Li 等（2003）认为当某一区域在发展过程中需要在市场分割与对外开放间做出抉择时，选择对外开放就意味着摒弃了市场整合，而开展市场整合就意味着放弃了对外开放。Poncet（2003）、范爱军等（2007）也证实了国内市场分割可以作为一国对外开放程度的直接体现，对外贸易、外商直接投资和进口的增加在一定程度上会加剧国内市场的分割程度。黄玖立（2011）则进一步认为中国的对外贸易与区域市场一体化之间存在 U 型的内在关系。杨思维等（2019）将市场分割和对外开放同时纳入了经济增长模型中，发现对外开放程度越高的地区市场分割越严重。刘辉煌和刘晓函（2019）的研究也证实了市场分割与地区贸易出口之间存在替代关系。

4. 制度因素

在中国经济的转型过程中，地方政府能够从众多维度对区域经济运行产生影响，而这些影响均至关重要，某些甚至是决定性的影响（席鹏辉等，2017）。因此，众多学者尝试从制度因素的角度探究中国市场分割的衍生逻辑。在目前中央与地方财政分权的背景下，地方政府同时面临财政收入与晋升的双重压力，因此具有强烈的积极性与动机推动本区域的经济发展。目前学者们较多从财政分权与行政集权两个方面进行研究，也有一部分学者从政府的赶超战略角度对市场分割的内在成因进行考察。本部分主要对财政分权影响国内市场分割的制度因素的相关文献进行梳理。

在市场经济条件下，财政收入在中央政府与地方政府间的分配行为和地方政府的财政支出本质上是中央政府、地方政府与企业三者所达成的某种契约（吕冰洋和聂辉华，2014），同时也是中央与地方、地方与地方之间关系的核心组成部分。地方政府与中央政府间的财政分权实际上是地方保护主义的一种表现形式（白重恩等，2004），会对市场分割带来至关重要的影响。早期的财政"包干制"能够有效激发地方政府发展地区经济的动力，但行政区域的分割管理模式会在一定程度上促使地方政府实施地方企业保护政策，加剧市场分割（沈立人和戴园晨，1990）。而在中国进行的经济体制改革中，晋升激励扭曲、资源错配等问题随之产生，导致大部分收益集中于某些既得利益者，地方政府为了保护自身的利益和这些既得利益者，往往会进一步扭曲资源的配置，开展地方保护，阻碍市场自由竞争。Qian 和 Weingast（1997）认为中国特有的财政分权制度催生了各地政府间的攀比与竞争，进而阻碍生产资源高效配置，造成产能过剩等问题，最终加剧了国内的市场分割程度，阻碍了市场整合。任志成等（2014）利用中国 1996~2012 年的省级面板数据，实证检验了财政分权与市场分割之间的关系，研究发现财政分权与市场分割之间存在显著的正相关关系。洪正和谢漾（2021）基于中国省级层面面板数据的实证研究结果也证实了财政分权下的地方保护主义行为加剧了国内的市场分割。

（二）市场分割测算及趋势的相关研究

在对中国的市场分割问题进行研究时，市场分割变动趋势是至关重要的研究领域，而研究的基础便在于对市场分割进行测算。目前学界针对市场分割的常用测度方法主要包括以下几种。[①]

生产法，基于各地区的产业结构与专业化分工状况，通过构建产业结

[①]　余东华和刘运（2009）对市场分割的衡量方法提供了很好的研究综述。

构相似度、行业集中度、地区专业化指数、Hoover 指数等指标对市场分割程度进行测度与衡量。

贸易法，主要通过省际的贸易往来流量或边界效应来评判市场整合或者市场分割的程度与变化趋势。若区域间贸易往来较少或边界效应明显，表明市场分割程度较高，反之则表示市场整合程度较高。

调查问卷法，主要通过设计具体的问卷问题，将市场分割和地方保护主义的相关现实状况具体化，以调查问卷的形式从不同维度收集信息，从而得出市场分割状况。

经济周期法，主要是通过比较地区间经济周期波动的相关程度来判断市场一体化水平。如果地区间经济周期波动的相关程度较高，则市场整合水平较高，市场分割程度较低；相反，如果地区间经济周期波动的相关程度较低，则市场整合水平较低，市场分割程度较高。

边界效应法，主要关注地区间的边界对区际贸易流量的影响，其认为地区间的边界会形成贸易壁垒，从而导致了市场分割。在利用边界效应法时通常需要使用各地区的投入产出表，在克鲁格曼的垄断竞争模型的基础上，可利用地区间的贸易数据测算出边界效应的大小及市场分割程度。

价格法，通过不同地区间各种商品指标的对比以及波动状况对市场分割程度进行判断。作为商品供需状况的晴雨表，价格指标能够反映市场内套利活动的可能性，从而判断市场分割程度的高低。该方法来源于"冰川成本模型"（Samuelson，1954），即现实生活中的交易成本无法完全消除，导致商品价值在贸易过程中会像冰川一样"融化"一部分，若完美套利存在，不同地区间的商品价格仍然会存在差异，且商品价格在一定区间内波动，若相对价格波动范围较大，说明市场分割程度较高；反之，则说明市场整合程度较高。

目前价格法是针对市场整合和市场分割程度与变动趋势较为常用的方法，其优势在于有关商品价格的数据比较容易获得，且包含信息丰富，能够通过商品价格的变化综合反映产品和要素市场的整合或者分割程度。

在目前已有的研究中，由于不同的测算方法所关注的角度与侧重点不同，针对当前中国区域市场分割的变动趋势尚未形成一致的结论，一部分学者认为当前中国区域一体化进程正在不断推进，市场整合趋势较为明显；而也有部分学者认为由于地方保护主义的盛行，区域间市场分割的程度较高。因此，本部分将对这两种观点的研究文献进行梳理与回顾。

1. 市场分割程度加剧

Kumar（1994）较早对中国不同区域间的市场分割状况进行了研究，通过对省际零售商品成交趋势的测度发现不同省份间的贸易往来总量持续下降，表明市场的分割程度较高。20 世纪初期，Young（2000）从产业结构与商品价格两个维度研究了中国的市场整合状况，结果显示：从产业结构维度来看，中国的市场分割程度在改革开放后飞速上升；而从商品价格维度来看，从 20 世纪 80 年代中后期开始，不同区域消费品零售价格与农产品价格的分散程度则在整体上呈现上升的趋势，因此 Young 的研究结果认为中国各个省份的专业化程度较低，同时也伴随着产业结构失衡等问题，市场整合程度呈现下降趋势。吴意云和朱希伟（2015）则在行业专业化水平的基础上加入了工业地理集中度要素，最终研究结果显示两者均呈现逐步降低的趋势，各地区的产业结构也逐渐趋于同质化。除此之外，也有学者从其他角度进行研究，比如 Poncet（2003）考察了中国市场一体化程度以及各省份的相对开放程度，利用边界效应模型测算了各省份消费构成中省内消费的贡献比例，结果发现在各省份的消费中，省内消费均占据主要地位，证明中国国内的市场分割程度仍然较高。相似的，黄赜琳和王敬云（2006）同样采用边界效应，从产业市场的视角考察了中国的市场分割程度，发现可以将中国的各省份间的市场分割状况与整个欧洲地区内各个国家间的市场分割状况相比较，且两者分割程度基本一致，侧面说明了中国的市场分割程度仍处于较高水平。Li 和 Sun（2003）在研究中证实了2006 年之后中国不同地区间的物价水平差异正在不断扩大，表明中国市场一体化进程放缓。

2. 市场分割程度降低

Naughton（1999）利用中国各个省份的投入产出数据测算了各省份之间的贸易流量，研究结果显示中国各省份间的市场整合程度整体呈现上升的趋势。这与 Kumar（1994）的结论相反，原因在于 Kumar 的数据样本中仅包括国有商业部门，而 Naughton 则认为转型时期会有更多非国有商业部门参与市场经济活动，所以 Kumar 的结论并不具有代表性。白重恩

（2004）使用 Hoover 指数测算了中国各个省份的区域专业化程度，结果显示中国产业的专业化程度正在不断提高，区域间市场也呈现趋于整合的态势。李善同等（2004）对中国的地方保护主义和市场分割程度进行考察，最终调查问卷结果显示虽然中国的市场分割问题仍然存在，但分割程度已经开始不断下降。陆鸣和陈钊（2009）借鉴 Parsley 和 Wei（2001）的研究方法，采用地区商品零售价格指数的方差测算了中国的市场分割程度，结论认为在改革开放之后，中国不同区域间的商品市场不断趋于整合。范爱军等（2007）将研究扩展至全国层面，采用省级面板数据计算了全国层面上的市场分割程度，结果发现我国区域市场间呈现一体化趋势，市场分割程度不断下降。张杰等（2010）、宋冬林等（2014）、范欣等（2017）、曹春方等（2018）、苏剑等（2021）等学者采用同样方法也得出了类似的研究结论。

综上所述，学者基于不同的测算方法得到的相关结论也存在差异，有学者认为中国的市场分割程度较高，但也有学者主张虽然市场分割状态仍然存在，但市场整合的趋势已越发明显。

（三）市场分割影响城市生产率增长的相关研究

市场整合对经济社会发展所产生的一系列影响仍然是学者们关注的重点。由于目前学界关于市场整合的研究多集中于市场分割方面，因而本部分从市场分割对经济增长的影响、市场分割对生产率的影响、市场分割对资源优化配置的影响这三个方面对相关文献进行梳理。

1. 市场分割影响经济增长的相关研究

正如前文所述，市场分割是地方政府所采取的为了促进本地区经济增长的某种地方保护主义策略，但不同学者对这种策略的有效性，也即市场分割是否能够促进经济增长存在不同的观点，一些研究认为市场分割显著抑制区域经济增长，而更多研究则发现市场分割在某些限定条件下能够对经济增长产生促进效应。因此，本部分将围绕这两个观点进行文献梳理与总结。

一方面，在认为市场分割对经济增长产生阻碍效应的研究文献中，Poncet（2003）指出市场分割会阻碍区域经济增长；徐现祥（2007）将区域一体化程度较高的长三角地区与其他非经济一体化地区对比，发现长三角地区间的市场一体化战略显著促进了地区经济发展，即市场分割不利于区域经济的增长；柯善咨和郭素梅（2010）的研究也发现市场分割对经济增长产生了阻碍作用，而区域市场的一体化则与经济增长之间呈现正相关关系。

另一方面，大部分学者认为市场分割对区域经济增长的影响效应并不是简单的线性关系，而是与特定的条件有关。陆铭和陈钊（2009）认为市场分割与区域经济增长间的关系是非线性的，整体呈现倒 U 型。刘小勇（2010）分析了 1985~2006 年的省级面板数据，结果发现从整体时段来看，市场分割对经济增长产生显著的抑制效应，而且 1995 年是一个重要分界点，在此之前，市场分割对经济增长的阻碍作用明显弱于 1995 年之后。盛斌与毛其淋（2011）的研究发现国内市场一体化对人均 GDP 的平均贡献度为 17.9%，但是该影响效应会随着时间推移而减弱。付强和乔岳（2011）的研究认为晋升与财政激励下的政府竞争行为导致了市场分割的形成，这种地方保护主义下的市场分割行为虽然在短期内阻碍了地方经济发展，但在长期却对经济增长带来促进效应。李文洁（2013）基于 1993~2011 年的省级面板数据对市场分割影响经济增长的传导机制进行研究，实证结果显示，以中国加入 WTO 的 2003 年为界，市场分割影响经济增长的机理在前期与后期有所不同，固定资本的大量投入、政府消费的减少是前期市场分割促进区域经济增长的主要路径，而后期减缓对外开放则成为市场分割阻碍区域经济增长的主要原因。张宇（2018）的研究认为地方政府实行的市场分割策略虽然会促进本地区经济的增长，但是从区域整体发展来看，会导致区域间陷入"囚徒困境"的局面，不利于经济增长。

除此之外，也有学者从区域经济差距的视角探讨了区域一体化或市场分割对经济增长的影响。宋志涛（2012）探究了我国东部、中部和西部地区间市场分割对经济增长的影响，发现由于东部地区经济开放程度较高，市场分割对其经济增长具有正向影响；中部地区市场分割对经济增长的影响效应不显著；西部地区市场分割对经济增长的影响则呈现倒 U 型趋势。赵玉奇（2018）研究了市场整合对我国区域协调发展的影响，发现我国商品市场的整合对人口和经济的协调分布具有正向促进作用，而劳动力市场的整合会对人均意义上的区域协调发展产生促进作用。刘华军等（2018）则从价格波动信息溢出视角创新性地提出了测度空间市场一体化的新方法，并发现空间一体化程度提高对中国地区经济差距缩小起到积极的作用。苏庆义（2018）从区域贸易的视角研究了市场分割对中国区域发展失衡的影响，结果显示市场分割是区域发展失衡的重要成因之一，打破市场分割能够在一定程度上缩小地区间发展的差距。

2. 市场分割影响生产率的相关研究

在探讨了国内市场分割对宏观经济增长的影响以后，接下来探究更加细致层面上的国内市场分割影响生产率的相关研究。为了更加全面地了解国内市场分割对生产率的影响效应，这里的生产率主要包括地区生产率和企业生产率两个层面。"市场范围"假说认为随着市场范围的扩大，规模经济效应愈加明显，生产率也随之提高。因此，市场分割对市场范围扩大带来的负面影响将会对生产率的提升产生关键影响。

刘凤委等（2007）基于上市公司数据，发现市场分割所形成的无形壁垒阻碍了生产要素的自由流通，从而不利于上市公司生产效率的提升。张杰等（2010）发现市场分割程度与地区生产率间存在负相关关系，表明市场分割对企业生产率有显著的抑制效应。宋马林和金培振（2016）的研究也指出，市场分割会阻碍生产要素的自由流动，降低资源配置效率，从而导致地区生产率下降。申广军和王雅琦（2015）考察了市场分割影响企业生产效率的具体路径，发现市场分割会通过抑制规模效应、增加寻租行为、阻碍研发活动等路径降低企业的全要素生产率。毛其淋和盛斌（2012）将区域市场整合行为纳入新经济增长理论模型，研究发现市场整合能够在一定程度上对地区全要素生产率增长产生促进作用。与上述研究不同的是，徐保昌和谢建国（2016）基于企业微观数据的研究结果表明，市场分割与全要素生产率之间呈现倒 U 型关系，这代表市场分割在某种机制下能够促进全要素生产率的提升，这是由于较低程度的市场分割能够通过促进技术创新、保障生产规模等机制促进本地区企业生产率的提升。相似的，邓慧慧和杨露鑫（2019）发现市场分割对地区生产率的影响呈现倒 U 型趋势，并且大部分样本都位于曲线左侧并对地区生产率产生促进作用，且过高的市场分割水平对地区生产率产生了阻碍作用。

3. 市场分割影响资源优化配置的相关研究

市场经济条件下，生产要素和资源在国内区际的自由流动是实现资源优化配置的重要条件（王钺和刘秉镰，2017；李斯嘉和吴利华，2021）。当要素和资源在地区间的自由流动受到阻碍时，则会影响其实现帕累托最优配置的过程，降低资源的配置效率，地区间市场分割的存在势必会加重这一现象。

具体来说，刘瑞明（2012）的研究发现地方保护主义下的市场分割行为实质上是对本地区国有企业的隐形补贴，会造成资源在地区间的错配。王磊和邓芳芳（2016）在垄断竞争均衡模型的基础上，将市场分割所带来的交易成本的上升纳入企业利润函数，分析了市场整合对资源配置的影响，并通过实证研究发现市场分割程度每提升 1%，资源的错配程度将会增加 3.94%。王宋涛等（2016）将区域市场分割与资源配置效率纳入新古典经济增长模型，研究了区域市场分割对资源优化配置的影响，结果发现市场分割与地区间的资源错配程度呈正相关关系。宋马林和金培振（2016）的研究结论也支持了上述观点，即区域市场分割对要素的自由流动产生了明显的阻碍作用，显著降低了资源配置效率，加剧了地区间的资源配置扭曲程度。刘毓芸等（2017）在探究方言对市场分割的影响效应时发现，不同地区间的方言所形成的块状结构不仅引发了市场分割，还进一步造成了资源的错配。李斯嘉和吴利华（2021）利用中国省级层面的面板数据实证检验了市场分割对创新要素配置效率的影响，研究发现区域市场分割行为在短期内能够促进本地区创新要素配置效率的提升，但是在长期中则会对创新要素的配置效率产生显著的负面影响。

第三节 总结性述评

现有相关文献为本书奠定了良好的理论基础，但仍有一些不足之处和可深入研究的空间，具体体现在下列四个方面。

第一，研究视角方面，鲜有研究关注互联网发展所伴随的网络效应、交易成本降低、信息流通效率提升等对我国地区间行政性贸易壁垒的弱化作用，以及其所引致的数字鸿沟、空间集聚效应、平台经济垄断等对区域间市场整合产生的不利影响，在此基础上也没有更进一步关注市场整合效应在互联网发展影响城市生产率增长过程中是否起到了中介作用，从而难以全面系统地揭示互联网发展对经济社会的影响。基于此，本书构建了"互联网发展→市场整合→城市生产率增长"的研究框架，深入探究了互联网发展能否通过影响国内市场的整合进而作用于城市生产率的增长。

第二，限于城市层面上商品价格数据搜集的困难，现有关于市场整合相关方面的研究均在省级范围内开展，以各个省份为独立市场进行市场整合程度的测算，但是同一个省份内部的不同城市之间也存在信息流通壁垒、地方保护主义等，由此造成的市场分割同样不容忽视，从而使在省级范围内研究市场整合行为显得较为粗糙。因此，本书利用数据挖掘、手工整理等方法将国内市场整合的研究推进至更为细密的城市层面，测算了城市层面的市场整合程度，以弥补现有研究的不足。

第三，研究内容方面，现有关于互联网发展影响城市生产率增长的研究以及为数不多的互联网发展与市场整合相关的研究，均没有从理论上深入探究互联网发展影响城市生产率增长或者影响市场整合的内在的作用机制，得出的研究结论往往也没有理论支撑。基于此，本书构建了一个集互联网发展、市场整合与城市生产率增长三者于一体的分析框架，深入探究了互联网发展通过作用于市场整合影响城市生产率增长的理论机制。

第四，研究方法方面，现有研究在利用计量模型评估互联网发展的经济效应时，往往没有对模型可能存在的内生性以及估计结果的稳健性等问题进行深入探讨，特别是中介效应模型中可能存在的内生性问题，从而降低了研究结论的可靠性。因此，本书综合利用固定效应、随机效应、工具变量估计等计量分析方法，对互联网发展、市场整合与城市生产率增长之间的影响效应进行了精准评估，并深入考察了变量测算误差、模型设定误差、样本选取误差等可能影响估计结果稳健性的因素，力图使回归结果更加可靠。

第三章　互联网发展、市场整合与城市全要素生产率增长的理论分析

互联网的快速发展深刻地改变了生产、流通和消费活动，成为影响社会经济发展的重要力量。在我国城市全要素生产率增速持续放缓和地区间"以邻为壑"现象依然明显存在的背景下，有必要深入探究互联网的发展通过影响城市间的市场整合进而促进城市全要素生产率增长的理论机制。为了更加明晰市场整合路径下互联网发展影响城市生产率增长的作用机制，本章首先从空间联通机制、经济整合机制、制度作用机制三个层面构建互联网发展影响市场整合的理论分析框架；然后从市场整合的竞争加剧效应、技术溢出效应、资源配置效应、需求规模改变效应四个方面分析市场整合影响城市生产率增长的作用机制；最后在厘清互联网发展影响市场整合的作用机制以及市场整合影响城市生产率增长作用机制的基础上，将三者纳入统一的框架下进行分析，详细阐释了互联网发展影响城市生产率增长的直接作用机制，以及通过作用于市场整合影响城市生产率增长的间接作用机制。本章为全书的研究奠定了理论基础。

第一节　互联网发展影响市场整合的理论分析

各种要素资源以及商品无法在区际实现自由流动是形成市场分割、阻碍我国市场整合的根本原因。互联网的发展能够突破空间距离的限制、提高地区间的经济往来效率和资源配置效率，在区际地方保护主义无法快速摒除的情形下，巧妙地从网络效应、降低交易成本、信息整合等层面弱化

地方保护主义下阻碍要素和商品流动的壁垒，能够对区域市场间的整合产生重要影响。本节首先厘清了市场整合的内涵，在此基础上从空间联通机制、经济整合机制和制度作用机制层面构建了互联网发展破除国内市场分割、影响市场整合的理论分析框架，之后将互联网因素纳入跨期分工决策模型，进一步考察了互联网发展影响市场整合的理论机制。

一 市场整合的内涵

对于中国这样一个国土面积辽阔并处于转型阶段的经济体来说，阻碍区域市场整合的因素具有多样性。深入探究市场整合的内涵和阻碍因素是考察市场整合问题的逻辑起点。

（一）市场整合的内涵

"市场整合"的概念最早由 Machlup（1978）提出，主要指生产要素的自由流动性以及商品价格在生产地和销售地之间的一致性。Machlup 认为除了必要的运输成本以外，当生产要素在区际的流动不需要支付因贸易壁垒、地方保护、市场分割等产生的额外交易成本时的状态即为市场整合。根据市场大小及类型的不同，市场整合可以分为国际市场整合、国内市场整合、区域市场整合等，本书的研究对象主要聚焦于中国国内市场整合。

关于中国国内市场整合内涵的研究，林文益（1994）认为在生产分工、商品经济高度发达的前提下，各地区之间相互融合并形成有机统一大市场的过程即为市场整合。银温泉和才婉茹（2001）指出市场整合即为"国内市场一体化"，是"市场分割"的对立面，地方政府往往通过设置行政性贸易壁垒限制本地资源和外地资源的双向流动，以此来维护本地区的利益，阻碍了市场整合。国务院发展研究中心课题组（2005）指出市场整合意味着国内各子经济区域之间的"市场边界"逐步消失，各市场主体在共同的供求关系中运行，在此状态下，商品和要素能够实现自由流动。白俊红和刘怡（2020）认为市场整合与国内市场一体化是同一个问题的两种表述，主要是指地区间的市场边界消失、要素自由流动，最终表现为同种商品在不同地区间价格的一致性。虽然"市场整合"和"市场一体化"往往被视为同一个问题的两种表述，但是市场一体化的含义更多侧重于一体化的结果方面，而市场整合则更多强调了市场实现一体化的过程方面，由于本书的研究目标是探究互联网能否通过作用于市场整合，进而对城市生产率增长产生影响，更多体现在如何实现市场整合的过程方面，因而使用了"市场整合"一词，使研究对象更加明确和清晰。综合来看，市场整合的内涵主要包括：一国内部区域市场之间的边界消失，信息可以及时流通，各市场主体能够在统一的供求关系中运行，商品和要素在区际实现自由流动，从而使资源配置达到最优化。

需要说明的是，本书考察的是我国整体的市场整合状态，因为无论是商品市场整合还是要素市场整合，最终均可以表现为同种商品的价格在地区间趋同（孔令池，2019）。具体而言，当要素流动存在障碍时，若商品能够在区际自由流动，则商品的价格最终会趋同；而当商品流动存在障碍时，如果要素能够在区际自由流动，商品的价格最终也将趋同，商品价格信息所反映的市场整合程度能够综合体现整体的市场整合水平（桂琦寒等，2006）。因此，在本章第二节数理模型的构建中，本书利用地方政府对其他地区的商品价格征收从价税的方法在新经济地理学的自由企业家模型中引入了市场整合变量。

（二）阻碍中国国内市场整合的主要因素

一般而言，一国内部形成市场分割的因素并不是单一的，这使实现市场整合的路径具有多样性。在区域市场一体化理论和以往研究的基础上，结合中国的发展现实，可以将中国国内形成市场分割、阻碍市场整合的主要因素归纳为空间地理因素、信息传递效率因素、制度性因素等三个方面。

1. 空间地理因素

从中国区域经济发展的历史脉络来看，西部地区内部，以及西部地区与其他地区之间市场分割程度较高的一个重要原因就是来自复杂地形、海拔高度等一系列地理因素的限制（卞元超，2019）。生产要素和产品在区际的自由流动还会受到地理距离这一"天然"屏障的阻碍。马克思主义理论认为，商品资本必须克服实际空间长度的限制，① 这里的"空间长度"指的就是地理距离，该理论认为市场与产地之间地理距离的拉大会延长流通时间，从而影响资本的增殖，不利于市场范围的扩大。此外，地理距离的增加还会影响劳动力跨区域流动的成本、加大企业跨地区投资困难，进而影响要素资源的优化配置，尤其是我国中西部一些地区，由于基础设施供给不足，地理距离已经成为影响劳动力、资本等要素自由流动的障碍之一。

对于中国这样一个国土面积辽阔、自然地理条件复杂的国家来说，由空间地理因素导致的市场分割是比较自然的。而互联网的发展完全打破了空间地理因素的限制，其可以在那些被复杂地形、地理距离等因素分割的区域间建立起一条"网络高速公路"，加强地区间的合作和交流，从而为各类商品和要素的流动创造了条件。

2. 信息传递效率因素

信息传递效率因素与空间地理因素高度相关，主要是指由区域间地理距离增加、地形限制、区域封锁等引致的信息传递障碍、信息传递效率低等，也可称之为陌生效应（Huang，2007）。信息传递效率因素主要表现在三个方面：第一，信息搜寻成本的增加。例如劳动力不能及时有效地搜寻到其他区域中与自身技能更为匹配的岗位信息，从而影响劳动力要素的配置效率，商品交易的买方与卖方之间不能获取完全的信息，从而无法实现有效匹配。第二，沟通障碍的增加。地区间的文化差异、语言障碍等均会影响信息的有效传递，造成区际沟通障碍。第三，合同成本的提升。合同成本主要是指合约双方在签订合约的过程中，由于信息不对称所产生的成本。空间地理距离越远的交易，签订合约过程中需要支付的信息成本越高，因而合约成本也越高。综合来看，地区间信息的缺乏在一定程度上阻碍了要素和商品的自由流动和优化配置，影响了市场整合。

3. 制度性因素

除了上述自然因素以外，中国国内的市场整合还更多地受到制度因素的影响。财政分权是引致我国地方保护主义和市场分割的重要因素。1994

---

① 中共中央马克思恩格斯列宁斯大林著作编译局编译《马克思恩格斯全集》第 49 卷，人民出版社，2016，第 328~329 页。

年的分税制改革使我国中央政府不断上移财权、下放事权，从而出现一系列所谓的"中央请客，地方买单"现象，特别是在一些重要的公共服务领域，地方政府的支出往往占总支出的 90% 以上。在这一体制下，各地政府往往尽力通过争取上级政府的转移支付、提高预算内和预算外收入等方式获得更多的财政收入，以维持支出。但是上级转移支付的获取往往需要满足一定的条件，因此不是所有的地方政府都可以获得转移支付，并且由于财政预算外收入往往会引发乱收费和摊派等问题，从 2011 年开始也已经被中央政府正式取消，[①] 在这种情形下，地方政府往往采用提高预算内收入的方式来获取更多的财政收入。由于分税制改革没有赋予地方政府确定税率的自主权，因而地方政府提升预算内收入的唯一方法就是扩大税基，即尽力扶持本地区企业发展，限制本地区资源流向其他地区等。不仅如此，在"晋升锦标赛"压力的驱动下，地方政府官员争取在上级政府考核中脱颖而出，这也使地方政府官员不遗余力地保护本地区经济的发展，从而使"以邻为壑"现象明显。在地方政府扩大税基的过程中，为了避免本地区有税收创造能力的市场主体流向其他地区，地方政府往往会采取诸如对销往外地的商品数量进行控制、对本地商品价格进行补贴、对外地企业进驻设置壁垒等措施进行地方保护，从而形成了我国地区之间的市场分割。

　　广义上的制度不仅指的是规章、法律规范等，市场本身也是一种提供商品和要素交易的制度安排，因而市场垄断所造成的国内市场分割也属于制度因素的一个方面。上述财政分权背景下地方政府采取的地方保护主义行为本质上是一种行政垄断，而除了行政垄断之外，市场垄断也是造成我国区域间市场分割的重要因素。市场垄断主要是指经济行为主体在市场竞争过程中为了获取超额利润所采取的排他性行为，具体表现为不与其他主体分享新的进入市场的机会。市场垄断的存在干扰了价格机制的正常运行，使要素或者商品的实际价格偏离了资源配置最优点下的价格，导致市场效率受到损失。例如，地方产品生产者、地方性行业协会、地方性中介机构等往往在利益的驱使下采取一些限制其他地区商品和要素进入的地方

---

　　① 《财政部关于将按预算外资金管理的收入纳入预算管理的通知》，财政部网站，2010 年 6 月 1 日，http://www.mof.gov.cn/gkml/caizhengwengao/2010nianwengao/wgd5a/201007/t20100723_329410.htm。

法规、制度，使本地区的低技能劳动力和低效率企业得以继续运行，从而干扰了资源在区际的配置效率。

当前，互联网的快速发展催生了平台经济的出现，其在整合市场资源的同时也带来了严重的市场垄断问题。平台经济的实质是运用大数据网络技术打破传统经济中的信息约束，将很多需要在线下进行的交易活动实现线上运行，重塑了人们的行为方式和市场业态，给传统的资源配置方式带来了一定的冲击。但是，平台经济可以通过用户锁定、数据垄断、资本优势下的市场掠夺、强迫经营者入驻平台之后不准入驻其他平台等干扰正常的市场竞争秩序，使市场中的多元化程度持续下降，最终影响要素资源的配置效率。

二　互联网发展影响市场整合的机制分析

在厘清了中国国内市场整合的内涵和阻碍因素的基础上，接下来进一步探究互联网发展破除市场分割、影响市场整合的作用机制。从上述分析可知，我国区域市场间的整合主要受到空间地理因素、信息传递效率因素以及制度性因素的制约，具体可以将这些因素归类为空间因素、经济因素和制度因素三个层面。从理论上来说，Litan 和 Rivlin（2001）基于互联网发展的特征指出，互联网对经济活动的任何影响均能通过空间、经济与制度三个途径产生。詹娜（2018）的研究也进一步发现市场整合的实现主要体现在空间整合、经济整合和制度整合三个方面。因此，本书也将基于这一框架，从空间联通机制、经济整合机制和制度作用机制三个层面考察互联网发展影响市场整合的内在机制，具体如图 3-1 所示。

空间联通机制主要强调了互联网的基础设施功效，互联网基础设施发挥的规模效应和网络效应可以弱化商品和资源要素在区际流动的空间距离壁垒，从而推动市场整合，然而互联网基础设施的发展还会产生空间集聚效应，使互联网发展较好的地区能够进一步吸引到更多的产品和要素资源集聚，从而拉大区域间差距，不利于市场整合。经济整合机制主要强调了互联网影响区际经济往来的作用功效，一方面，减少区际经济活动中的信

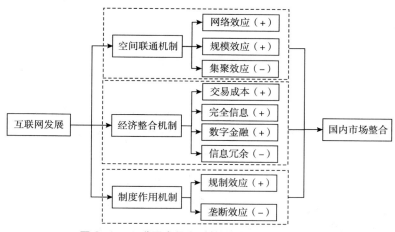

图 3-1 互联网发展影响市场整合的内在机制

注：（+）代表正向作用，（-）代表负向作用。
资料来源：笔者绘制。

息不对称不仅提高了劳动力、资本等要素的信息获取能力，还能够促使区际产品贸易发生，降低了信息搜寻成本和合约成本，并且通过 Office、微信、钉钉、飞书等办公、沟通软件可以实现便捷的线上文字信息传输与交流，加之网络上众多方言识别、翻译软件等的出现，也可以降低由地区间语言差异所形成的信息沟通障碍，从而对国内的要素市场整合和商品市场整合产生有利的影响；另一方面，互联网的快速发展也使信息大量冗余，出现了虚假信息、网络谣言等一些负面影响，这也在一定程度上增加了市场整合的困难。此外，互联网与金融领域的融合所形成的移动支付、线上审批贷款等数字金融产品为商品和要素的跨区域自由流动提供了资本支撑，并创造了极大的便利，从而有利于我国商品和要素的市场整合。制度作用机制主要强调了互联网发展所带来的平台经济垄断效应和互联网法律法规的规制效应两个方面，互联网催生的平台经济伴随着严重的垄断效应，破坏了市场秩序，干扰市场价格，从而对国内商品市场整合的推进产生抑制作用，但是伴随互联网发展的网络使用法律法规的完善为破除区际市场分割和贸易壁垒、降低交易成本、规范网络信息真实性等提供了制度保障，从而又有助于我国市场整合的实现。

可见，互联网发展对市场整合同时存在正向促进作用和反向抑制作用，两者力量的博弈最终决定了互联网发展对市场整合的影响是促进还是抑制。

(一) 空间联通机制

由前文可知，互联网发展的空间联通机制主要强调的是互联网的基础设施功效。首先，互联网基础设施包括计算机、宽带、光纤、无线路由器等网络设施，通过这些基础设施可以将分散的空间连接成统一的网络，例如全国统一的物流网络、全国层面的就业信息网站等。空间网络的形成在一定程度上打破了空间地形因素和地理距离的限制，提高了信息传输效率，极大地节省了运输成本和要素流动成本，使商品和要素在区际的流动变得更加便利，从而有利于国内市场的整合。其次，有效利用互联网基础设施能够将更大范围的地理空间连接起来，从而产生规模经济效应。互联网作为一种公共物品具有典型的外部性特征，能够在无形中促进要素的边际生产率提高，进而使生产可能性曲线向外移动，促进产业布局的优化，加速地区间的商品生产和要素分工，扩大市场范围。最后，互联网基础设施还具有空间集聚效应，而这种空间集聚效应不利于市场整合的发展。当一个地区的互联网发展水平较高时，较低的贸易成本、信息获取成本，良好的互联网发展环境，网络技术水平能够吸引各种优质资源向本地区集聚，从而使本区域的竞争能力快速提升，在此情形下先进地区在保护本地区资源的同时更倾向于吸引其他地区的优质低价资源流入，而落后地区为了本地区的发展更倾向于保护本地区产品，限制其他地区的产品流入，从而拉大了区域间的差距，不利于市场整合。

综合上述分析可知，互联网发展影响市场整合的空间联通机制中的空间网络效应和规模效应能够通过市场机制作用于商品和要素在区际的流动和地域分工，从而有利于市场整合；而空间集聚效应却进一步拉大了地区间的差距，不利于市场整合。因而互联网发展的空间联通机制对市场整合影响的正负向作用不明确，主要取决于网络效应、规模效应的正向作用力与集聚效应的负向作用力之间的大小。

(二) 经济整合机制

区际经济贸易行为的发生需要依次经过生产者、批发商、零售者，最后才是消费者，从生产者到消费者的过程中存在的大量批发商和零售商延长了流通长度，加大了交易成本。而互联网能够在生产者和销售者之间直接建立经济联系，减少市场主体之间的信息不对称程度，从而压缩产品流通过程，使其出现虚拟化和扁平化的趋势。特别是互联网平台的广泛应用，使各市场主体能够通过互联网平台直接实现沟通和交易，平台中的交易双方可以是同地区的，也可以是跨地区的，例如浙江省义乌市的饰品生产企业可以直接与海南省海口市的购买者在互联网平台上进行沟通和线上交易，从而极大地降低了陌生效应，提高了信息流通效率，有利于国内市场的整合。

除此之外，劳动者也可以通过互联网就业信息平台、互联网技能培训平台等了解到更多的就业信息，实现技能—岗位的匹配，例如应届大学毕业生可以通过应届生求职网、智联招聘等网络就业平台搜寻到与自己所学专业和掌握技能相匹配的工作，实现跨区域的流动和就业，提高配置效率。与此同时，互联网技术与金融领域的融合也促进了数字金融的发展，催生了移动支付、互联网支付、线上贷款等数字化金融服务，在方便金融资本自由流动的同时也为区际经济活动的开展提供了资金便利。由此可见，以知识和信息技术为核心的互联网减少了信息传递的成本，突破了Coase（1937）所谓的自由市场体制下高昂交易成本的障碍，深刻地改变了信息流通和商业经济环境，使资源的配置更加富有效率，是推动市场整合的重要力量。

互联网在减少交易费用、提高交易效率的同时，其所带来的互联网思维还能够促使经济主体间进一步加强沟通、交流与合作，带动信息的共享和生产要素集中。目前虽然没有权威的互联网思维定义，但是对其也形成了一定的共识，李海舰等（2014）将"开放、共享、平等、协作"定义为互联网思维。随着互联网渗透到经济生活的方方面面，我国各经济主体的互联网思维意识也在逐步提升，利用互联网实现的区际交流和合作不断增多，并且开放、共享的意识也使经济主体更愿意进行信息交流和协作，这些均有利于要素在区际的自由流动和资源配置效率的提升，进而促进国内要素市场整合。

然而，互联网技术虽然能够通过降低交易成本、提高信息流通效率、数字金融等手段促使商品和要素在区际实现自由流动，加强区际的经济关联，进一步推动区际市场的整合，但是互联网在发展过程中也带来了一些负面影响，例如网络上"铺天盖地"的海量信息不仅造成了信息的冗余，还有可能存在虚假信息等，这在一定程度上增加了经济主体筛选和甄别真实有效信息的难度，特别是虚假信息的存在可能会严重影响经济运行效率，进而增加国内市场整合的难度。

由此可知，互联网发展影响市场整合的经济整合机制也可能存在正、反两个方面的作用，其中信息流通效应、交易成本降低效应和数字金融效应能够促进市场整合，而信息冗余效应对市场整合产生了阻碍。

（三）制度作用机制

广义上的制度不仅指的是法律规范，还包括了行业规则，而市场本身也是提供商品交易的一种制度安排（桑德尔，2013）。互联网的飞速发展在带来平台经济繁荣的同时也使市场结构出现垄断的倾向，从而对市场整合产生了不利的影响。互联网平台在发展的过程中往往具有"成本次可加性"特征，形成垄断的可能性较高。此外，互联网平台之间交叉网络外部性的存在，使用户对平台的评价往往依赖于平台另一端用户数的大小，用户数越多的平台越容易产生用户集聚效应，增加了平台垄断的可能性。具体来看，互联网平台企业往往在交易初期通过免费、发放大额优惠券等策略获得大量的用户，积累更多的信息流，在用户使用该平台获取相应的信息或者购买商品成为习惯之后，平台利用用户"锁定效应"获得"先行者优势"，形成"一家独大"的局面，进而提高市场进入壁垒，反而不利于要素资源和商品在市场化机制下的自由流动，降低了资源配置效率，从而不利于市场整合。与此同时，现有的平台之间同质化明显，且相互之间互不兼容，"数据孤岛"现象明显，但是各平台通过积分、会员制度等提升用户的转移成本，最大限度地保证其优势地位。大型互联网平台运用其优势地位不仅可以对上游供应商进行控制，还能够影响商家和企业的自由进入和退出，也即所谓的"二选一"①，因而平台经济垄断势力的存在会在一定程度上破坏市场秩序、干扰市场价格，使资源配置偏离帕累托最优，从

---

① "二选一"指平台利用优势地位和商家对其的依赖性，采取不正当手段强迫经营者在平台之间做出选择。

而不利于市场整合的实现。

另外，在互联网发展过程中，相应的网络使用法律法规、网络信息发布规范、网络监管环境等也变得更加健全和完善，这为更好地发挥互联网的网络效应、规模效应、信息流通效应等，破除区际地方保护主义下的行政性贸易壁垒提供了制度保障，还能够通过交易成本的降低产生自我激励作用，形成市场化过程中的自我强化机制，从而有利于市场整合的实现。

由上述分析可知，互联网发展的制度作用机制同时具有正向作用的制度规制效应和负向作用的垄断效应。互联网平台广泛使用带来的垄断效应妨碍了市场秩序的正常运行，干扰了市场价格，并且影响企业等用户的自由进入和退出，影响了资源配置效率的提升，从而对市场整合的推进产生抑制作用；而伴随互联网发展的互联网使用法律法规的完善和网络监管体系的健全为更好发挥互联网"连接经济"的功效、破除区际市场分割、弱化行政性贸易壁垒等提供了制度保障，从而有助于市场整合的实现。

三　互联网发展影响市场整合的理论模型

根据前文互联网发展影响市场整合的理论机制分析，本书在陆铭等（2004）、范子英和张军（2010）、Fan 等（2017）研究中国国内市场分割的两期模型的基础上，将互联网发展变量引入模型，把市场整合视为地方政府参与区际分工的一种表现，尝试运用跨期分工决策模型进一步从理论上推导互联网发展如何对市场整合产生影响。

（一）跨期选择理论

跨期选择指的是各地区做出的策略选择是基于多个时期综合考虑的结果，而不是局限于一个时期，如果一个地区的当前决策与未来决策的组合能够实现效用最大化，则说明实现了最优跨期选择。

在实现市场整合的过程中，一个不容忽视的问题就是区域的发展程度差异。根据跨期选择理论，发达地区往往凭借各种成熟的优势分得较多的分工利益，而对于落后地区，当期不加入区域分工可能会暂时失去当前分工带来的收益，但是却能够提升自己在未来分工收益谈判中的地位，在这种情况下，落后地区往往会采取暂时分割的策略。但是落后地区的这种市场分割行为虽然在一定程度上对自身有利，但是却损失了社会整体的资源配置效率和福利，在这种扭曲行为下只能进一步强化市场分割从而获取收益。当前，随着互联网发展水平的提升，其所伴随的网络效应、交易成本降低、信息流通、规模经济、信息冗余、空间集聚、市场垄断等效应将会对各地区参与区际分工的利益分配产生新的影响，进而影响地区间的市场整合水平。

（二）模型基本假定

假设经济体中有两个城市、两类部门，其中城市 A 的经济发展程度较高，城市 B 的经济发展程度较低；部门 M/m 的生产技术水平较高，基本从事复杂劳动，部门 N/n 的生产技术水平较低，基本从事简单劳动。[①] 为简化起见，"干中学"效应仅存在于 M/m 部门，城市 B 的当期效用函数是一致的，可以表示为 $u_B = c_m \times c_n$[②]，其中 c_m 表示城市 B 对高技术商品的消费量，c_n 表示城市 B 对低技术的初级商品的消费量。同理，城市 A 的当期效用函数可以表示为 $U_A = C_M \times C_N$。此外，假设经济体中只有劳动力一种投入要素，并将其标准化为 1。因为本部分研究仅关注互联网发展对市场整合的影响，所以假定劳动力要素不存在跨区域流动，本地区的劳动力仅能应用于本地区的生产。城市 A 中的高技术生产部门 M 的相对初始技术为 α，技术进步速度为 v，两个城市低技术生产部门 N/n 的初始技术设定为 1，且不存在技术进步。在此基础上，分别考虑不存在互联网发展以及存在互联网发展情况时的城市参与分工决策。

（三）不考虑互联网发展的跨期分工决策

根据模型设定由简单到复杂的原则，本书首先分析不考虑互联网发展时的跨期分工决策。为简化模型，假设初期两个城市间的商品市场处于完

---

① M、N 为城市 A 的部门，m、n 为城市 B 的部门。

② 该效用函数是柯布-道格拉斯效用函数的简化形式。

全分割状态，也即市场是封闭的，各地的生产量等于本地区的消费量。技术生产水平较低部门 N/n 的规模报酬不变，生产函数是生产所需投入时间的线性函数，设定时间贴现因子为 1。下标 1 表示第一期，下标 2 表示第二期，大写的字母表示经济发达城市 A 的变量和参数，小写字母表示经济落后城市 B 的变量和参数，例如 Y 表示经济发达城市的产出水平，y 表示经济落后城市的产出水平，T_1 和 T_2 分别表示第一期和第二期分配到经济发达城市 A 中技术水平较高部门 M 的时间，t_1 和 t_2 分别表示第一期和第二期分配到经济落后城市 B 中技术水平较高部门 m 的时间。在不考虑互联网发展的情况下，经济落后城市 B 的两期产出量为：

$$
\begin{aligned}
c_1^m &= y_1^m = t_1 \\
c_1^n &= y_1^n = 1 - t_1 \\
c_2^m &= y_2^m = (1 + t_1) \times t_2 \\
c_2^n &= y_2^n = 1 - t_2
\end{aligned}
\tag{3.1}
$$

根据经济落后城市 B 的各期效用之和可以求出经济落后城市 B 的最大化效用函数和约束条件：

$$
\begin{aligned}
\max_{t_1, t_2} u &= c_1^m \times c_1^n + c_2^m \times c_2^n \\
\text{s. t. } & c_1^m + c_2^n = 1 \\
& c_2^n + \frac{c_2^m}{(1 + c_1^m)} = 1
\end{aligned}
\tag{3.2}
$$

利用（3.2）的最大化效用函数和约束条件建立拉格朗日函数求导可得：

$$
u_1 = \frac{41}{64}, \quad c_1^m = \frac{5}{8}, \quad c_2^m = \frac{13}{16}
\tag{3.3}
$$

同样，可以求得经济发达城市 A 的最大化效用函数和约束条件：

$$
\begin{aligned}
\max_{T_1, T_2} U &= C_1^M \times C_1^N + C_2^M \times C_2^N \\
\text{s. t. } & \frac{C_1^M}{\alpha} + C_2^N = 1 \\
& \frac{C_2^M}{[vA(1 + C_1^M / \alpha)]} + C_2^N = 1
\end{aligned}
\tag{3.4}
$$

对经济发达城市 A 的效用函数分别求导可以得到：

$$U_1 = \frac{\alpha}{2}\left(1 + \frac{3v}{2} + \frac{v^2}{16}\right), \quad C_1^M = \frac{\alpha}{2}\left(1 + \frac{v}{4}\right), \quad C_2^M = \frac{v\alpha}{2}\left(\frac{3}{2} + \frac{v}{8}\right) \tag{3.5}$$

上述考虑的是城市间没有互联网发展、市场完全分割的情况。通常情况下，地区完全依赖自身的技术进行生产并不能实现资源的最优配置，是非理性的。

（四）考虑互联网发展的跨期分工决策

当考虑区域间的互联网发展情况时，上述情况将会发生改变。互联网时代的到来为区际贸易创造了条件，不仅能够打破区际贸易壁垒、降低交易成本，还有利于形成规模经济，从而提高地区参与分工的积极性；但是，冗余信息造成的搜寻成本上升以及垄断和集聚经济效应等又会拉大区域差距，抑制地区参与分工的积极性，不利于市场整合。为了简化模型，假定两城市依照比较优势进行生产，这意味着发达城市将要素全部投入到技术水平高的部门 M 进行生产，落后城市将要素全部投入到初级生产部门 n 进行生产。设定 A 城市高技术产品的相对价格为 P 且 $P>1$，初级产品的价格为 1，当存在互联网时，信息的流通使两城市间的商品价格差别接近于运输成本。本书采用冰川成本表示两个城市间的运输成本。冰川成本的含义为由于 1 单位商品在运输途中会发生融化，最后仅有 $1/d$ 单位能够到达目的地进行交易，消耗的部分则为冰川成本，d 表示地区间的运输条件，受制度、空间距离等因素的影响。

基于上述条件，B 城市实现效用最大化的函数为：

$$\max_{t_1, t_2} u = c_1^m \times c_1^n + c_2^m \times c_2^n$$
$$\text{s.t.} \quad c_1^n + dPc_1^m = 1$$
$$c_2^n + dPc_2^m = 1 \tag{3.6}$$

对式（3.6）求导可得：

$$u_2 = c_1^n = c_2^n = \frac{1}{2dP} \tag{3.7}$$

同样，可以求出城市 A 效用最大化下的效用和消费量水平：

$$U_2 = \frac{\alpha^2 P(1+v^2)}{4d}, \quad C_1^M = \frac{\alpha}{2}, \quad C_2^M = \frac{v\alpha}{2} \tag{3.8}$$

从式（3.7）和式（3.8）可知，市场整合受到运输条件、商品相对价格和地理距离的影响。当两城市处于完全的市场整合状态时，高技术部门产品在两城市间的相对价格越大、地理距离越远时，经济落后城市 B 的当期效用越小。由于经济发达城市能够获得分工过程中"干中学"所带来的全部收益，在地理距离一定的情况下，高技术部门产品的相对价格和初始技术水平越高，在分工中获取的收益也越多，越倾向于提升市场整合程度。

当地方政府将发展互联网纳入决策时，在式（3.7）的基础上，可以得到互联网发展给经济落后城市带来的效用为：

$$U^{total} = \frac{1}{2dP} + \varphi U^{Internet} \tag{3.9}$$

式（3.9）中，U^{total} 表示城市 B 在发展互联网之后的总效用，$U^{Internet}$ 表示互联网发展给城市 B 带来的效用，φ 表示城市采取国内市场分割或者市场整合政策的倾向，当 $\varphi = 0$ 时，表明采用国内市场分割策略；当 $\varphi = 1$ 时，表明选择参与区域分工，采取市场整合策略。将式（3.9）与式（3.3）、式（3.5）、式（3.7）和式（3.8）相比，可以发现当存在互联网发展时，互联网发展能够给城市 B 带来新的效用 $\varphi U^{Internet}$。从前文互联网发展影响市场整合的机制探讨部分可知，互联网发展同时带来了正向和负向的影响，因而 U^{total} 的大小取决于互联网发展对市场整合影响的正向效应和负向效应博弈的结果：当负向效应较大时，则有 $\varphi = 0$，此时 $U^{total} = 1/2dP$，城市 B 从国内市场分割中带来的收益大于从市场整合中获取的收益；当正向效应较大时，则有 $\varphi = 1$，此时 $U^{total} = 1/2dP + U^{Internet}$，也即城市 B 从参与区域分工中获得的收益大于市场分割时的收益。

进一步来说，当互联网发展能够促进经济落后城市参与分工，但是又不影响经济发达城市参与分工时，互联网发展所带来的效用 $U^{Internet}$ 应该满足式（3.10）：

$$u_1 - u_2 \leqslant U^{Internet} \leqslant U_2 - U_1$$

$$\frac{41}{64}-\frac{1}{2dP}\leqslant U^{Internet}\leqslant\frac{\alpha^2 P}{4d}\left(1+v^2\right)-\frac{\alpha}{2}\left(1+\frac{3v}{2}+\frac{v^2}{16}\right) \tag{3.10}$$

上述分析表明无论当期的市场是封闭的还是区际开放的，在不考虑互联网发展时，落后城市均会理性地选择市场分割策略，保证跨期收益最大化。但是在开放市场中引入互联网发展之后，采用市场整合策略还是市场分割策略取决于互联网发展对区际分工影响的正向效应和负向效应的博弈结果：当正向效应较大时，采取市场整合策略能够保证跨期收益最大化，当负向效应较大时，采取国内市场分割策略能够保证跨期收益最大化。这一结论与前文互联网发展影响市场整合的内在机制的分析结论一致。基于上述互联网发展对市场整合的理论分析和模型推导结果，本书提出命题1。

命题1：互联网发展对市场整合既具有正向促进作用，也具有负向抑制作用，最终的总效应取决于正向力量和负向力量博弈的结果。

第二节　市场整合影响城市全要素生产率增长的理论分析

本节主要从理论机制和数理模型推导两个层面探究市场整合如何对城市生产率增长产生影响。首先，以市场整合引致的竞争加剧效应、技术溢出效应、资源优化配置效应和需求规模改变效应为切入点，探究市场整合影响城市生产率增长的内在机制；在此基础上，进一步利用新经济地理学中的自由企业家模型推导市场整合影响城市生产率增长的理论机制。

一　市场整合影响城市生产率增长的机制分析

前一节主要分析了互联网发展影响市场整合的理论机制，在此基础上，本部分进一步具体分析市场整合过程中伴随的竞争加剧效应、技术溢出效应、资源配置效应和需求规模改变效应对城市生产率增长产生影响的内在机制。

（一）市场整合的竞争加剧效应

市场整合的竞争加剧效应主要是指市场整合能够促进地区间市场竞争

程度的提升。市场竞争是排除政府因素之后，以市场机制为主要手段的一种竞争行为，竞争的对象主要是产品的市场份额，或者是稀缺的生产要素资源（何凡，2008）。在城市发展的过程中，产品市场份额、生产要素禀赋等都存在区域分布不均问题，不同地区的生产者在原有禀赋状况下只有通过市场机制获取更多的市场份额优势或者生产要素优势，扩大市场利润空间，才能在区际竞争中胜出。当城市间发生市场整合时，商品区际贸易和要素资源的流动变得更加便捷，为了保证既有的利润基础并获得更多的利润，生产者对市场份额和资源的争夺更加激烈，加剧了市场竞争。根据俞前（2014）的研究，生产者可以在价格、产品质量等基础层面提升比较优势水平，获取市场竞争力，也可以在服务、品牌等中级层面提升市场竞争力水平，最终还可以在技术创新、资本等高级层面提升市场竞争力水平，通过在这些层面的改进和提高，不断提升市场竞争力水平。因而当地区间的市场趋于整合时，市场规模的扩大使生产者、销售者等市场主体的市场竞争加剧，为了保证市场份额和生产资源不流失，供给端的各市场主体在基础层面上会通过提升产品质量、提升服务水平、降低产品价格，还会通过融资、创新、提高管理效率等提升自身的市场竞争力，保证市场份额，从而使各个厂商的生产实力得到整体提升，对城市生产率的增长产生影响。

市场整合所伴随的市场竞争加剧效应虽然会对城市生产率增长产生影响，但是其影响程度和影响方向会根据市场整合水平的变动而有所差异。具体来讲，当市场整合水平较低时，其所伴随的市场竞争加剧效应将会对城市生产率的增长产生不利的影响，主要原因是市场竞争的"创新租金消散效应"（Schumpeter，1934）。熊彼特指出，市场竞争会使企业消耗掉更多的"经济租"，在短期内降低生产部门创新的积极性，抑制企业进行研发、技术引进、扩大生产规模等的积极性，从而不利于生产率的增长。但是，随着市场整合程度的加深，其所伴随的市场竞争加剧效应越来越大，市场整合对城市生产率增长的抑制作用则不能持续。主要是因为，随着市场竞争加剧效应的增大，企业为了抢占更多的市场份额或者保持原有的市场份额会对产品质量、服务水平等进行提升，这种"创造性"和"破坏性"将会超过"创新租金消散效应"，促进企业进行融资并开展产品研发创新，从而对城市生产率的增长产生促进作用。

总的来说，市场整合的竞争加剧效应对城市生产率增长的影响存在非线性关系，当市场整合程度较低时，市场竞争带来的"创新租金消散效应"会对城市生产率增长产生负向影响；但当市场整合程度超过一定水平时，市场竞争带来的"创造性"和"破坏性"会对城市生产率增长产生正向影响。

（二）市场整合的技术溢出效应

传统经济增长理论建立在匀质空间的假设条件下，忽视了统一市场行为在地理空间上产生的贸易往来、相互合作交流、要素自由流动等伴随着的技术溢出效应。技术溢出是"外部性"的一种形态，是引致内生技术变动进而影响生产率变动的重要方面，根据技术溢出是否伴随市场交易行为发生将其分为两种类型：第一种是没有交易行为下的潜在技术溢出，第二种是伴随交易行为体现在产品交易过程中的技术溢出（Griliches，1979）。从技术溢出的类别来看，可以分为水平溢出和垂直溢出，其中水平溢出是指地区间同类型产品间的溢出，垂直溢出是指地区间不同类型产品间的溢出，在这两种溢出形式的联合作用下，技术溢出效应将会对整个经济系统中的生产效率和创新水平的提高起到促进作用。具体来看，同类型产品间的技术溢出可以促进该类产品生产中整体知识存量的提升，从而实现效率提升和技术进步；不同类型产品间的技术溢出主要表现为某种产品生产过程中出现的新技术和新知识可以应用到另一种产品的生产上，从而提升另一种产品的生产技术，或者是通过对上下游关联产品生产的示范和带动作用促进上下游关联行业的技术进步。技术溢出与市场整合水平紧密相关。

当发生市场整合时，开放的区际环境使某地区的技术水平不仅取决于本地区的产品研发技术等，其他地区的研发创新活动也会对本地区进行技术外溢，通过各种溢出路径直接或者间接地作用于本地区的生产效率提高和技术进步上，从而有利于城市生产率的增长，其中区际经济往来和市场互动是地区间发生技术溢出和扩散的主要渠道（Bloom 等，2013）。一方面，市场整合在放宽外地企业进驻本地市场条件的同时，也鼓励了本地企业通过生产、消费行为吸收和模仿商品中内含的技术，加强了技术溢出对本地区生产率增长的促进作用，并且这种促进作用会随着市场整合程度的提高而增加。另一方面，市场整合水平越高意味着政府对市场的影响能力越弱，企业可以将资源从原来的与政府官员建立政治联系的非生产性寻租活动中抽离出来，更多地进行技术引进，从而促进生产率的增长。

总体来说，市场整合所伴随的技术溢出效应能够促进城市生产率的增长。

（三）市场整合的资源配置效应

提高资源的配置效率是保证我国全要素生产率增长的重要因素（龚六堂和林东杰，2020）。市场整合在初期会降低生产要素的配置效率，不利于城市生产率的增长，但是随着市场整合水平的提升，其能够对资源配置效率产生正向影响，促进城市生产率的增长。具体来看，在短期内，市场整合降低了本地区要素资源所享有的保护性和扶持性政策，突然的区际竞争威胁为经济生产活动带来了不确定性，增加了本地区企业的风险和生产成本，在一定程度上缩小了企业的生产规模，从而抑制了区域对生产要素的配置能力，不利于区域生产率的提高（肖建华和熊娟娟，2018）。此外，在市场整合的初期，地方政府往往在没有取得分工收益的同时，面临税基和财税收入的减少，促使政府设置更加隐性的市场壁垒维护本地市场规模，从而影响了资源的优化配置，使要素价格往往偏离边际贡献，不利于整体城市生产率的增长。

然而，随着市场整合程度的不断提升，一方面，各种商品和要素能够在统一的供求关系中实现自由流动，直至要素的边际产出在地区间达到相等，此时要素价格等于其边际回报，生产部门中要素的配置实现了最优比例，产业结构也较为合理，从而促进了城市整体的全要素生产率的提升；另一方面，本地区的低效率企业逐渐被淘汰，释放出的大量要素资源得以重新在高效率的生产企业中进行配置，并发挥出最大的效能，促进城市生产率的增长。除此之外，市场整合程度的提升增加了区际劳动力技能的互补性，使人力资本结构呈现多样性特征，提高了劳动者的工作效率，进而促进城市生产率的增长；对于资本要素的配置效率来说，市场整合程度的提升能够在很大程度上降低地方政府对金融部门的信贷干预，使信贷资金更多是在市场机制的影响下流向生产效率高、生产前景好的企业，为区域中生产率较高的企业提供更多的资金保障，进而提升城市整体的生产率水平。

可以发现，市场整合的资源配置效应对城市生产率增长的影响也存在非线性关系，当市场整合程度较低时，地区间较低的资源配置效率不利于城市生产率增长；但当市场整合程度超过一定水平时，地区间较高的资源配置效率则会对城市生产率增长产生正向促进作用。

（四）市场整合的需求规模改变效应

需求规模改变效应是市场整合影响城市生产率增长的另一个重要路径。虽然分割的市场在一定程度上能够缓解外地商品对本土商品市场份额的挤占，为本地企业提供了保护，有利于短期生产率的提升，但是在长期却限制了需求规模的扩大。一方面，新经济地理学的本地市场效应理论和斯密的市场范围理论均指出，市场规模的扩大能够促进分工并实现专业化生产，从而对城市生产率增长产生正向有利影响。"本地市场效应"是指在规模报酬递增和交易成本存在的情况下，本地市场需求的扩大能促使厂商进行较大规模的生产并降低生产成本，使本地区产品生产在满足本地市场需求的同时还能够对外地市场进行出口。当存在市场整合时，市场规模的扩大使消费者的需求增加，本地市场效应得以发挥，对城市生产率增长产生正向促进作用。另一方面，需求引致创新理论也指出，当市场规模扩大时，市场需求会随之增加，为了追求更多的利润，企业会积极进行研发创新，满足消费者的多样化需求，促进地区生产率的提升。但是，当地区间的市场整合水平较低时，形成的市场需求虽然具有一定规模但是还较小，而行政性贸易壁垒又会增加本地企业扩大市场规模的困难程度，企业为了扩大规模获得更多的利润，只能将目标瞄向国外的低端市场，从而对技术水平产生一定程度的锁定效应，不利于城市生产率的增长（张杰等，2010）。

综合上述分析可知，市场整合的需求规模改变效应对城市生产率增长的影响也是非线性的，与市场整合的程度有关。当市场整合水平较低时，形成的市场需求规模还较小，市场壁垒依然存在，本地企业为了扩大规模只能将目标瞄向国外的低端市场，形成技术低端锁定，不利于城市生产率的增长；但是当市场整合水平较高时，需求规模的扩大催生了创新，从而有利于城市生产率增长。

二　市场整合影响城市生产率增长的理论模型

前文主要是市场整合影响城市生产率增长的内在机制分析，在此基础上，本部分将一国内部市场整合变量纳入新经济地理学的自由企业家模型，构建了市场整合影响城市生产率增长的理论模型，以期做出更详细的探讨。

（一）模型基本假定

在新经济地理学自由企业家模型（Forslid 和 Ottaviano，2003）的基础上，本书借鉴孙博文（2020）的研究，将市场整合引入模型，进一步探究市场整合对城市生产率增长的理论影响。自由企业家模型与核心—边缘模型的假定基本相同，唯一的区别是工业部门生产技术的差异。核心—边缘模型假定工业部门的投入只有劳动力，而自由企业家模型在工业部门中引入了更能对城市生产率增长产生影响的企业家人力资本要素。本书中模型的基本假定如图 3-2 所示。

（二）消费者与生产者行为

南北两个地区代表性消费者的效用函数为：

$$U = C_M^{\alpha} C_A^{1-\alpha}, \quad C_M = \left(\int_0^{n_1+n_2} c_i^{1-\frac{1}{\sigma}} \mathrm{d}i \right)^{\frac{1}{1-\frac{1}{\sigma}}} \tag{3.11}$$

在式（3.11）中，α 为工业品支出份额，C_M 和 C_A 分别代表消费者对差异化工业品和农产品的消费量，n_1 和 n_2 分别代表两个地区的工业品种类数量，σ 为差异化工业品消费的替代弹性，c_i 为单个消费者对第 i 种工业品的消费数量。设 P_I 为工业品组合的价格指数，消费者总收入可以用式（3.12）表示。

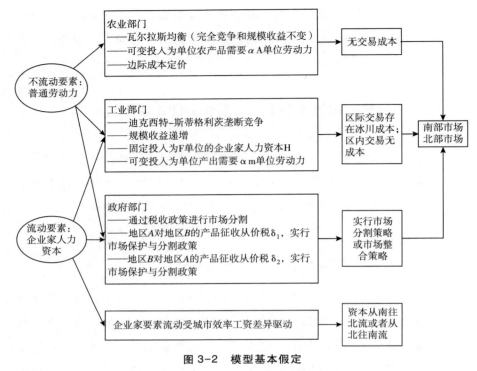

图 3-2 模型基本假定

资料来源：参考 Richard B，et al. Economic Geography and Public Policy［M］. Princeton University Press，2002，并由笔者进一步处理。

$$Y = P_I C_I + P_A C_A \tag{3.12}$$

基于经典核心—边缘模型，式（3.11）、式（3.12）可以推导出工业品的消费量以及价格指数 P_I，如式（3.13）所示。其中 n' 表示经济体中总的工业品种类。C_m 表示工业品的总消费量。

$$C_m = \alpha Y (P_I^{-\sigma}/P_A^{1-\sigma}) ，\quad P_I^{1-\sigma} = \int_0^{n^t} P^{1-\sigma} \mathrm{d}i \tag{3.13}$$

设定地区 B 的产品在本地区与 A 地区的价格分别为 $\overline{p_2}$ 和 $\overline{p_1}$，两地区间采取市场分割策略，对异地贸易商品征收从价税。A 地政府 G_A 对 B 地商品征收 δ_1 的从价税，B 地政府 G_B 对 A 地商品征收 δ_2 的从价税，设 τ 为商品在两地间运输的冰川成本，则地区 A 有 $P_A^{1-\sigma} = n_1 p_1^{1-\sigma} + n_2 [(1+\delta_1) \tau \overline{p_2}]^{1-\sigma}$，地区 B 有 $P_B^{1-\sigma} = n_2 \overline{p_2}^{1-\sigma} + n_2 [(1+\delta_2) \tau p_1]^{1-\sigma}$。

地区 B 中企业的总收益函数如式（3.14）。

$$\pi = p_i c_i - \gamma H - w_L a_M c_i \qquad (3.14)$$

其中，π 为地区 B 的总收益水平，p_i 为工业品 i 的价格，γ 为企业家人力资本的回报率，H 为企业家人力资本，w_L 为普通劳动力工资，标准化为 1，a_M 为单位商品的普通劳动力投入量，c_i 为工业品 i 的消费量。基于 FOC 条件求最大化 π，可以求出均衡时的价格 P 和人力资本回报率 γ，见式（3.15）。

$$P = \frac{a_M}{1 - 1/\sigma}, \quad \gamma_B = \frac{P x_i}{\sigma} \qquad (3.15)$$

x_i 包括本地市场需求 c_{i2} 和外地市场需求 c_{i1}，x_i 的表达式为 $x_i = c_{i2} + \tau c_{i1}$。

为了简化模型，将冰川成本 τ 和市场分割程度 δ 综合到市场整合指数 φ 中，定义 B 地到 A 地的市场整合指数 $\varphi_{b \to a} = [\tau(1 + \delta_1)]^{1 - \sigma}$，$A$ 地到 B 地的市场整合指数 $\varphi_{a \to b} = [\tau(1 + \delta_2)]^{1 - \sigma}$，在此基础上可以得到地区 A 的人力资本回报率，如式（3.16）。

$$\gamma_A = \frac{\alpha}{\sigma} \frac{E^t}{n^t} \left[\frac{s_E}{s_n + \varphi_{a \to b}(1 - s_n)} + \varphi_{a \to b} \frac{1 - s_E}{\varphi_{b \to a} s_n + (1 - s_n)} \right] \qquad (3.16)$$

式（3.16）中，s_n 表示人力资本的空间分布，s_E 表示为 A 地区的收入份额。

（三）短期均衡分析

短期内达到均衡的条件是经济体的总支出 E^t 与总收入相同，也即

$$E^t = n_1 \gamma_A + n_2 \gamma_B + L^t \qquad (3.17)$$

地区 A 的支出水平 E 与收入水平相等，也即

$$E = n_1 \gamma_A + L \qquad (3.18)$$

式（3.17）和（3.18）中，L^t 为经济体中总的普通劳动力投入量；L 为地区 A 的普通劳动力投入量。根据短期均衡的条件可以推导出短期均衡 s_E 和 s_n 的 EE 关系曲线，可以表示为式（3.19）。

$$s_E = \left(1 - \frac{\alpha}{\sigma}\right) s_L + s_n \frac{\alpha}{\sigma} \left[\frac{s_E}{s_n + \varphi(1 - s_n)}\right] \qquad (3.19)$$

其中，s_L 表示短期均衡时 A 地区需要投入的劳动力数量。

（四）长期均衡分析

长期中企业家人力资本可以自由流动，当两地区间的企业家人力资本停止流动时，经济体实现长期均衡。因而，长期均衡的实现条件为两地区的企业家人力资本回报率相等。这里考虑了包含价格因素的 P_A 和 P_B 的实际人力资本回报率相等，即式（3.20）。

$$\overline{\gamma_A} = \gamma_A P_A = \gamma_B P_B = \overline{\gamma_B} \qquad (3.20)$$

据此可以计算出长期 s_E 和 s_n 的 nn 关系曲线。

$$\frac{\dfrac{s_E}{s_n + \varphi_{b \to a}(1 - s_n)} + \varphi_{b \to a}\dfrac{1 - s_E}{\varphi_{a \to b}s_n + (1 - s_n)}}{\varphi_{a \to b}\dfrac{s_E}{s_n + \varphi_{b \to a}(1 - s_n)} + \dfrac{1 - s_E}{\varphi_{a \to b}s_n + (1 - s_n)}} \times \left[\frac{s_n + \varphi_{b \to a}(1 - s_n)}{\varphi_{a \to b}s_n + (1 - s_n)}\right]^{\frac{\alpha}{\sigma - 1}} = 1 \qquad (3.21)$$

由于包含空间互动策略的短期 EE 曲线和长期 nn 曲线均会经过对称均衡点，为了求出模型的均衡解，本书选择使用对称均衡点的简化模型，这一处理不仅能够避免复杂的数值模拟过程，还能保留自由企业家模型的一般结论，为模型的分析提供了一个简明的路径。为了避免空间均衡时经济活动完全集中在 A 地区或者 B 地区的极端式集聚状态，需要市场分割程度低于某一水平，也即存在 $\bar{\delta}$，$\delta_1 < \bar{\delta}$ 且 $\delta_2 < \bar{\delta}$，因而可以将地区 A 的人力资本回报率简化为式（3.22）。

$$\gamma_A = \frac{\alpha}{\sigma} \frac{E^t}{n^t} \left[\frac{1}{1 + \varphi_{b \to a}} + \frac{\varphi_{b \to a}}{\varphi_{a \to b} + 1}\right] \qquad (3.22)$$

其中，$\varphi_{b \to a} = [\tau(1 + \delta_1)]^{1 - \sigma}$，$\varphi_{a \to b} = [\tau(1 + \delta_2)]^{1 - \sigma}$。

地区 B 的人力资本回报率可以表示为式（3.23）。

$$\gamma_B = \frac{\alpha}{\sigma} \frac{E^t}{n^t} \left[\frac{\varphi_{a \to b}}{1 + \varphi_{b \to a}} + \frac{1}{\varphi_{a \to b} + 1}\right] \qquad (3.23)$$

可以求出 $\partial \varphi_{b \to a} / \partial \delta_1 = \tau^{1 - \sigma}(1 - \sigma)(1 + \delta_1)^{-\sigma}$，由于差异化工业品之间的

替代弹性 $\sigma>1$，因而 $\partial\varphi_{b\to a}/\partial\delta_1<0$，同理 $\partial\varphi_{a\to b}/\partial\delta_2<0$，这表明两地区之间政府征收的从价税越多，越不利于市场的整合。

（五）均衡结果分析

在上述一般均衡分析结果的基础上，本书接下来分析国内市场分割对城市生产率增长的影响。需要特别说明的是，在新古典经济增长模型中，要素之间存在替代效应，因而人力资本回报率并不能完全表现生产率的变动水平，而在新经济地理学模型的分析框架中，农业部门仅使用普通劳动力生产，且普通劳动力不能自由流动，也即各地区的普通劳动力投入量不变，这就使工业部门中企业家人力资本的回报率成为经济系统中生产率变动的较好表现变量，因而可以将企业家人力资本的回报率作为新经济地理学模型中城市生产率的常用代理变量。因此，本书最终需要求解的是代表技术、知识和管理水平变动的人力资本的回报率（γ_A、γ_B）分别对国内市场分割变量（δ_1、δ_2）的一阶偏导结果。

$$\frac{\partial\gamma_A}{\partial\delta_1}=\frac{\partial\gamma_A}{\partial\varphi_{b\to a}}\frac{\partial\varphi_{b\to a}}{\partial\delta_1}=\frac{\alpha E^t\left(\varphi_{b\to a}+1+\sqrt{1+\varphi_{a\to b}}\right)\left(\varphi_{b\to a}+1-\sqrt{1+\varphi_{a\to b}}\right)}{\sigma n^t}\frac{\partial\varphi_{b\to a}}{\partial\delta_1}$$

$$(1+\varphi_{b\to a})^2(1+\varphi_{a\to b})$$

$$(3.24)$$

$$\frac{\partial\gamma_B}{\partial\delta_2}=\frac{\partial\gamma_B}{\partial\varphi_{a\to b}}\frac{\partial\varphi_{a\to b}}{\partial\delta_2}=\frac{\alpha E^t\left(\varphi_{a\to b}+1+\sqrt{1+\varphi_{b\to a}}\right)\left(\varphi_{a\to b}+1-\sqrt{1+\varphi_{b\to a}}\right)}{\sigma n^t}\frac{\partial\varphi_{a\to b}}{\partial\delta_2}$$

$$(1+\varphi_{a\to b})^2(1+\varphi_{b\to a})$$

$$(3.25)$$

根据式（3.24）和式（3.25）可知，市场分割对本地区全要素生产率的影响呈现非线性的特征。以式（3.24）为例，结合 $\partial\varphi_{b\to a}/\partial\delta_1<0$ 且 $\partial\varphi_{a\to b}/\partial\delta_2<0$ 的条件可知：当 $\varphi_{b\to a}\in\left(0,\ -1+\sqrt{1+\varphi_{a\to b}}\right)$ 时，有 $\partial\gamma_A/\partial\delta_1>0$；当 $\varphi_{b\to a}\in\left(-1+\sqrt{1+\varphi_{a\to b}},\ \infty\right)$ 时，有 $\partial\gamma_A/\partial\delta_2<0$。

由此可见，国内市场分割（市场整合）对城市全要素生产率增长的影响依赖于分割（整合）程度的大小，当国内市场分割程度较低时（市场整合程度较高），能够对城市全要素生产率增长产生正向促进作用；而当国内市场分割程度超过一定水平时（市场整合程度较低），其对本地全要素生产率增长就开始产生负面影响，不利于城市生产率的增长。

可以发现，理论模型的推导结果与前文市场整合的竞争加剧效应、技术溢出效应、资源配置效应和需求规模改变效应对城市生产率增长的影响结果具有一致性，也即随着市场整合程度的提升，其对城市生产率增长的影响呈现先抑制后促进的特征。基于此，本文提出命题2。

命题2：市场整合对城市生产率增长的影响呈现非线性特征，当市场整合程度较低时，会对城市生产率增长产生负向影响；但当市场整合程度超过一定水平时，则会对城市生产率增长产生正向促进作用。

第三节　市场整合路径下互联网发展影响城市全要素生产率增长的理论机制

本节在前文关于互联网发展对市场整合的影响机理以及市场整合对城市生产率增长的影响机理的基础上，综合分析互联网发展、市场整合与城市生产率增长之间的理论联系。首先，基于市场整合机制路径研究互联网发展对城市生产率增长的影响机理；其次，综合分析互联网发展影响城市生产率增长的直接效应和基于市场整合机制的间接效应，在此基础上给出互联网发展影响城市生产率增长的总效应分析。

一　互联网发展影响城市生产率增长的直接效应

互联网深刻地改变了信息传播方式，提高了资源配置效率，对城市发展产生了重要的影响。城市生产率的增长可以从技术进步和效率改善两个方面实现。对于技术进步而言，首先，互联网作为一种通用技术，能够使信息在地理空间范围内高速扩散并整合，使每一个联网经济个体均能够享有既有信息，对信息进行学习、理解和拓展加工，在信息不断扩散和倍增的过程中，全社会的知识存量不断积累增加，推动了技术进步（Czernich等，2011）；其次，互联网发展为各方创新主体之间提供了便利的零距离交流平台，及时降低了研发活动出现偏误的可能性，加速了技术进步，并且互联网交易平台能够使生产者更加准确地了解到消费者的新需求，为了满足个性化的消费需求，企业创新活动从以往的技术推动型转向需求拉动型，更能够促进城市生产率的增长；最后，互联网发展为经济个体带来了思维模式的转变，"开放、共享、平等、协作"① 的思维模式有助于推动社会的创新进程，主要作用机理为：创新活动具有高风险、长周期、高不确定性的特征，资本家往往因为信息不足所造成的风险评估不准确等原因不愿意对创新项目进行投资，而当社会中的互联网思维越强时，信息的开放程度越高，资本家和企业创新项目之间的合作意愿也变得更强，从而能够缓解创新的资金约束，促进技术进步（郭家堂和骆品亮，2016）。

对于效率改善而言，首先，互联网技术的应用和信息化的发展可以通过虚拟经济与实体经济的相互融合来突破要素利用的刚性约束，降低信息的传递成本，提高效率水平。例如，互联网技术的发展能够为就业者提供丰富的招聘信息，降低了劳动者搜寻符合自身禀赋的就业岗位的机会成本，大大提升了劳动力的流动性，而新入职的劳动力又能够带动更多闲置资源进入生产轨道，进行有效的利用，从而缓解了市场失衡矛盾，提高了要素配置效率；其次，以知识和信息技术为核心的互联网平台交易，突破了 Coase（1937）所谓的自由市场体制下高昂交易成本的障碍，深刻地改变了经济生产环境，使生产、交换和分配过程更加富有效率，大大提升了城市生产效率；最后，互联网技术能够提高信息传递的时效性，降低信息传输成本，加强企业内部的策略协调，从而减轻企业内部由规模过大、部门传递时滞、管理成本过高造成的管理效率低下问题，确保各企业能够高效率地完成生产、交换和分配全过程，实现城市生产率的增长。

然而，互联网发展所伴随的平台垄断、信息冗余、社群经济②等均不利于技术效率的增长。随着互联网平台的迅猛发展，大型互联网平台凭借用户规模优势等提高企业入驻条件，干扰市场价格，形成了垄断的局面。从经济运行角度来看，垄断企业的存在不利于技术效率的发挥，例如边缘企业在低于有效规模下生产的同时，垄断企业则会因生产规模过大产生规模不经济；另外，信息的过量冗余使生产者搜寻到真实、有效信息所花费

---

① 李海舰等（2014）将互联网思维总结为这四个方面。

② 罗珉和李亮宇（2015）研究指出在互联网时代，消费者可以根据不同的需求偏好组成不同的产品网络社群，社群经济是规模经济的对立面。

的精力大大提升，增加了技术效率提高的困难；并且社群经济的大量出现会促使一些"老企业"使用原有的大规模机器设备生产多样化的商品来满足消费者的多样性偏好（吴义爽等，2016），从而造成大规模生产设备的技术效率降低。

综合上述分析可知，互联网发展影响城市生产率增长的直接效应中既有正向促进作用也有负向抑制作用，需要结合中国的实际情况在实证研究中进一步检验。

二 基于市场整合机制的间接效应

索洛（1987）认为"计算机发挥的作用无处不在，唯独没有对生产率增长产生显著影响"，也即"生产率悖论"。"生产率悖论"事实上过于草率，忽略了互联网"连接经济"的能量（郭家堂和骆品亮，2016）。互联网的发展可以通过改变城市间的空间关联、经济关联、制度关联等对城市间的市场整合程度产生影响，而城市间的市场整合为城市生产率的增长注入了潜力。区别于传统研究中认为集聚经济、产业结构升级是地区生产率增长的基础，区域协调发展理论认为，市场的整合才是城市高质量发展的基础，市场整合不仅决定着稀缺资源的利用效率，同时也是产业合理化发展与演化的关键力量。此外，互联网发展的相关理论研究不仅认识到了互联网发展通过影响市场整合最终影响城市生产率增长的作用力量，更为关键的是，该理论还解决了市场整合发生的主要驱动力。随着互联网的快速发展，其对市场整合的影响也日益明显，形成有序健康的互联网发展条件，是促进地区间市场整合的重要基础条件之一。

互联网发展、市场整合与城市生产率增长影响机理如图3-3所示。市场整合是承接互联网发展对城市生产率增长影响的重要机制路径。市场整合作为互联网发展影响城市生产率增长的连接桥梁，在两者间起到了"承上启下"的作用。市场整合对城市生产率增长的"承上"作用表现为市场整合程度的变化一定程度上依靠互联网的发展水平；而市场整合的"启下"作用则表现为，随着我国区域发展差距的扩大，市场整合在城市生产率增长中发挥着重要的作用。

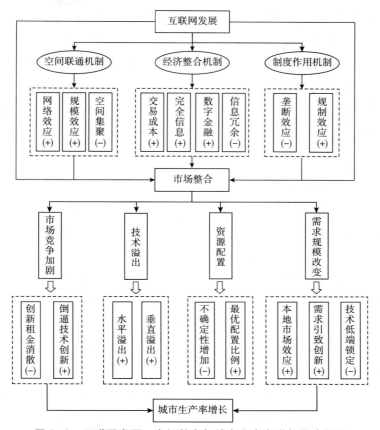

图3-3　互联网发展、市场整合与城市生产率增长影响机理

注：（+）代表正向作用，（-）代表负向作用。
资料来源：笔者绘制。

互联网发展通过影响城市间的空间距离壁垒、经济活动的交易成本、市场交易制度等对城市间的市场整合程度产生影响。首先，互联网的网络效应和规模效应能够弱化区域间的空间距离限制，对区际的市场整合产生有利的影响；但是互联网发展所产生的空间集聚效应反而会拉大地区间的空间距离，对市场整合产生反方向的作用力，即当一个地区的互联网发展水平较高时，方便、快捷和高效的经济环境能够吸引各种优质资源向本地区集聚，从而拉大空间差距。其次，互联网的发展极大地提高了区际经济活动的效率，增加了区际的经济往来，促进市场整合；但是互联网发展伴随的大量冗余信息增加了搜寻成本，且线上交易带来的交易双方信息不对称等问题增加了市场整合的难度。最后，互联网的发展也带来了新的挑战——平台垄断和配套的网络制度，垄断干扰了市场价格，不利于市场整合推进，而网络使用相关法律法规的完善又为区际贸易的顺利进行提供了制度保障，有利于市场整合的推进。因此，在空间、经济和制度三个层面的综合作用机制下，互联网发展对城市间的市场整合产生了明显的影响，最终结果是促进还是抑制了国内的市场整合取决于正反两方力量博弈的结果。

市场整合是促进城市发展的重要市场驱动力量，随着城市间发展差距的扩大和经济高质量发展的推进，其对城市生产率增长的影响作用变得更加凸显。具体而言，市场整合主要从以下四个方面对城市生产率增长产生影响。首先，市场整合程度较低时，其带来的市场竞争加剧效应所伴随的"倒逼技术创新效应"低于"创新租金消散效应"，抑制了企业开展研发、技术引进和扩大生产规模的积极性，从而不利于生产率的提升；随着市场整合程度的提升，其带来的市场竞争效应越来越强，生产者在竞争中为了保证利润会不断对产品质量、产品种类多样性等进行研发创新，促进了城市生产率的增长。其次，要素流动和市场互动是地区间发生技术溢出和扩散的主要渠道，在市场整合环境下，开放的市场条件为技术溢出提供了极大的便利，通过各种溢出路径直接或者间接地作用于本地区的技术进步和效率改善，从而对城市生产率增长产生促进作用。再次，当市场整合程度较低时，其所带来的经济不确定性和税基的变小会促使地方政府设置隐性的市场壁垒，扭曲资源的配置从而对城市生产率增长产生不利的影响；但是随着市场整合程度的提升，低效率的企业和要素逐渐被淘汰，资源的流动也更加自由，使生产部门中要素的配置能够达到最优比例，进而促进城市生产率的增长。最后，市场整合伴随的需求规模改变效应一方面会促进企业进行变革、创新，以此占领更多的需求市场，提升利润水平，并且需求增加引致的大规模生产可以降低生产成本，这些均能够对城市生产率增长产生促进作用；但是当市场整合程度较低时，市场需求初步增加，但是仍然存在的区际贸易壁垒会影响本地企业扩大市场规模，为了满足扩张需求，企业只能将目标转向国外的低端市场，对技术产生低端锁定效应，从而不利于城市生产率的增长。

综合分析市场整合路径下互联网发展对城市生产率增长的影响机制可以发现,互联网发展能够对市场整合产生重要的影响,而市场整合进一步又会对城市生产率增长产生重要影响。但是在这一过程中既会产生正向影响也会产生负向影响,因此最终的影响结果需要根据本书考察期内的实际样本数据进行进一步分析。

综合上述分析可知,互联网发展不仅能够直接影响城市生产率增长,还能够通过市场整合间接影响城市生产率的增长,市场整合在两者间发挥了中介作用,因而互联网影响城市生产率增长的总效应等于直接效应和间接效应的加总。至此,我们提出如下命题。

命题3:互联网发展对城市生产率增长的直接影响既有正向促进作用,也有负向抑制作用,最终的影响效应取决于两者力量的综合。

命题4:市场整合在互联网发展影响城市生产率增长的过程中发挥了中介作用。

本章小结

本章内容主要探究了互联网发展、市场整合与城市生产率增长的影响机理,首先分析了互联网发展影响市场整合的内在机理;其次探析了市场整合对城市生产率增长影响的内在机理;最后将互联网发展、市场整合与城市生产率增长纳入统一的理论框架进行分析,研究了互联网发展影响城市生产率增长的直接作用机制,以及市场整合在互联网发展影响城市生产率增长中的中介作用机制。

互联网发展影响市场整合的理论机制分析表明,互联网发展主要通过三大作用机制对市场整合产生影响。一是互联网发展通过加强城市间的空间联通对市场整合产生影响。其中,互联网产生的空间集聚效应会对市场整合产生不利的影响,而网络效应和规模效应则会促进市场整合。二是互联网通过加强城市间的经济联系影响市场整合。以知识和信息技术为核心的互联网减少了中间环节和信息传递的成本,弱化了地方保护主义和人为设置的行政壁垒的干扰，增加了经济主体间的贸易往来，有利于区际的市场整合。然而，互联网发展带来的大量信息，包括一些虚假信息等增加了经济主体的搜寻成本，并且线上交易也容易带来交易双方的信息不对称问题，这些均加大了市场整合的难度。三是互联网发展通过制度作用机制对市场整合产生影响。一方面，互联网的飞速发展使一些平台凭借用户规模等优势对行业进行垄断，干扰市场价格，不利于市场的整合；另一方面，互联网发展使相应的网络法律法规、线上交易政策也在不断完善，为区际交易提供了制度保障，有利于市场整合。因此，互联网发展对市场整合既有正向影响也有负向影响。

市场整合对城市生产率增长的影响效应主要是通过四种效应实现的。第一，市场整合能加剧地区间的市场竞争，当市场整合程度较低时，市场竞争加剧效应提升较为缓慢，此时一定程度的竞争会使企业消耗掉更多的"经济租"，抑制创新积极性，不利于城市生产率的增长；当市场整合程度较高时，竞争效应的增大使企业为了保证市场份额，不断提升产品质量和服务，从而促进城市生产率增长。第二，市场整合加速了地区间的技术溢出，增加了社会中的知识存量，有利于城市生产率的增长。第三，市场整合会引致资源配置效率发生变化，当市场整合程度较低时，地区间的要素资源很容易呈现错配状态，不利于城市生产率的增长；但是当市场整合水平较高时，要素的自由流动促进了资源配置效率的提升，从而使生产中的资源配比得到优化，有利于城市生产率增长。第四，市场整合所伴随的市场规模扩大改变了市场的需求规模，当市场整合程度较低时，需求规模的改变还受到城市间壁垒的影响，企业为了满足扩张需求只能将目标转向国外的低端市场，形成技术低端锁定，不利于城市生产率增长；当市场整合程度较高时，国内消费者的需求增加，"需求引致创新"使企业为了获取利润会积极进行研发，提升生产率水平。综合四种效应可知，市场整合对城市生产率增长的影响存在非线性关系，当市场整合程度较低时，会对城市生产率增长产生负向影响；但当市场整合程度超过一定水平时，则会对城市生产率增长产生正向影响。

市场整合是承接互联网发展对城市生产率增长影响的重要中介。市场整合作为互联网发展影响城市生产率增长的"桥梁"，在两者间起到了

"承上启下"的连接作用。区别于传统研究中认为产业集聚、人才培养等是城市经济发展的基础，区域协调发展理论认为城市间的市场整合是影响城市高质量发展的重要力量，市场整合不仅能重新对资源配置进行优化，还能够通过竞争加剧、技术溢出、需求规模改变等对城市生产率增长产生影响。

第四章　中国互联网发展、市场整合与城市全要素生产率增长的特征事实分析

本章内容主要是对三个核心研究变量互联网发展、市场整合与城市生产率增长进行测度并对其发展状况与演进特征进行归纳分析，从而为后文的实证检验奠定基础。首先，采用单一指标法对我国的互联网发展水平进行测度，根据测度结果深入探究当前我国互联网发展水平的演进特征。其次，在总结中国市场整合的历史演进特征的基础上，采用价格法对市场整合程度进行测算，并对其变动趋势进行深入分析。最后，综合使用 DEA-Malmquist 指数法、SFA-Malmquist 指数法、Malmquist-Luenberger 指数法对我国城市层面的全要素生产率增长率和绿色全要素生产率增长率进行测度，根据测算出的结果对中国全要素生产率增长的演进特征进行分析。

第一节　中国互联网发展水平的测度及现状分析

当前，在新一代产业革命浪潮和信息通信技术不断迭代更新的时代背景下，如何抓住互联网发展这一重要机遇完成"弯道超车"并实现中国经济高质量发展成为中国未来发展的重要议题，因此，回顾互联网在中国的发展脉络并对其发展水平进行测度不仅能为后文的实证研究奠定基础，还对我国互联网的下一步发展具有重要意义。

一　中国互联网发展的阶段特征

20 世纪 80 年代以来，随着互联网技术在国际上的初步发展，中国也开始尝试将互联网引入国内，历经 30 多年的发展，当前互联网已渗透到中国经济发展的方方面面。本部分根据互联网的发展特征，将互联网在中国的发展分为引入萌芽期、探索发展期与高速发展期三个时期。

（一）引入萌芽期

从 1980 年开始，以美国为首的一些发达国家开始加大对互联网基础设施领域的投资，推动了互联网技术的首次开创性增长，比如首台自动分发域名的 DNS、万维网等都是这一时期的产物。在这一时期，中国也开始尝试将互联网引入国内，探索通过电子邮件交流的方式与国际中的互联网技术进行接触，但是这一行为的初衷是高校和研究机构的学术交流，并未对生产生活产生明显影响。1986 年 8 月，中国第一封电子邮件从中国科学院高能物理研究所的一台 PC 机发往了欧洲，标志着我国互联网发展事业迈出了第一步。随后，中国兵器工业计算机应用技术研究所在德国 Werner Zorn 教授的协助指导之下，于 1987 年建立了中国第一个电子邮件节点，这也是中国正式开启互联网使用的里程碑。

20 世纪 90 年代开始，中国政府开始为互联网的建设和发展提供相应的政策支持。1993 年，中国提出"三金工程"，确立了建设中国"信息准高速国道"的目标，这也拉开了中国网络基础设施建设的序幕。1994 年 4 月，中国国家计算机与网络设施（NCFC）工程接入国际因特网的 64K 国际专线开通，标志着我国正式与国际互联网接轨。

（二）探索发展期

随着支持政策的出台以及国家重视程度的提升，中国的互联网发展开始进入探索与突破期，国家四大因特网主干网络在 1994～1996 年逐步建立，并于 1997 年实现了互联互通。随后，互联网基础设施建设不断推进，通过中国公用计算机互联网骨干网二期工程，我国各大区域的宽带设施得到进一步升级。截至 1997 年 11 月，中国使用互联网的计算机数量已接近 30 万台，上网用户突破 60 万人，并拥有 1500 个左右的万维网站点。

互联网基础设施建设的推进带动了民间资本对互联网的关注，互联网领域的创业公司开始发展，比如原北京瀛海威科技有限责任公司便是中国第一批涉足互联网基础设施建设的民营企业之一。新浪、搜狐、网易等如今的互联网巨头企业也均成立于 1996～1999 年，并且 1999 年中华网在美国纳斯达克上市并成功融资更是激发了民间资本对于互联网产业的投资热情，掀起了互联网企业融资上市的热潮，但是也催生了巨大的互联网泡沫。

该阶段互联网领域的热潮并没有持续。由于互联网盈利模式尚不成熟，大量的中小型互联网公司倒闭或被大企业收购。因此，中国也开始探寻互联网发展的新途径。

（三） 高速发展期

在经历了互联网产业的泡沫破灭后，中国并未停止发展互联网的步伐。随着互联网基础设施的持续建设，互联网普及率开始提升，加上 3G、4G、5G 等移动网络的覆盖，移动互联网发展同样取得了巨大进展，其方便快捷的特性占据了网络使用的主导地位。2020 年底，中国即时通信用户规模超过 9.89 亿人，以手机为代表的移动设备快速普及，手机网民规模为 9.86 亿人，网民使用手机上网的比例接近 100%。[①]

在使用人数不断突破新高的同时，互联网在中国的应用场景也更加广泛。依托于网络基础设施建设的不断完善，互联网即时通信的功能被最大化，信息的快速获取与及时传播较大程度地改变了民众的生活方式，降低了交易成本，提升了要素跨区域流动的频率。不仅如此，电子商务和互联网平台的发展扩大了消费者市场，打破了市场间的空间距离限制。除了日常应用外，互联网同样在国家治理层面发挥重要作用，帮助政府提高工作效率、简化工作流程，加强与周边地区政府之间的合作交流等，从而最大化地区的收益。

---

① 中国互联网络信息中心：《中国互联网络发展状况统计报告》第 47 次，2021。

在这一时期，中国互联网在国际层面影响力不断增强。截至 2020 年，中国互联网普及率达到 70%，网民数量接近 10 亿，互联网使用规模位居全球第一。在 2020 年 4 月，国家发展改革委员会明确提出，"新基建"必须将信息网络作为基础并以此提供数字转型、智能制造、创新融合等服务，这意味着中国的互联网发展将面临更大的机遇与挑战。

在这一时期，互联网的快速发展也带来数字鸿沟、互联网平台垄断、网络虚假信息等一系列问题，因而进一步完善互联网发展的制度规范，对互联网发展弱势地区进行扶持，并打破互联网覆盖的"最后一公里"问题是今后的重点之一。

二　中国互联网发展水平的测度

目前针对互联网发展水平的测度方法主要有单一指标法和综合指标法两种。由于综合指标法在指标合成过程中可能会弱化一些主要指标的影响，因而大多数经济学领域的研究倾向于采用单一指标法对互联网发展水平进行测度，比如将互联网普及率或互联网接入数量作为衡量互联网发展水平的代理变量，因此，本书将在后文实证研究的基本回归中使用单一指标法衡量互联网发展水平。

互联网普及率作为最直观同时也是最成熟的互联网发展水平衡量指标，其在一定程度上能够综合反映互联网的基础设施建设水平和互联网应用水平，也因此被众多学者采用。因而本书在基准回归中将互联网普及率作为互联网发展水平的表征。鉴于当前移动互联网给社会生产和生活带来的巨大影响，本书不仅考虑了目前学界常用的固定互联网普及率指标，还考虑了移动网络普及率指标，从两个方面描述中国互联网的发展水平。

就单一指标法下的样本选取来说，固定互联网普及率采用城市每百人互联网宽带接入用户数衡量；受城市微观数据可得性的限制，目前移动互联网的数据在大部分城市层面上只能获得移动电话用户数。考虑到在 4G、5G 网络背景下，电子邮件、电子商务、视频云会议、购物等互联网通信活动均可以由移动电话完成，因而本书使用考察期内的每百人拥有的移动电话数衡量移动互联网普及率，这可能在一定程度上低估了城市层面上移动互联网的发展规模，后续的实证结果可以视为移动互联网对市场整合影响的一个下限。就数据来源和样本时间段选取来说，受限于部分城市互联网发展统计指标，本书的互联网宽带接入数量和移动电话数量的样本时间区间为 2006~2018 年，数据来源于 2007~2019 年的《中国城市统计年鉴》以及 EPSDATA 统计数据分析平台；城市常住人口数量来源于各城市的统计年鉴，由笔者手工整理得到。

三 中国互联网发展的现状分析

根据上述的互联网发展水平测算方法，本书对考察期内中国 236 个城市的互联网发展水平进行了测度。本部分主要利用两种测度方法下测算出的结果，对样本期内中国互联网发展水平的演进特征进行分析。

(一) 全国层面

图 4-1 显示了 2006~2018 年中国全国层面上固定互联网普及率和移动互联网普及率的变化情况。从图 4-1 可以看出，中国的互联网发展水平，无论是固定互联网普及率还是移动互联网普及率，在考察期内均呈现上升的趋势。在 2006~2012 年，移动互联网普及率的增长速度与固定互联网普及率的增长速度大致相同，但是 2012~2013 年，移动互联网普及率增速大幅提升，并且在 2013 年首次超过固定互联网普及率，在此之后一直呈现超越的状态。主要原因可能在于，2013 年随着电子商务等的发展，用户注意力开始向移动端转移，而 2014 年我国又开始大力普及 4G 网络，4G 网络大范围覆盖，智能手机也开始对传统手机进行更新替代，使人们开始习惯使用移动网络开展商务活动、搜索信息、进行线上交易等，从而对移动网络的需求大幅提升，进而移动互联网普及率也随之提升。

当前，移动互联网已经渗透到生活、工作的方方面面，在线搜索、在线办公、网络课堂、电商平台、移动支付等移动化办公、生活、学习方式可以利用信息的流动代替人的流动，从而改变了传统的资源配置方式，不仅增加了地区间的经济联系，还极大地提高了资源配置效率。

此外，根据中国互联网信息中心发布的第 43 次《中国互联网络发展状况统计报告》的数据，截至 2018 年底，我国网民规模达到了 8.29 亿人，比 2017 年增加了 5653 万人；手机网民规模达 8.17 亿人，网民使用手机等移动设备上网的比例高达 98.6%，比 2017 年增加了 6433 万人。2018 年，我国互联网基础设施覆盖范围进一步扩大，网络基础设施的"最后一公里"也被逐渐打通。

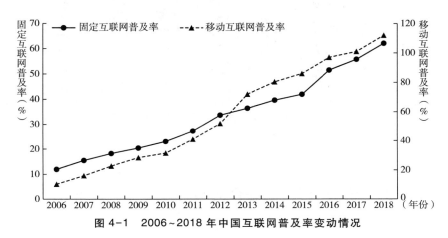

图 4-1　2006~2018 年中国互联网普及率变动情况

资料来源：根据笔者计算得到的相关数据绘制。

（二）四大经济区域层面

城市层面的分析结果表明我国互联网的发展水平在区域间可能存在一定的差距，另外，我们具体考察了固定互联网普及率和移动互联网普及率在我国东部、中部、西部和东北四大经济区域①层面的发展差异。具体如图 4-2 所示。可以发现，考察期内东部、中部、西部和东北四大经济区域内的固定互联网普及率和移动互联网普及率均呈现上升趋势。东部、中部、西部和东北地区的移动互联网普及率均大于固定互联网普及率，这也说明了移动互联网对人类生产、生活的重要作用。此外，从四大经济区域间的互联网发展水平来看，东部地区的移动互联网普及率和固定互联网普及率在四大经济区域中均居首位。

---

① 根据国家统计局公布的划分方法，中国四大经济区域为：东部、中部、西部和东北。网址：http://www.stats.gov.cn/zt_18555/zthd/sjtjr/dejtjkfr/tjkp/202302/t20230216_1909741.htm。

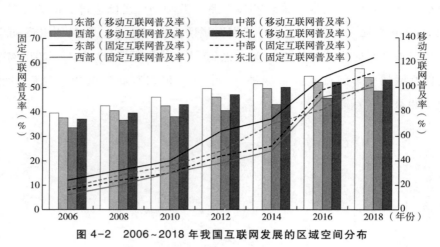

图 4-2　2006～2018 年我国互联网发展的区域空间分布

资料来源：根据笔者计算得到的相关数据绘制。

第二节　中国市场整合的制度背景与经验事实

本节首先对中国市场整合形成的历史背景进行探讨；其次在比较各种测算方法优劣的基础上，使用价格法对中国相邻城市间以及整体城市间的市场整合程度进行测算；最后对中国相邻城市间以及整体城市间市场整合程度的演变特征和现状进行总结与描述。

一　中国市场整合的历史演进

从人类历史的经验来看，市场的整合与分割是随着市场经济的发展而自然发展变化的。在我国，市场整合与分割的出现更多受到了制度因素的影响，因而市场整合程度在我国不同的发展阶段呈现动态变化的特征。因此，根据我国地方保护主义行为与市场整合力量间的博弈，可以将改革开放以来中国区域间的市场整合过程划分为三个历史阶段。

（一）改革开放初期

改革开放伊始，中国虽然尝试向市场经济体制转轨，但是计划经济体制依然根深蒂固，资源短缺问题仍然存在，地方保护主义思维盛行，地区间的市场整合程度极低、市场分割较为严重。在原有的计划经济体制中，政府对地方经济过度地把控与干预，资源更多地受到行政性计划的调配而非市场化的流动，而市场化的经济体制则更加强调"看不见的手"所发挥的主导作用，地方政府需要放宽针对市场的管制，让资源依据市场规律自由流动，这便造成了转型过程中的阻碍。一方面，国有经济部门在计划经济阶段占据了市场主体地位，加上市场体制建设的不完善，导致大部分商品无法适应市场经济的要求，民营企业虽然有所发展，但迫于宏观政策环境的压力与国家调控的不足，仍处于尝试与探索阶段；另一方面，政府在转型初始阶段无法完全摒弃原有的审批或管理制度，导致市场对需求变动的感知较为迟钝，造成市场竞争的不完全，而市场经济所需要的要素自由流动无法实现，地方政府在保护地方利益和发展市场经济两者间难以抉择。

总结而言，这一阶段中国开始尝试新的经济发展路径，但资源短缺与思维固化的问题依然存在，而且为了保护本地区的农副产品流到外地，地方政府实施了一些地方保护主义政策，对本地区的农产品市场与企业实行一定的优惠政策，限制了某些初级产品如农副产品等流出本地市场，此时的市场整合程度较低。

（二）财税体制改革时期

20 世纪 90 年代，国家开始采取简政放权政策，以提高地方政府积极性从而刺激地方经济增长，与此同时，地方政府也开始针对地方经济发展进行长期的统筹规划。1994 年推行的分税制改革，虽然解决了"财政包干制"的很多弊端，增加了中央政府的调控能力和地方政府的财政自主权，但是为了在财政分权下获得更多的收入，地方政府倾向于保护本地区的商品和资源，避免其他地区的商品流入，因而在这一时期，虽然由资源短缺造成的市场分割有一定的缓解，但是地方保护主义仍然盛行，市场整合程度还较低。此外，分税制下地方政府财权和事权的不匹配，进一步加大了地方政府的财政压力，在此情形下，各地政府为了获取更多的财政收入，更倾向于将资金投资到高税率的产业中，不注重产业专业化分工下的规模经济效应,地区间出现了大量的过剩产能和重复建设现象,初级生活资源短缺状态转变为相对过剩状态,对其的市场保护逐渐减少,而针对一般商品的市场保护水平开始上升,此时,市场整合程度虽然较改革开放初期有所上升,但是依然很低。

(三)市场经济快速发展时期

进入 21 世纪后,中国经济进入快速发展时期,特别是 2001 年中国成功加入 WTO,更是激发了政府投资与对外开放的热情,企业多样性不断丰富,民营经济逐渐成为市场中不可忽视的力量,使地方政府对本地区市场经济活动的干预度有所降低。同时,开放的经济条件提高了地方政府采取地方保护主义行为的成本,有助于进一步规范地方政府对于商品市场的干预行为,推动了中国市场整合程度的提升。但是 2008~2009 年,世界金融危机等对中国宏观经济造成了负面冲击,在这一时期,迫于经济发展与财政压力,地方政府的垄断行为有所恢复,而且较多集中于信息科技、医药等技术密集型产业。不仅如此,该时期的地方政府本地保护主义行为也逐渐从政策管控、价格保护等硬措施转向低价出让土地、税收优惠等软措施,市场整合程度有所下降,下文的图 4-3 也证实了这一观点。2009 年之后,经济状况开始回升,加上国家实施的如京津冀一体化、长三角一体化等国家层面的一体化战略,进一步提升了市场整合程度。在这一阶段,市场经济体制逐渐完善,国内市场分割程度有所下降,市场一体化进程不断推进。

二 中国市场整合水平的测度

正如文献综述部分所述,由于目前衡量市场整合的方法存在差异,学界对于中国市场整合的程度与趋势并未形成一致的认识。市场整合是市场分割的反方面,一般使用市场分割指数开方后取倒数的值衡量市场整合,因而在测算市场整合指数之前首先需要测算市场分割指数。就现有的文献来说,测算市场分割指数的常用方法有生产法、贸易法、问卷调查法、价格法等。

　　生产法是从生产角度入手，通过对各地区的产出结构、专业化程度、产业结构相似度等指标进行测度从而判断地区内地方保护与市场分割的程度。当地区内的专业化分工程度下降时，代表市场分割程度上升。虽然该方法反映起来较为直接，但存在一定局限性：首先，目前尚未形成系统的衡量地区生产结构的标准；其次，造成产业结构趋同化或者产业结构差异化的原因可能是工业化进程和不合理的分工模式，并非市场分割。

　　贸易法是从贸易与流通视角切入，利用引力模型、边际效应模型等测算地区间的贸易往来流量、贸易结构等，进而判断市场分割的程度。贸易法的结果认为，地方保护主义和市场分割程度与各地区间贸易往来流量、贸易强度等呈负相关，与边界效应呈正相关。虽然各地区间的贸易壁垒能够反映市场分割的经济学本质，但同样存在一定缺陷，比如某些商品的贸易状况与季节、消费市场特征等存在内在联系，可能与市场整合和市场分割状况相悖。

　　问卷调查法是在了解地方保护主义与市场分割具体政策的基础上，通过设计相关调查问卷将市场分割相关问题细化，以区域、行业为单位确定问卷对象，并进行分类抽样，通过对调查问卷答案进行分析处理从而判断市场分割的程度。问卷调查法的优势在于能够直接获取有关市场分割的第一手资料。

　　价格法是目前研究市场整合中最为常用的办法，其不仅能反映市场供求关系，还能表现整体的市场整合水平。因为不管是商品市场整合，还是要素市场整合，最终均表现为商品价格的趋同，所以用商品价格信息构造指标衡量市场整合不失为判断市场整合程度的有效办法（桂琦寒等，2006）。

　　在价格法中，又可具体分为相关分析法、协整分析法与相对价格法，其中相对价格法是目前文献中最为常用的方法。Parsley 和 Wei（2001）认为，地区间同种商品相对价格的方差更能反映区域市场分割的程度，本书也同样采用这一方法衡量市场分割程度。相对价格法建立在"冰川成本模型"与"一价定律"理论的基础上，"冰川成本模型"认为，交易成本的存在导致商品价值在贸易过程中会产生类似"冰川融化"的损失，从而导致两个地区间的商品价格 P_a 与 P_b 存在差异，如果假定"融化"的量与每单位价格之间存在一个固定比例 c（$0<c<1$），此时只有当 $P_a（1-c）>P_b$ 时，两个地区间才有动力进行贸易，以获得套利。

由此，本书借鉴 Parsley 和 Wei（2001）的做法，采用一阶差分形式测算市场分割水平。具体公式如下。

$$\Delta Q_{abv}^{k}=\ln(P_{av}^{k}/P_{bv}^{k}) -\ln(P_{av-1}^{k}/P_{bv-1}^{k}) =\ln(P_{av}^{k}/P_{av-1}^{k}) -\ln(P_{bv}^{k}/P_{bv-1}^{k}) \quad (4.1)$$

在式（4.1）中，a 和 b 分别代表两个地区，k 为某种商品类别，P 为相应商品的价格。本书选用绝对值形式 $|\Delta Q_{abv}^{k}|$ 以避免取对数之后 a 和 b 两个地区价格的分子分母位置变换引起 ΔQ_{abv}^{k} 的符号方向发生变化。在此基础上，采取去均值法消除相对价格中某些与商品异质性有关的固定效应所带来的系统偏差，常用方法是将 $|\Delta Q_{abv}^{k}|$ 分解为与产品种类相关的 ω^{k} 和与 a、b 两地区间市场环境相关的 v_{abv}^{k}，消去 ω^{k} 需要对给定年份和商品种类的 $|\Delta Q_{v}^{k}|$ 求平均值，再用 $|\Delta Q_{abv}^{k}|$ 减去该均值，即如式（4.2）所示。

$$| Q_{abv}^{k} |-| \overline{\Delta Q_{v}^{k}} |=(\omega^{k}-\overline{\omega^{k}}) -(v_{abv}^{k}-\overline{v_{abv}^{k}}) \quad (4.2)$$

$$q_{abv}^{k}=v_{abv}^{k}-\overline{v_{abv}^{k}} = | \Delta Q_{abv}^{k} |-| \overline{\Delta Q_{v}^{k}} | \quad (4.3)$$

$$\text{Var}(q_{abv}^{k}) =\text{Var}(| \Delta Q_{abv}^{k} |-| \overline{\Delta Q_{v}^{k}} |) \quad (4.4)$$

式（4.4）是对 q_{abv}^{k} 求方差，得到 $\text{Var}(q_{abv}^{k})$ 便是最终的市场分割指数，对其开方后取倒数即可得到各地区的市场整合指数。

另外，以往研究中较多假设仅相邻地区间存在贸易壁垒，也即"以邻为壑"，而在区域经济的现实状况中，不相邻地区间往往同样存在市场分割与市场整合现象。随着区域一体化战略的不断推进，跨区域市场间的贸易往来越发频繁，贸易壁垒同样存在于非相邻地区之间。同时，相邻地区间的市场分割指数较小，且在时序上呈现不断下降的总体趋势。这表明相邻地区间的市场整合与区域一体化程度不断提高，有利于区域内分工专业化程度提升，提高资源配置效率。而不相邻地区间的相对价格方差则存在两种情况，一是某些地区间相对价格方差较大，这表明两地间可能存在相似的产业结构或竞争优势，因而在某一领域产生了较为激烈的竞争；二是可能存在某些地区间相对价格方差较低的情况，原因可能在于两地间完善的交通基础设施降低了运输成本，抑或是产业结构存在差异，并且互联网发展水平的提高同样可以加快信息流动与降低交易成本，降低地区间的市场分割程度。由此可见，市场分割已经不仅仅局限于传统意义上相邻地区间，贸易壁垒已经广泛存在于各个与之具有竞争关系的地区间，而与其是否在地域上相邻并不相关。

因此，本书同时考虑了"以邻为壑"情况下的市场整合指数和全国整体层面上的市场整合指数。前者参考桂琦寒等（2006）的方法考察相邻城市间的市场整合情况，在式（4.1）至式（4.4）中代入的是相邻城市的数据；后者参考范爱军等（2007）的方法考察整个国内市场的市场整合情况，在式（4.1）至式（4.4）中代入的是全国两两城市间的数据。在利用式（4.1）至式（4.4）测算出市场分割指数以后，将其开方后取倒数即为对应的市场整合指数。

限于城市层面上商品价格数据搜集的困难，现有文献大多从中国省级层面构建市场整合指数。就本书的样本选取和数据来源来说，为了使研究向更加细密的层面扩展，笔者手工整理了 2006~2018 年我国 236 个地级及以上城市（未包含香港、澳门、台湾、西藏地区的城市）的消费价格指数，将研究拓展到城市层面。之所以选择 2006 年为研究起点，是因为自 2006 年以来，固定互联网和移动互联网发展的相关统计数据比较完备。另外，由于 2016 年居民消费价格指数的统计口径发生变更，为在一定程度上保证数据的一致性和连续性，本书通过手工整理，将 2016 年之前的"食品""烟酒"类目合并，以匹配 2016 年及以后的"食品烟酒"类目，合并后"食品烟酒"类目的价格指数为两个类目合并前价格指数的均值；将 2016 年之前"医疗保健和个人用品"类目中的"医疗保健"项目单列，以匹配 2016 年及以后的"医疗保健"类目，将"个人用品及服务"项目并入"家庭设备用品及维修服务"类目，以匹配 2016 年及以后的"生活用品及服务"类目；对于"其他用品和服务"类目，不再予以考虑。经过这样处理的数据尽管会存在一定误差，但是整体变动较小，相比于任由数据在时间维度上大量缺失的做法，这样处理显然更加合理。

三 中国市场整合程度的演进特征

在确定了市场整合程度的测算方法后，本书使用 StataSE 15 软件测算了 2006~2018 年中国城市层面的市场整合程度。恰如前文所示，与以往研究不同的是，本书测算的是城市层面的市场整合指数，并同时参考了桂琦寒等（2006）与范爱军等（2007）的做法，前者考虑的是相邻地区间市场整合情况，而后者则同时考虑了不相邻地区间及整个全国市场的市场整合情况。在测算结果的基础上，本部分内容具体分析了我国市场整合的演进特征。

（一）全国层面

运用价格法测算出的市场整合指数在全国层面上的变动趋势具体如图 4-3 所示。从图 4-3 中可以看出，无论是使用桂琦寒等（2006）的方法还是使用范爱军等（2007）的方法测算出的市场整合指数，两者均呈现相似的变动趋势，即从整体趋势来看，中国国内市场呈现明显的整合趋势，市场整合程度波动提升。具体来看，在 2008 年，我国市场整合水平出现了大幅下降，主要原因可能是世界金融危机爆发时经济下行的冲击，各地政府不得不加强垄断以获得足够的财政收入，从而降低了市场整合程度。2008~2014 年，中国国内市场的整合速度趋缓，波动不明显，但 2014 年之后，我国国内市场的整合步伐在逐步加快，除了市场经济体制改革实施等制度性因素以外，还可能存在以下两方面原因：一方面，交通基础设施的完善尤其是高铁的建设，极大地缩短了不同区域或市场间的往返时间，提高了资源的流通效率，加速了市场整合；另一方面，互联网的发展带动了信息传递效率的提高，打破了空间距离的限制，进一步弱化了区际的"贸易壁垒"，并催生了新的商业模式，特别是近年来移动互联网的发展，进一步提升了资源的配置效率。在两者的综合作用下，市场整合程度不断提高。

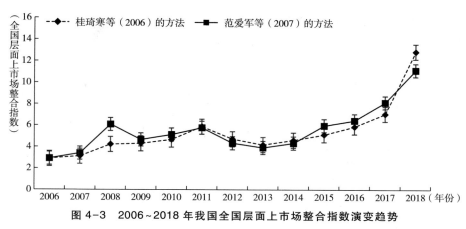

图4-3　2006~2018年我国全国层面上市场整合指数演变趋势

资料来源：根据笔者计算得到的相关数据绘制。

（二）沿海、内陆层面

接下来，我们进一步分析样本期内市场整合程度在中国沿海和内陆城市间的演变趋势，考察其在沿海和内陆城市间的发展是否具有异质性特征。这是因为海洋就是一条天然高效的"贸易通道"，所以沿海城市可以凭借海洋通道更好地进行区际开放和贸易，从而相较于内陆城市更容易发生市场整合。事实上，在全国市场不断整合的趋势下，我国四大经济区域之间，以及不同经济发展水平的地区之间由于资源禀赋、地理位置差异，其市场整合程度也会有所差异，这些方面的异质性已经得到了学者的证实，在此不再赘述。本部分将从沿海、内陆两个层面对市场整合演变趋势做进一步考察，具体如图4-4所示。

从图4-4中可以看出，沿海和内陆城市间市场整合程度整体的变动趋势大致相似，均呈现波动上升的趋势，表示两者在考察期内可能同时受到了外部经济环境的促进作用。具体来讲，在2009年及之前，内陆城市间的市场整合程度一直高于沿海城市间，可能的原因在于在这一时期沿海城市之间产业较为发达并且产业同构度较高，比如纺织业、制造业以及服务业中的某些贸易部门，这就导致这些城市间竞争较为激烈，地方保护主义盛行，而此时内陆城市限于经济发展条件，更多地依托自身的资源禀赋进行经济活动，产业重复度较低，因而内陆城市间市场整合程度略高于沿海城市间。2013 年及之后，沿海城市间的市场整合程度一直高于内陆城市间，这可能与沿海城市产业布局的完善、长三角一体化战略等的实施有关。

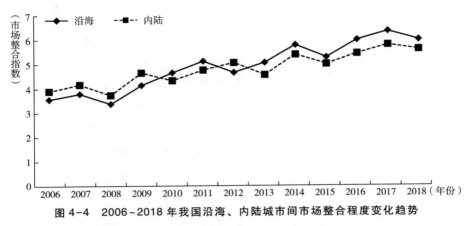

图 4-4 2006~2018 年我国沿海、内陆城市间市场整合程度变化趋势

注：市场整合指数是全国整体层面上的测算结果。

资料来源：根据笔者计算得到的相关数据绘制。

第三节 中国城市全要素生产率增长的测度与演进特征分析

城市生产率增长作为地区经济增长的源泉，长期以来一直是学界较为关注的问题。本节首先采用不同的方法对我国城市层面的生产率进行测度，在此基础上根据测度结果对我国城市生产率增长率的演变特征进行分析，从而为后文的实证研究奠定数据基础。

一 城市生产率增长率的测算方法

从前文的经济增长理论分析可知，城市生产率的衡量指标从古典经济增长理论中的劳动生产率发展到现代经济增长理论中的全要素生产率，其中劳动生产率只能衡量劳动力要素变动带来的生产率变化，而全要素生产率变动则包含了更多的要素内容，涵盖了技术进步与效率改善两个层面。因此，当前研究中通常使用全要素生产率作为衡量城市生产率的重要指标。鉴于全要素生产率增长率的测算方法比较多，本书在实证分析部分主要使用 DEA-Malmquist 指数法测度出的城市全要素生产率增长率数据，并且还使用 SFA-Malmquist 指数法测度的全要素生产率增长率数据以及 Malmquist-Luenberger 指数法测度的绿色全要素生产率增长率数据进行稳健性检验。

（一）DEA-Malmquist 指数法

DEA 方法是一种基于数学归纳的测算方法，其不需要预先设定函数的具体形式，不受量纲的影响，能够客观地对全要素生产率增长率进行测算。因此本书在第六章和第七章的基准回归模型中选用 DEA-Malmquist 指数法测算城市层面的全要素生产率增长率。

定义 x 和 y 分别为决策单元 DMU 的投入和产出，在产出导向下以 t 期生产水平为基准的 DEA-Malmquist 生产率指数可以表示为式（4.5）。

$$m_0^t \ (x^t, \ y^t, \ x^{t+1}, \ y^{t+1}) = d_0^t \ (x^{t+1}, \ y^{t+1}) \ /d_0^t \ (x^t, \ y^t) \tag{4.5}$$

其中（x^t, y^t）和（x^{t+1}, y^{t+1}）分别为第 t 期和 $t+1$ 期的投入产出向量组，d_0^t 为以 t 时期生产水平为参照的距离函数。

同理，以 $t+1$ 期为基准的 DEA-Malmquist 生产率指数 m_0^{t+1} 可以表示为式（4.6）。

$$m_0^{t+1} \ (x^t, \ y^t, \ x^{t+1}, \ y^{t+1}) = d_0^{t+1} \ (x^{t+1}, \ y^{t+1}) \ /d_0^{t+1} \ (x^t, \ y^t) \tag{4.6}$$

Färe 等（1994）为了避免数值的差异，将上述两个数值的几何平均值作为从 t 时期到 $t+1$ 时期的 DEA-Malmquist 生产率指数的真实近似，可得式（4.7）。

$$m_0 \ (x^t, \ y^t, \ x^{t+1}, \ y^{t+1}) = \left[\frac{d_0^t \ (x^{t+1}, \ y^{t+1})}{d_0^t \ (x^t, \ y^t)} \times \frac{d_0^{t+1} \ (x^{t+1}, \ y^{t+1})}{d_0^{t+1} \ (x^t, \ y^t)} \right]^{\frac{1}{2}} \tag{4.7}$$

式（4.7）可以分解为式（4.8）。

$$m_0 \ (x^t, \ y^t, \ x^{t+1}, \ y^{t+1}) = \frac{d_0^{t+1} \ (x^{t+1}, \ y^{t+1})}{d_0^t \ (x^t, \ y^t)} \left[\frac{d_0^t \ (x^{t+1}, \ y^{t+1})}{d_0^{t+1} \ (x^{t+1}, \ y^{t+1})} \times \frac{d_0^t \ (x^t, \ y^t)}{d_0^{t+1} \ (x^t, \ y^t)} \right]^{\frac{1}{2}}$$

$$\tag{4.8}$$

在式（4.8）中，等号右边中括号之外的部分代表效率改善，中括号之内的部分代表技术进步，两者乘积即为全要素生产率增长率。

可以发现，DEA-Malmquist 生产率指数的求解需要测算相关的距离函数，下面以距离函数 $d_0^t(x_i^t, y_i^t)$ 为例，给出其线性规划求解模型，如式（4.9）所示。

$$[d_0^t(x_i^t, y_i^t)^{-1}] = \max \theta_i$$

$$\text{s. t. } \sum \delta_i^t x_{ij}^t \leqslant x_{ij}^t, \quad \sum \delta_i^t y_{ij}^t \geqslant \theta y_{ij}^t, \quad \sum \delta_i^t \delta_i^t \leqslant 1 \qquad (4.9)$$

采用 DEA-Malmquist 指数法时，需要各城市劳动力投入量、资本投入量和经济产出值。本书以各城市的固定资本投资额为资本投入量的替代指标，并用永续盘存法将其核算成存量形式，用城市就业人数作为劳动力投入量的代理指标，而对于产出变量则选择地区实际生产总值表示。此外，所有产出和资本数据均以 2005 年为基期。

（二）SFA-Malmquist 指数法

DEA 模型在使用中可能会受到投入数据波动的影响从而造成结果的偏差。因此，本书在实证研究中进一步使用参数法中的 SFA 模型和 Malmquist 指数相结合的方法测算城市的全要素生产率增长率，进一步利用该数据对基准回归模型的结果进行稳健性检验。SFA 方法由 Aigner 等（1977）提出，其能够在测算要素配置效率时分离出不可控影响，保证测算结果的可靠性。

具体的，本文借鉴 Kumbhakar 和 Lovell（2000）的研究，设定 SFA 生产函数形式为式（4.10）。

$$Y_{i,t} = f(x_{i,t}, T; \beta) e^{v_{i,t} - u_{i,t}} \qquad (4.10)$$

对式（4.10）取对数可得式（4.11）。

$$\ln Y_{i,t} = \ln f(x_{i,t}; \beta) + v_{i,t} - u_{i,t} \qquad (4.11)$$

式（4.10）中，$Y_{i,t}$ 为 i 地区在 t 年的产出规模，T 表示时间趋势，$f(\cdot)$ 表示 SFA 生产函数，$x_{i,t}$ 表示要素投入向量，$v_{i,t}$ 用于控制白噪声，$u_{i,t}$ 表

示技术无效率水平，$v_{i,t}$ 和 $u_{i,t}$ 相互独立，满足 $u_{i,t} \sim N^+(\mu, \sigma_u^2)$；$v_{i,t} \sim N(0, \sigma_v^2)$。

本书基于含有时间变量的超越对数函数形式设定 SFA 生产函数，具体形式如式（4.12）所示。

$$\ln Y_{i,t} = \alpha_0 + \alpha_1 \ln K_{i,t} + \alpha_2 \ln L_{i,t} + \alpha_3 t + 0.5\alpha_4 (\ln K_{i,t})^2 + 0.5\alpha_5 (\ln L_{i,t})^2$$
$$+ 0.5\alpha_6 t^2 + \alpha_7 (\ln L_{i,t})(\ln K_{i,t}) + \alpha_7 t \times \ln K_{i,t} + \alpha_8 t \times \ln L_{i,t} + v_{i,t} - \mu_{i,t} \tag{4.12}$$

在测算过程中，$\ln Y_{i,t}$ 为城市的实际 GDP 的对数值，表示总产出水平；$\ln K_{i,t}$ 和 $\ln L_{i,t}$ 分别表示各城市折旧后的物质资本存量的对数值和就业人数的对数值，表示投入水平，资本存量采用永续盘存法测算，并根据现有指标的完备性，将产出和资本调整为以 2005 年为基期的实际价格。利用极大似然估计方法对式（4.12）的回归系数进行测算，具体估计结果见表 4-1。

表 4-1　SFA 生产函数的参数估计值

变量	系数	统计值	标准误
截距	α_0	-16.377 ***	4.398
$\ln K$	α_1	0.083 ***	0.001
$\ln L$	α_2	0.289 ***	0.028
t	α_3	0.045 ***	0.004
0.5 $(\ln K)^2$	α_4	-0.041 **	0.019
0.5 $(\ln L)^2$	α_5	-0.037 ***	0.007
0.5t^2	α_6	0.014 ***	0.003
$\ln K \times \ln L$	α_7	0.031 ***	0.002
$t \times \ln K$	α_8	-0.024 *	0.019
$t \times \ln L$	α_9	0.015 ***	0.006
μ	/	-0.037 ***	0.007
对数似然函数值		1477.91	1487.28

注：*、**、*** 分别表示在 10%、5%、1% 的显著性水平下拒绝参数不显著的原假设。
资料来源：作者根据 Froniter 4.1 回归结果整理。

根据测算出的结果可以得到城市 i 在 t 时期的技术效率 $TE_{i,t} = e^{-u_{i,t}}$，进而可以求得效率改善指数。

$$TECH_i^{t,t+1} = TE_{i,t+1} / TE_{i,t} \tag{4.13}$$

当技术变化非中性时，技术进步的变化指数可以通过式（4.14）计算。

$$TPCH_i^{t,t+1} = \exp\left[\frac{1}{2}\left(\frac{\partial \ln Y_{i,t+1}}{\partial (t+1)} + \frac{\partial \ln Y_{i,t}}{\partial t}\right)\right] \tag{4.14}$$

在此基础上，结合 Malmquist 指数可以测算出城市全要素生产率增长率。

$$TFP_i^{t,t+1} = TECH_i^{t,t+1} \times TPCH_i^{t,t+1} \tag{4.15}$$

（三）Malmquist-Luenberger 指数法

基于 DEA-Malmquist 指数法测算出的城市全要素生产率增长率仅考虑了经济增长过程中的期望产出，而没有考虑某些非期望产出。随着经济高质量发展战略的不断推进，环境规制问题成为政府关注的焦点，而环境污染作为生产过程中的负外部性产物，应该被纳入非期望产出中进行测度。因此，在实证研究中本书还使用绿色全要素生产率增长率进行了稳健性检验。

在测算绿色全要素生产率增长率时，需要将能源投入与环境约束纳入测度过程。因此，本书在 Chung 等（1997）做法的基础上，采用基于 DEA 方法的 Malmquist-Luenberger 指数法对绿色全要素生产率增长率进行测算。

具体来说，将能源要素作为传统的要素投入纳入前沿模型，形成一个包含期望收入与非期望收入的绿色技术模型。假设每个城市为一个决策单元，每个决策单元投入量定义为 x，包含 N 个种类，期望产出 y^e 包含 K 种，非期望产出 y^u 包含 L 种。在每一个时期 t（$t=1, 2, \cdots, T$），城市 m 包含期望产出与非期望产出的生产可能性集合为式（4.16）。

$$Q(x) = (x_{m,t}, y_{m,t}^e, y_{m,t}^u) \tag{4.16}$$

可进一步描述为式（4.17）。

$$Q(x) = \{(y^e, -y^u): x \text{ 可以生产 } (y^e, -y^u)\}, x \in \mathrm{R}_N^+ \tag{4.17}$$

在生产可能性集合的基础上，ML 指数的测算公式可表示为式（4.18）。

$$ML_0^t = \frac{1+\vec{d}_0^t\ (x^t,\ y^{et},\ y^{ut};\ \delta^t)}{1+\vec{d}_0^t\ \{\ [x^{t+1},\ y^{e(t+1)}\ ],\ y^{u(t+1)};\ \delta^{t+1}\}} \qquad (4.18)$$

在式（4.18）中，ML 指数为包含了非期望产出与期望产出在内的全要素生产率变化率。x 表示投入要素集，y^e、y^u 则分别代表期望产出集与非期望产出集，混合距离函数 $\vec{d}_0^t\ \{\ [x^{t+1},\ y^{e(t+1)}\ ],\ y^{u(t+1)};\ \delta^{t+1}\}$ 表示 $t+1$ 时期生产参考 t 时期的技术，以此类推在 $t+1$ 时期的技术条件下，ML 指数可表示为式（4.19）。

$$ML_0^{t+1} = \frac{1+\vec{d}_0^{t+1}\ (x^t,\ y^{et},\ y^{ut};\ \delta^t)}{1+\vec{d}_0^{t+1}\ \{\ [x^{t+1},\ y^{e(t+1)}\ ],\ y^{u(t+1)};\ \delta^{t+1}\}} \qquad (4.19)$$

为了降低时期选择的随机性的干扰，本书以 t 时期为基期，采用 t 时期和 $t+1$ 时期指数的几何平均值，测算两个时期 ML 指数的变化率。

$$ML_0^{t+1} = \left(\frac{1+\vec{d}_0^t\ (x^t,\ y^{et},\ y^{ut};\ \delta^t)}{1+\vec{d}_0^t\ \{\ [x^{t+1},\ y^{e(t+1)}\ ],\ y^{u(t+1)};\ \delta^{t+1}\}} \times \frac{1+\vec{d}_0^{t+1}\ (x^t,\ y^{et},\ y^{ut};\ \delta^t)}{1+\vec{d}_0^{t+1}\ \{\ [x^{t+1},\ y^{e(t+1)}\ ],\ y^{u(t+1)};\ \delta^{t+1}\}} \right)^{\frac{1}{2}}$$

$$(4.20)$$

在式（4.20）中，ML 指数表示包含了非期望产出与期望产出在内的全要素生产率变化率，如果 ML 指数大于 1，表明全要素生产率水平提高，小于 1 或等于 1 则代表降低或不变。

在实际测算过程中，投入变量包括劳动力、资本与新加入的能源要素，其中劳动力投入和资本投入与 DEA-Malmquist 指数方法中的一致，在能源要素投入方面，本书选取各地区的化石能源消费总量进行测算。在产出方面，期望产出与 DEA-Malmquist 指数方法中的期望产出一致，非期望产出则参考卞元超（2019）的研究，选取工业和生活二氧化硫与二氧化碳排放量进行测算。

上述三种全要素生产率增长率测算方法中的样本区间均为 2006~2018 年，所使用的数据来自 2007~2019 年的《中国城市统计年鉴》，并使用各城市的统计年鉴对一些缺失值进行补充。

二 中国城市生产率增长率的演进特点及趋势分析

从前文的分析可知，互联网发展、市场整合两个核心变量在考察期内均呈现波动上升的趋势。那么，城市生产率增长率在考察期内呈现什么样的变化趋势呢？本部分根据前述测度方法测算出各城市的全要素生产率变动率结果，并对其演变特征进行分析。

由前文 DEA-Malmquist 指数法中的式（4.18）可知，全要素生产率变动率可以分解为技术进步和效率改善两个方面。因此，本部分利用 DEAP 2.0 软件测算出我国历年全要素生产率变动率及其分解项在时序上的动态变化情况。图 4-5 中描述了 2006~2018 年中国全要素生产率变动率及其构成部分的变动趋势。

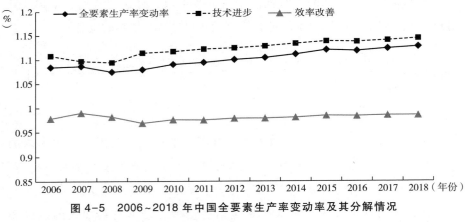

图 4-5　2006~2018 年中国全要素生产率变动率及其分解情况

资料来源：笔者根据 DEAP 2.0 测算结果整理绘制。

从图 4-5 可以看出，考察期内我国全要素生产率的变动虽然比较缓和，但是 2019 年以后，其整体上仍呈现稳步上升的趋势。2007~2008 年，因国际金融危机以及国内投资刺激政策实施的影响，全要素生产率变动率有所下降。从 2019 年以后，全要素生产率变动率虽然在上涨，但是提升比较缓慢。全要素生产率作为我国实现经济高质量发展的关键因素，近年来其增长速度一直较为缓慢，更有甚者，有些年份的增长速度还呈现下降趋势（例如 2008 年和 2016 年的增速出现下滑），在此情形下，探寻影响城市全要素生产率增速提升的因素，对我国实现经济的高质量发展具有重要的意义。

从全要素生产率变动率的构成分解来看，技术进步的指数大于效率改善的指数，因而各地区需要进一步注重对管理方式和制度等的变革，进一步提升技术效率，从而有助于我国全要素生产率的增长。

本章小结

本章内容是对互联网发展、市场整合与城市生产率增长率三个核心研究变量进行测度，从而为后文的实证分析奠定基础，同时，对三个研究变量的量化分析，有利于建立起对我国互联网发展现状、市场整合现状和城市生产率增长率现状及可能变化趋势的直观认识，为后文的实证检验指明大概的方向。本章的主要研究内容和研究结论如下。

第一，基于单一指标法测算了我国的互联网发展水平。单一指标法分别从固定互联网普及率和移动互联网普及率两个层面考察了互联网发展情况。进一步根据互联网发展水平的测算结果分析了 2006~2018 年我国互联网发展水平的演进特征：（1）无论是固定互联网普及率还是移动互联网普及率，在考察期内均呈现快速上升的趋势；（2）2006~2012 年，移动互联网普及率的增长速度与固定互联网普及率的增长速度大致相同，但是 2012~2013 年移动互联网普及率的增速大幅提升，并且在 2013 年首次超过固定互联网普及率，在此之后一直呈现超越的状态。

第二，通过对改革开放以来中国市场整合的历史演变阶段进行划分，我们更加清楚地认识到我国市场整合程度变化的时代脉络，接着对目前研究中使用的市场整合程度的测算方法进行总结和比较，阐述了采用价格法测算市场整合指数的合理性，在此基础上对市场整合的测算过程进行了详细的阐述。进一步根据市场整合指数的测算结果分析了中国市场整合的变化趋势和空间分布特征，发现：（1）我国相邻城市间的市场整合程度和全国两两城市间的市场整合程度呈现相似的变动趋势，即从整体趋势来看，国内市场呈现明显的市场整合趋势；（2）在 2008 年，市场整合指数出现了大幅下降，主要原因可能是世界金融危机爆发时经济下行的冲击，各地政府不得不加强垄断以获得足够的财政收入。2008~2014年，中国国内市场的整合速度趋缓，波动不明显，但2014年之后，国内市场的整合步伐在逐步加快；（3）沿海和内陆城市市场整合程度整体的变动趋势大致相似，均呈现波动上升的趋势。在2009年及之前，内陆城市的市场整合程度高于沿海城市，但在2013年及之后，沿海城市的市场整合程度一直高于内陆城市，这可能与沿海城市产业布局的完善、长三角一体化战略等的实施有关。

第三，分别基于DEA-Malmquist指数方法、SFA-Malmquist指数方法、Malmquist-Luenberger指数法对我国全要素生产率增长率和绿色全要素生产率增长率进行测度。从全要素生产率增长率的构成分解来看，技术进步的指数大于效率改善的指数，当前我国在效率改善方面还有很大的提升空间。

第四，综合来看，考察期内我国互联网发展、市场整合和城市全要素生产率变动率在整体上均呈现上升的趋势，三者之间相似的演变趋势为实证检验指明了大概的方向。本部分对数据的测算和特征事实的表述为后续的实证研究奠定了基础，对互联网发展演进历程和市场整合的制度背景的现实描述也有利于更加清楚地认识现实背景，为政策建议的提出提供启示。

第五章　互联网发展影响市场整合的实证分析

第三章第一节的理论分析得出互联网发展既能够对市场整合产生正向影响，又能够对市场整合产生抑制作用，最终的影响效应取决于两者博弈的结果。那么，在考察期内，中国的互联网发展到底对市场整合产生了怎样的影响呢？本章将利用 2006~2018 年中国城市层面的数据实证检验我国互联网发展对市场整合影响的效应方向和大小。首先，分析了互联网发展对市场整合的平均影响效应，并对此进行了相关的稳健性和内生性检验；其次，考察了互联网发展对市场整合的影响作用是否会被交通基础设施所替代以及互联网发挥作用的范围大小，并基于不同的视角考察了互联网发展影响市场整合的异质性特征。

第一节　互联网发展对城市间市场整合的影响

一　问题的提出

随着全球新一轮科技和产业革命的推进，以互联网①为代表的新一代信息技术不断渗透到社会生产、生活的各个方面，不可逆转地成为影响一国（地区）经济发展的重要力量，在此背景下，科学评估识别互联网对经济社会运行的影响成为社会各界关注的焦点问题之一。面对互联网在我国的快速普及和发展，学者们分别从劳动力就业（毛宇飞等，2019；戚聿东

---

① 本部分的互联网主要包括通信互联网、能源互联网和物流互联网。受数据可得性的影响，实证部分以通信互联网为例，主要涵盖了固定互联网和移动互联网两个方面。

等，2020；罗楚亮和梁晓慧，2021；宁光杰和杨馥萍，2021）、居民消费（杜丹清，2017；孙浦阳等，2017；王玥和孟婉荣，2020；张勋等，2020）、资源配置效率（何大安和任晓，2018；韩长根和张力，2019；张治栋和赵必武，2021）、智慧城市建设（韩兆柱和马文娟，2016；李雪松，2018；王钺，2021）、经济增长（李立威和景峰，2013；叶初升和任兆柯，2018；黄小勇等，2020）、产业结构升级（吕明元和陈磊，2016；徐伟呈和范爱军，2018）、国际贸易（施炳展，2016；夏杰长，2018；谭用等，2019；赵伟和赵嘉华，2020）、全要素生产率（黄群慧等，2019；谢莉娟等，2020；邱子迅和周亚虹，2021）、分工（施炳展和李建桐，2020）、企业区位选择（安同良和杨晨，2020）等多个方面对中国互联网发展的经济效应开展了诸多有益的探讨，这也为本书提供了较好的启示。然而，遗憾的是，这些研究忽视了互联网发展的市场整合效应，事实上，互联网技术作为一种新资源配置方式，在其发展过程中同时伴随着的交易效率提升、垄断、信息冗余等正反两方面效应将会对我国城市间的市场整合产生重要的影响。

一方面，互联网技术的跨时空信息传播、降低交易成本以及互联互通等先天优势，能够打破单个区域、单个城市之间的市场分割状态，使地理距离较远的空间单元间的联系更加紧密，加强了区际的经济联系，从而对我国区际的市场整合产生有利的影响；另一方面，由于初始信息禀赋的非均衡分布，中国各地区间的互联网发展水平存在差异，数字鸿沟显著存在（安同良和杨晨，2020），这在一定程度上抑制了网络效应的正常发挥，加强了互联网的空间集聚效应，从而不利于市场整合。与此同时，随着互联网平台经济的蓬勃发展，互联网行业的垄断特征日益凸显，按照新古典经济学的观点，垄断使商品和要素之间存在可套利的差价，造成市场运行效率的损失，从而对市场的有效整合产生不利的影响。那么，在上述两种不同作用方向的影响下，互联网发展对市场整合的影响效应究竟如何？是促进还是抑制呢？本部分内容将对这些问题做深入的研究。

本部分实证研究可能的边际贡献主要体现在以下三个方面：第一，从研究问题上看，主要考察了目前学界关注较少的互联网对市场整合的影响，丰富了国内互联网与经济交叉领域的实证研究，深化了对互联网经济效应的认识。第二，从研究对象上看，已有关于市场整合的研究主要以省级行政区为研究对象，而本部分通过手工搜集城市层面的价格数据，以城市为研究对象，并充分考虑了城市地理区位和发展程度的差异，这不仅有助于提升回归结果的准确性，还能够为各类城市制定更加具有针对性的互联网建设方案提供政策参考。第三，从研究内容上看，本部分实证检验了互联网的规模效应，从市场整合这个特定角度揭示了扩大互联网规模对发展中国家经济发展的特殊意义，在此基础上进一步识别了互联网对市场整合的影响是否会被高速公路和高速铁路所替代以及影响市场整合作用的范围，从而为相关政策的科学制定提供启示。

二　计量模型构建与变量说明

本部分首先介绍了互联网发展影响市场整合的实证模型设计思路；其次对互联网发展、市场整合以及相关控制变量的选取原则和指标构成进行说明；最后阐明互联网发展、市场整合和相关控制变量指标的数据来源并进行描述性统计。

（一）基准回归模型的构建

基于上述分析，本章主要利用城市层面的数据研究互联网发展对中国相邻城市间市场整合程度以及全国整体层面上不相邻城市间的市场整合程度的影响，基本回归方程如下。

$$Seg_{1i,t+1} = \alpha + \beta_0 Int_{i,t} + \gamma X_{jit} + v_i + \rho_t + \varepsilon_{i,t} \tag{5.1}$$

$$Seg_{2i,t+1} = \alpha + \beta_0 Int_{i,t} + \gamma X_{jit} + v_i + \rho_t + \varepsilon_{i,t} \tag{5.2}$$

式（5.1）和式（5.2）中，i 表示城市个体，t 表示时间，Seg_1 和 Seg_2 分别是使用桂琦寒等（2006）方法测算的市场整合指数以及使用范爱军等（2007）方法测算的市场整合指数，前者仅考虑了相邻地区间的作用，即"以邻为壑"情况，后者考虑的是全国整体层面上的市场整合水平。Int 是城市的互联网发展水平，详细指标见变量说明部分。X 为 j 个可能影响市场整合的控制变量，v_i 代表城市固定效应，用于控制城市层面上不随时间变化但会对市场整合产生影响的不可观测特征，ρ_t 代表时间固定效应，用于锁定特定年份因素对城市间市场整合的冲击影响，$\varepsilon_{i,t}$ 为随机误差项，用于解决模型中可能存在的异方差和序列自相关问题。本书参考 Bertrand 等（2004）的研究，将随机误差聚类到城市层面上。由于互联网发展对市场整合产生影响需要一定的时间，本书参考曹春方等（2017）的研究将市场整合指数进行前置 1 期①处理，这样可减弱由互联网发展与市场整合之间可能存在的双向因果关系所造成的内生性问题。

（二）变量说明

1. 市场整合指标

本章的被解释变量为地区间的市场整合水平 Seg，区域市场整合指数是判断地区间市场是否趋于整合或分割的重要指标。现有关于市场整合指数的测算方法主要有生产法、价格法、经济周期法、边界效应法、问卷调查法、贸易法等，其中价格法主要基于"一价定律"和"冰川成本模型"理论，以地区间相同商品价格的相对差异衡量市场整合水平（Parsley 和 Wei，2001；桂琦寒等，2006；范爱军等，2007；赵奇伟和熊性美，2009；白俊红和刘怡，2020）。价格法的内在逻辑是如果两地区间商品价格的变异系数以及边界效应缩小，抑或是商品价格在统计上趋同，则说明区际的市场趋于整合，市场分割程度下降。相较于其他方法，价格法在计算市场整合指标时纳入了更多的信息，并且数据可获得性较好，因而成为目前研究区域市场整合的主要方法。基于此，本部分也采用价格法对中国城市间的市场整合程度进行测算，具体测算方法详见第四章中基于相对价格法测算的市场整合指数，具体过程不再赘述。

城市层面居民消费价格指数的搜集和整理难度较大，因此现有关于国内市场整合的研究大多集中于省级层面。然而，需要注意的是，即使在同一省份的城市之间，也存在竞争和地方保护主义，由此造成的市场分割也不容忽视。

此外，本部分在实证研究中分别考虑了"以邻为壑"情况下的市场整

① 前置期也可以选择 2 期、3 期、4 期，但最终不影响结论。后面的稳健性检验对此进行了讨论。

合指数 Seg_1，以及全国整体层面的市场整合指数 Seg_2，前者参考桂琦寒等（2006）的方法考察相邻城市间的市场整合情况，后者参考范爱军等（2007）的方法考察整个国内市场的市场整合情况。范爱军等（2007）认为地方政府不仅会对相邻地区设置贸易壁垒，还会对距离更远的地区设置壁垒，因而将市场整合程度的测度扩大到全国层面上的两两地区间。

2. **互联网发展指标**

本章的核心解释变量为互联网发展指标（Int）。本部分同时考虑了固定互联网普及率（$Int\_tradition$）和移动互联网普及率（Int_mobile）两种形式的互联网发展指标。固定互联网普及率采用城市每百人互联网宽带接入用户数衡量。受城市微观数据可得性的限制，目前移动互联网的数据在大部分城市层面上只能获得移动电话用户数，考虑到在当前的 4G、5G 网络背景下，电子邮件、电子商务、视频云会议、购物等互联网通信活动均可以由移动电话完成，并且虽然我国从 2014 年开始普及 4G 网络，但是在 2006～2013 年 2G、3G 通信网络下，移动电话也具备网络搜索功能，因而本部分使用考察期内的移动电话普及率表现移动互联网水平，这可能在一定程度上低估了城市层面上移动互联网的发展规模，后续的实证结果可以视为移动互联网对市场整合影响的一个下限。

在使用解释变量 int 进行基本回归的基础上，我们构建了不同层次的互联网指标，以期更加全面、立体地考察互联网发展对市场整合的影响。具体指标的定义如下。

$Int\_cityneighor_{i,t}$，地级市层面上，与城市 i 相邻城市的互联网普及率，等于所有相邻城市在 t 年的固定互联网普及率和移动互联网普及率的算术平均值。

$Int\_citynoneighor_{i,t}$，地级市层面上，与城市 i 不相邻城市的互联网普及率，等于所有不相邻城市在 t 年的固定互联网普及率和移动互联网普及率的算术平均值。

3. **控制变量**

为了进一步控制模型中可能存在的遗漏变量问题，参考已有研究，笔者在实证研究中还同时控制了其他可能影响市场整合的因素。

（1）财政分权水平（$Fiscal$）。中央政府和地方政府之间围绕财政收入和财政支出的分权行为是影响我国市场整合进而造成市场分割的重要因素之一（刘小勇和李真，2008）。Qian 和 Weingast（1997）认为中国的财政分权行为加剧了地方政府间的横向竞争，使地方保护主义兴起，地区间重复建设严重，国内市场呈现分割状态。范爱军等（2007）、邓明（2014）以及任志成等（2014）的研究均得出了财政支出分权和财政收入分权程度越高，地区的市场分割程度也越严重的结论。然而，也有一些学者认为财政分权能够减少地方保护主义行为，促进市场整合（林文，2011）。范子英和张军（2010）指出当给予落后地区的财政转移支付能够使其从分工中获取的收入超过分割时获取的收入时，地方政府会主动放弃市场分割行为，采取市场整合策略。基于此，我们将财政分权水平纳入本章计量模型的控制变量，并采用目前研究中使用频率较高的支出法对财政分权水平进行衡量，即以各城市预算内人均财政支出占省级人均预算内财政支出的比重表示财政分权水平。

（2）对外开放程度（*Open*）。对对外开放与市场整合关系的研究最早可以追溯到 Poncet（2003）和 Li 等（2003），并且两者得出了截然相反的结论。Poncet（2003）的研究指出，对外开放在一定程度上挤出了国内区际贸易，加速了国内的市场分割，而 Li 等（2003）则认为对外开放水平的提升会增加国内贸易的保护成本，有利于国内市场的整合。之后，范爱军等（2007）研究了 FDI、进口和出口对市场整合的影响，在控制地方保护因素后发现，出口能够对市场整合产生有利的影响。宋书杰（2016）的研究发现对外开放与市场整合之间并没有显著的影响，不过由于其并没有很好地处理内生性问题，估计结果的可靠性难以保证。鉴于此，本部分将各地区的对外开放程度作为控制变量纳入计量模型，采用考察期内各地区外资企业的投资总额来表示，并采用当年汇率核算成人民币，并以 2006 年为基期进行去价格化处理。

（3）产业专业化分工水平（*Division*）。"斯密-杨格定理"揭示了分工与市场整合之间的关系，认为分工和专业化生产会影响市场规模的大小，市场一体化受分工水平的影响，吴向鹏（2005）、尹正和倪志伟（2017）等学者的研究均证实了"斯密-杨格定理"在中国的存在。一方面，各地区依照比较优势进行地域产业分工能够加快地区间商品交换的步伐，打破区际贸易壁垒，从而促进国内市场整合，发达国家的经验均证明了地域分工程度与市场的开拓和一体化之间存在极强的相关关系（蔺子荣等，1988）；另一方面，如果地区间不开展分工而实行自给自足的封锁经济时，市场规模较小，难以实现规模经济，并且地区间的产业同构系数较高，资源配置难以达到帕累托最优状态，不利于市场的整合。鉴于此，本部分在计量模型中对各地区的产业专业化分工水平进行了控制，并采用克鲁格曼专业化指数进行衡量，具体的计算公式如下。

$$Division_{ij} = \sum_{k=1}^{n} | O_{ik} - O_{jk} | \tag{5.3}$$

$$O_{ik} = E_{ik} / \sum_{k=1}^{n} E_{ik} \tag{5.4}$$

式（5.3）中，$Division_{ij}$ 是克鲁格曼专业化指数，用于比较两地区间产业结构的差异化程度，后面对其进行调整可以衡量产业专业化分工水平。n 表示行业总数量，O_{ik} 和 O_{jk} 分别表示 i 地区和 j 地区中 k 行业的就业人数占所有行业就业人数的比例，具体计算公式如式（5.4），E_{ik} 为 i 地区中 k 行业的就业人数。$Division_{ij}$ 的值在 $0 \sim 2$ 波动，数值越大表明两个地区间的产业同构系数越低，数值越小表明两个地区间的产业同构程度越高。

为了衡量各地区产业的专业化分工水平，需要对克鲁格曼专业化指数进行调整，调整后的计算公式如下。

$$Division_{i} = \sum_{k=1}^{n} | O_{ik} - \overline{O_{jk}} | \tag{5.5}$$

$$\overline{O_{ik}} = \sum_{j \neq i} E_{ik} / \sum_{k=1}^{n} \sum_{j \neq i} E_{ik} \tag{5.6}$$

式（5.5）中，$Division_{i}$ 是地区 i 的产业专业化分工指数，为与地区 i 相邻地区或者与地区 i 之外其他所有地区 k 行业就业人数占所有行业就业人数的比例的平均值（具体采用哪种形式的均值见下文详细说明），其计算公式如式（5.6）所示。$Division_{i}$ 的值越大意味着地区 i 产业专业化分工程度越高，越接近 0 则意味着地区 i 产业分工水平越低。

由于本章实证研究中同时采用了桂琦寒等（2006）和范爱军等（2007）计算市场整合指数的方法，这两种方法虽然使用的都是价格法，但是前者仅考虑了相邻地区的作用，即"以邻为壑"的情况，后者则进一步考虑了整个国内市场。因而在使用桂琦寒等（2006）方法测算市场整合指数时，式（5.5）中使用与地区 i 相邻地区中 k 行业就业人数占所有行业就业人数的比例的平均值，此时的产业专业化分工水平记为 $Division1$；当使用范爱军等（2007）方法测算市场整合指数时，式（5.5）中使用与地区 i 之外其他所有地区中 k 行业就业人数占所有行业就业人数的比例的平均值，此时的产业专业化分工水平记为 $Division2$。

（4）政府支持（$Government$）。地方政府对经济的干预可以从以下两个方面对市场整合产生影响：一方面，地方政府干预越强的地区，政府对资源配置的干预程度也越高，对市场运行的影响能力也越强，从而不利于区域间的市场整合；另一方面，地方政府干预程度越高的地区意味着政府在公共物品供给上的压力也越大，财政收入压力较大。在地区转移支付一定的前提下，地方政府会采取一定的措施获取更高的财政收入，这种措施既可能是设置行政壁垒，通过市场分割来保护本地利益，也可能是向周边地区开放市场，通过市场整合吸引外来财政资金。由此可知，地方政府干预程度与市场整合之间的关系并不确定，笔者将其纳入本章实证研究的控制变量。借鉴邓明（2014）的做法，笔者使用各地区的预算内和预算外支出总和占 GDP 的比重衡量地方政府对要素配置的干预程度。

（5）国有经济比重（$Owner$）。地区的国有经济比重可能会通过影响地方政府面临的就业压力、保护本地劳动力市场等方面影响市场整合和市场分割（董晓媛和普特曼，2002）。在中国的就业体制下，大量隐性失业集中在国有部门中（袁志刚和陆铭，1998），特别是在市场竞争压力上升，非国有企业工资不断上涨的情况下，国有企业内大量劳动技能水平不高的职工面临失业的可能性不断增加。就业目标是地方官员考核的项目之一，也是地方政府必须要考虑的最重要的公共利益之一，因而国有经济比重越高的地区，地方政府面临的就业压力就越大，因而进行策略性分割市场、保护本地劳动力就业的意愿就越强。与此同时，国有经济比重较高的城市，要素市场的扭曲程度一般较高（卞元超和白俊红，2021），不利于实现资源的优化配置和自由流动，阻碍了市场的有效整合。因此，笔者将各地区的国有经济比重作为控制变量纳入本章的计量模型，具体使用国有企业员工人数占地区总员工人数的比例衡量各城市的国有经济比重。

（6）地理距离（Distance）。根据"冰川贸易"理论可知，商品价值在贸易过程中会有所损耗，而该损耗与地理距离呈正相关关系。因此，发生贸易的两个城市之间的距离越远，其交易成本也越高，两地间贸易品的价格波动也越大，越不利于市场整合。此外，区域间的地理距离是影响市场整合的自然客观因素，地理距离较远的城市之间由于运输成本的限制也较易形成市场分割（毛琦梁和王菲，2018）。参考邓明（2014）、解晋（2021）的做法，在使用桂琦寒等（2006）方法测算市场整合指数时，利用各城市与其相邻城市的平均面积之和刻画地理距离，记为 $Distance_1$；当使用范爱军等（2007）方法测算市场整合指数时，利用各城市与其他所有城市的平均面积之和刻画地理距离，记为 $Distance_2$。之所以采用平均面积进行处理，是因为很难准确在各城市中找到一个合适的位置度量区际贸易距离。该指标使用的具体数据来自中国行政区划网（www.xzqh.org）。

（7）交通基础设施（Rail/Highway）。从第二章的内容可知，交通运输的发展可以加强城市间的空间关联，降低交易成本，也是影响区域间市场整合的重要因素，如果其他类型的交通运输方式能够对互联网产生替代效应甚至超过互联网的作用，那么专门研究互联网对市场整合的影响就没有太大的价值。因而本部分选取了高速铁路网密度（$Rail_{it}$）、高速公路网密度（$Highway_{it}$）这两种交通运输方式的密度指标，具体使用各城市的高速铁路、高速公路运营里程数与城市面积的比值来表示。选取这两种交通运输方式的原因在于，相较于普通公路和普通铁路，高速铁路和高速公路更有可能对互联网产生替代效应。

（三）数据来源及描述性统计

受限于部分城市互联网发展统计指标，本章主要的研究时段为 2006 ～

2018 年，选取的样本为中国 236 个地级城市，相关数据主要来源情况如下。

被解释变量市场整合测度中使用的商品零售价格指数主要来自历年各城市统计年鉴及国民经济和社会发展统计公报、《中国城市统计年鉴》、中国价格信息网、EPSDATA 统计数据分析平台、中经网统计数据库、CEIC 中国经济数据库等。

由于市场整合指标测算中要做差分处理，并且在计量模型中还需要前置 1 期处理，也即解释变量互联网发展指标的样本时间段为 2006 ～ 2017 年，市场整合变量的考察时间段为 2007 ～ 2018 年，因而各地区商品零售价格指数原始数据年份选取的是 2006 ～ 2018 年，测算出的数据结果为 2007 ～ 2018 年。

控制变量的数据主要来自《中国城市统计年鉴》、《中经网城市年度数据》以及 CEIC 中国经济数据库。表 5-1 和表 5-2 分别显示了以上各变量的构造方式和相应的描述性统计结果。

表 5-1　变量构造过程说明

变量类型	变量名	构造过程
市场整合指标	"以邻为壑"情况下的市场整合指数 Seg_1	参考桂琦寒等（2006）的方法，采用相对价格法测算相邻城市间的市场整合指数
	全国整体层面的市场整合指数 Seg_2	参考范爱军等（2007）的方法，采用相对价格法测算全国全部城市间的市场整合指数
互联网指标	固定互联网普及率 $Int\_tradition$（单位：户）	城市每百人中互联网宽带接入用户数
	移动互联网普及率 Int_mobile（单位：台）	城市每百人中使用移动电话台数
	相邻城市的互联网普及率 $Int\_cityneighor$（单位：户）	与城市 i 所有相邻城市的固定互联网普及率和移动互联网普及率的算术平均值
	不相邻城市（隶属同省份）的互联网普及率 $Int\_citynoneighor$（单位：台）	与城市 i 隶属同一个省份，并且与其不相邻的所有城市的固定互联网普及率和移动互联网普及率的算术平均值

续表

变量类型	变量名	构造过程
控制变量	高速铁路网密度 $Rail_{it}$（单位：$\frac{1}{万公里}$）	高速铁路运营里程与城市面积的比值
	高速公路网密度 $Highway_{it}$（单位：$\frac{1}{万公里}$）	高速公路运营里程与城市面积的比值
	财政分权水平 $Fiscal$	基于 2006 年不变价格的各城市预算内人均财政支出占上级人均预算内财政支出的比重
	对外开放程度 $Open$（单位：千万元）	基于 2006 年不变价格的各城市外资企业投资总额
控制变量	"以邻为壑"情况下的城市间产业专业化分工水平 $Division1$	相邻城市间的克鲁格曼专业化调整指数，见式（5.5）、式（5.6）及其解释
	全国整体层面的城市间产业专业化分工水平 $Division2$	所有城市间的克鲁格曼专业化调整指数，见式（5.5）、式（5.6）及其解释
	政府支持 $Government$	基于 2006 年不变价格的各城市的预算内和预算外支出总和占 GDP 的比重
	国有经济比重 $Owner$	各城市国有企业员工人数占地区总员工人数的比例
	"以邻为壑"情况下的地理距离 $Distance_1$（单位：万平方公里）	参考邓明（2014）的做法，采用各城市与其相邻城市的平均面积之和表征
	全国整体层面城市间的地理距离 $Distance_2$（单位：万平方公里）	参考邓明（2014）的做法，采用各城市与其他所有城市的平均面积之和

资料来源：笔者整理得到。

表 5-2　主要变量描述性统计结果

变量符号	观察值	均值	标准差	最大值	最小值
Seg_1	2832	5.976	3.823	9.910	2.557
Seg_2	2832	5.423	3.611	8.181	2.351
$Int\_tradition$	2832	0.520	0.182	0.751	0.071
Int_mobile	2832	0.973	0.429	1.087	0.087
$Int\_cityneighor$	2832	0.667	0.320	0.883	0.085

续表

变量符号	观察值	均值	标准差	最大值	最小值
$Int\_citynoneighor$	2832	0.674	0.451	0.882	0.097
$Rail_{it}$	2832	0.154	0.021	0.265	0.041
$Highway_{it}$	2832	0.163	0.027	0.284	0.052
$Fiscal$	2832	4.521	2.872	14.597	1.189
$Open$	2832	15.339	2.567	75.332	3.240
$Division1$	2832	0.617	0.218	1.573	0.284
$Division2$	2832	0.584	0.238	1.502	0.299
$Government$	2832	8.941	1.165	10.879	4.675
$Owner$	2832	0.583	0.851	0.821	0.207
$Distance_1$	2832	393.254	87.507	1764.236	138.521
$Distance_2$	2832	346.351	88.426	1429.419	144.65

注：在后文估计过程中，以上变量均进行了对数化处理，比例变量采用了 ln（1+原值）形式。

资料来源：笔者根据 StataSE 15 分析结果整理。

三　互联网发展对市场整合的影响效应估计

基于前文关于互联网发展影响市场整合的实证模型设计，本部分实证检验了互联网发展对市场整合的平均影响效应。具体而言，首先分析互联网发展对市场整合的平均影响效应；其次，通过选取合适的工具变量对基准回归模型进行内生性检验；再次，从更换市场整合变量前置期、剔除直辖市样本三个方面对模型进行了稳健性检验；最后，进一步考察了互联网发展对市场整合的影响是否具有规模效应。

（一）基准回归模型估计结果

本章主要分析了互联网发展对市场整合的影响效应，对式（5.1）和式（5.2）的基准回归模型进行估计得到的回归结果如表 5-3 所示。

表 5-3 互联网发展影响市场整合的基准回归模型估计结果

	（1）Seg_1	（2）Seg_2	（3）Seg_1	（4）Seg_2
$Int\_tradition$	1.874 *** (0.136)	0.729 *** (0.182)	0.694 *** (0.099)	0.652 *** (0.143)
Int_mobile	2.354 *** (0.078)	1.037 *** (0.029)	0.746 *** (0.051)	0.874 *** (0.048)
$Fiscal$	-0.310 *** (0.027)	-0.324 *** (0.020)	-0.215 *** (0.036)	-0.389 *** (0.065)
$Open$	-0.078 *** (0.024)	-0.035 *** (0.011)	-0.022 *** (0.004)	-0.029 *** (0.006)
$Division1$	0.274 *** (0.029)	/	0.187 *** (0.056)	/
$Division2$	/	0.266 *** (0.089)	/	0.208 *** (0.092)
$Government$	0.145 *** (0.018)	0.108 *** (0.077)	0.089 *** (0.026)	0.088 *** (0.014)
$Owner$	-0.035 *** (0.007)	-0.052 *** (0.004)	-0.048 *** (0.006)	-0.067 *** (0.013)
$Distance_1$	-0.048 *** (0.009)	/	-0.059 *** (0.002)	/
$Distance_2$	/	-0.054 *** (0.006)	/	-0.043 *** (0.007)
常数项	-8.279 *** (1.367)	-9.010 *** (2.428)	-10.145 *** (2.314)	-8.854 *** (1.046)
城市固定效应	否	否	是	是
时间固定效应	否	否	是	是
Obs.	2832	2832	2832	2832
R-squared	0.542	0.587	0.621	0.606

注：*** 表示在 1% 的显著性水平下拒绝参数不显著的原假设，除表头外，（ ）内的数字为基于城市层面聚类的稳健标准误。

资料来源：笔者根据 StataSE 15 分析结果整理。

表 5-3 中第（1）、（2）列为不控制城市与时间固定效应时的回归结果。第（1）、（2）列的估计结果分别显示固定互联网和移动互联网发展不仅能够显著促进相邻城市间的市场整合，还能够促进全国层面上市场整合水平的提升。第（3）、（4）列结果显示，进一步控制城市和时间固定效应后，固定互联网和移动互联网的发展仍然会显著促进相邻城市间的市场整合和全国层面上的市场整合。可以发现，控制城市和时间固定效应之后，固定互联网普及率和移动互联网普及率的回归系数均有所减小，变得更加合理，说明不加入城市和时间固定效应的模型高估了互联网发展对市场整合的影响。综合来看，互联网发展可以有效促进城市间的市场整合，平均而言，以宽带为代表的固定互联网普及率提高 1%，会引致相邻城市间的市场整合水平提升 0.694%，而全国层面上的市场整合水平提升约 0.652%；移动互联网普及率提高 1%，会引致相邻城市间的市场整合水平提升 0.746%，而全国层面上的市场整合水平提升约 0.874%，可见，仅考虑"以邻为壑"情况下的相邻地区间的市场整合水平可能会高估互联网发展对市场整合的影响。总体来讲，互联网发展水平的提升最终有利于我国区域间的市场整合，表明第三章理论分析中的互联网发展伴随的正向促进作用超过了负向抑制作用，命题 1 得到验证。数字经济时代，互联网的快速发展将成为影响我国区域市场一体化的关键性因素。

进一步分析可知，相比宽带上网等固定互联网形式，移动互联网发展对市场整合的影响作用更大，这一结果与现实相符。近年来，随着 4G、5G 网络技术的发展以及智能手机和移动办公设备的普及，移动互联网得到了快速发展，提升了地区间的空间关联水平。移动互联网凭借其更加方便、快捷的特征，使各主体能够随时随地处理交易和商务信息，进行洽谈沟通，极大地促进了区际的经济往来，成为影响市场整合的重要力量。

由其他控制变量的系数可知，财政分权水平（*Fiscal*）影响相邻城市和全国层面上市场整合的系数均为负且通过了 1% 水平下的显著性检验，这一结果符合已有关于财政分权的研究。在财政分权体制下，地方政府往往会不遗余力地发展本城市的经济，为了尽量避免本城市中有税收创造能力的主体流向其他城市，通常会采取对本地商品价格进行补贴、对外地商品价格进行限制、对外来企业原材料投入进行干预、设置无形壁垒（市场监管部门的歧视）阻止外地商品流入等地方保护主义手段，从而加剧了区际的市场分割，不利于市场整合。对外开放程度（*Open*）的系数均为负且通过了1%水平下的显著性检验，可见对外开放并没有促进市场的整合，可能的原因在于虽然对外开放在一定程度上可以约束政府行为，缓解地方保护主义倾向，促进市场整合，但是对外开放又在较大程度上挤出了国内市场的贸易（Poncet，2003；黄玖立和李坤望，2006；解晋，2021），从而加剧国内市场的分割。产业分工水平（*Division*1/*Division*2）对相邻城市和全国层面上的市场整合水平均具有显著的正向促进作用。一方面，城市间产业进行生产分工是形成规模经济的必要条件，而规模经济能够降低市场交易成本，提高市场交易效率；另一方面，产业分工水平的提升意味着城市间产业同构程度和贸易壁垒的降低，能够对市场整合产生有利的影响。政府支持（*Government*）影响相邻城市和全国层面上市场整合的回归系数均为正且在1%的水平下显著，说明地方政府支出能够促进市场整合水平的提升。由此可知，在市场整合的过程中，各地方政府应该扩大公共支出规模，从交通基础设施、公共服务等一体化方面为市场整合提供必要保障。国有经济比重（*Owner*）对相邻城市和全国层面上市场整合的影响效应均显著为负，说明国有经济比重越高的地区，市场整合水平越低，地方政府出于保护本地就业的需要往往给没有竞争力的国有企业和员工给予保护，从而加剧了地区间的市场分割，不利于市场整合。地理距离（*Distance*1/*Distance*2）影响相邻城市和全国层面上市场整合的回归系数显著为负，这一结论符合已有关于"冰川成本"的研究，地理距离较远的城市之间受限于运输成本较高、空间关联程度不强等因素，不利于市场整合相关活动的开展。

（二）内生性问题讨论

内生性问题是经济学实证研究中不容忽视的重要问题之一。就本部分的研究而言，虽然表5-3的回归结果说明了互联网发展能够对市场整合产生显著的正向促进作用，但是城市间的市场整合也有可能反过来对互联网的发展产生影响，因而表5-3的基准回归结果可能存在双向因果关系并带来内生性问题，虽然市场整合变量的前置1期处理能够在一定程度上缓解双向因果导致的内生性问题，但仍然可能遗漏变量从而带来内生性问题。

对于上面所述的模型中可能存在的内生性问题，本部分采用工具变量估计方法进行克服。工具变量的选取必须同时满足与解释变量相关但是又是外生的两个条件，具体到本部分，工具变量应该只与城市层面上的互联网发展情况相关，而与模型中的未控制的其他变量没有相关性。

从互联网的发展历史来看，互联网在社会中的应用首先是通过电话线拨号接入的，经过多年的发展才实现目前的光纤宽带接入技术。因此，互联网技术的发展应该与固定电话的发展具有一定的相关性，历史上固定电话普及率较高的地区也可能是互联网率先发展并且普及率较高的地区。与此同时，随着信息技术的飞速发展和互联网技术的创造性飞跃，历史上固定电话数量对市场的影响已经很小，难以对市场整合的发展产生影响。基于此，本部分借鉴黄群慧等（2019）的研究，采用历史上各城市 1984 年每百人固定电话数量作为互联网发展指数的工具变量。除此之外，历史上的邮局数量也可以作为互联网发展水平的工具变量。城市的互联网建设作为一种新型基础设施建设，属于城市的基础设施投资范畴，因而城市互联网普及率应该与基础设施的发展具有一定的相关性，历史上通信基础设施（例如邮局）发展较好的地区也可能是互联网率先发展、普及率较高的地区。因此，本部分还选取了历史上各城市 1984 年城市的每百人邮局数量作为互联网发展水平的工具变量，该变量与模型中未控制的其他变量不相关。

本章采用工具变量进行回归的具体估计结果如表 5-4 所示。

表 5-4　互联网发展影响市场整合的工具变量估计结果

	以 1984 年每百人固定电话数量为 IV		以 1984 年每百人邮局数量为 IV	
	Seg_1	Seg_2	Seg_1	Seg_2
Panel A：Second Stage				
Int_tradition	1.889*** (0.275)	0.893*** (0.029)	0.825*** (0.054)	0.743*** (0.032)
Int_mobile	2.387*** (0.163)	1.062*** (0.042)	0.885*** (0.039)	0.891*** (0.032)

续表

	以 1984 年每百人固定电话数量为 IV		以 1984 年每百人邮局数量为 IV	
	Seg_1	Seg_2	Seg_1	Seg_2
控制变量	是	是	是	是
城市固定效应	是	是	是	是
时间固定效应	是	是	是	是
R-squared	0.603	0.582	0.571	0.629
Panel B：First Stage				
IV	0.059*** (0.004)	0.043*** (0.006)	0.028*** (0.004)	0.033*** (0.007)
Kleibergen-Paap LM	56.725	68.943	66.524	59.836
LM statistic P	0.000	0.000	0.000	0.000
Kleibergen-Paap Wald F	55.343	57.602	46.281	43.502
Wald F statistic	29.875	34.921	27.778	29.945
Obs.	2832	2832	2832	2832
R-squared	0.845	0.886	0.792	0.884

注：*** 表示在 1% 的显著性水平下拒绝参数不显著的原假设。Kleibergen-Paap LM 检验的原假设为工具变量识别不足，LM statistic P 为 Kleibergen-Paap LM 检验的 LM 统计量的 P 值；Kleibergen-Paap Wald F 检验的原假设为工具变量是弱工具变量，Wald F statistic 为 Kleibergen-Paap Wlad F 检验的 F 统计值。相较于 Anderson LM 检验和 Cragg-Donald Wald F 检验，本部分使用的检验方法不需要满足误差项独立同分布的假设，更具有一般性。

资料来源：笔者根据 StataSE 15 分析结果整理。

从表 5-4 的一阶段回归结果可知，1984 年每百人固定电话数量和 1984 年每百人邮局数量这两个工具变量均通过了 Kleibergen-Paap LM 检验和 Kleibergen-Paap Wald F 检验，表明选取的工具变量是有效的，工具变量估计结果具有可靠性。从第二阶段的回归结果可知，无论是以 1984 年每百人固定电话数量还是以 1984 年城市每百人邮局数量为工具变量，固定互联网普及率和移动互联网普及率对相邻城市间的市场整合和全国层面上的市场整合均具有显著的正向促进作用，这与基准回归模型的结论相一致，只是估计系数更大。由此可见，在考虑了模型可能存在的内生性以后，回归结论依然可靠。

(三) 稳健性检验

为了保证研究结论的可靠性,本部分在考虑变量测度误差、模型设定误差和样本选择误差的基础上做如下稳健性检验。

1. 更换市场整合变量前置期

考虑模型前置期设置中可能存在的误差。基准回归模型在考察互联网发展对市场整合的影响效应时,将市场整合变量前置了 1 期,但是互联网对市场整合的影响也可能发生在之后的第 2 期、第 3 期等。因此,本部分又分别选取了前置 2 期、前置 3 期和前置 4 期的市场整合变量作为被解释变量,从而检验不同的滞后期是否对模型的估计结果产生影响,并且前置 2 期可以进一步弱化互联网发展与市场整合之间的双向因果关系。被解释变量前置 2~4 期的估计结果见表 5-5 所示,限于表格长度,表 5-5 中只列出了控制城市和时间固定效应的回归结果。

从表 5-5 的估计结果可知,将被解释变量市场整合的前置期从 1 期替换为 2~4 期之后,各前置期下固定互联网普及率和移动互联网普及率的回归系数仍然显著为正,这进一步说明了互联网发展促进了城市间的市场整合。与表 5-3 的基准回归模型结果相比,替换前置期之后,互联网发展对市场整合的正向促进作用基本上变得更大,或许是在被解释变量前置 2~4 期之后减弱了双向因果关系,从而带来了更为准确的估计。总体来看,更换被解释变量的前置期之后,回归结果的方向和显著性没有发生实质变化,不改变文章的结论。

表 5-5　稳健性检验:市场整合变量前置 2、3、4 期

	前置 2 期		前置 3 期		前置 4 期	
	Seg_1	Seg_2	Seg_1	Seg_2	Seg_1	Seg_2
$Int\_tradition$	1.056*** (0.044)	0.732*** (0.038)	0.844*** (0.035)	0.789*** (0.040)	0.894*** (0.061)	0.752*** (0.054)
Int_mobile	1.148*** (0.056)	1.023*** (0.054)	1.127*** (0.133)	1.006*** (0.100)	0.887** (0.429)	0.872** (0.445)
控制变量	控制	控制	控制	控制	控制	控制
城市固定效应	是	是	是	是	是	是

续表

	前置 2 期		前置 3 期		前置 4 期	
	Seg_1	Seg_2	Seg_1	Seg_2	Seg_1	Seg_2
时间固定效应	是	是	是	是	是	是
Obs.	2596	2596	2360	2360	2124	2124
R-squared	0.683	0.664	0.598	0.525	0.507	0.448

注：**、***分别表示在 5%、1% 的显著性水平下拒绝参数不显著的原假设，（）内的数字为基于城市层面聚类的稳健标准误。

资料来源：笔者根据 StataSE 15 分析结果整理。

2. 剔除直辖市样本

本部分进一步考虑了估计过程中的样本选择误差问题。以城市层面的数据为样本时，直辖市往往与其他城市在政策和发展上具有很大差异，因此，我们又在回归时删除了直辖市样本，具体估计结果如表 5-6 所示。

表 5-6　稳健性检验：非直辖市样本

	(1) Seg_1	(2) Seg_2	(3) Seg_1	(4) Seg_2
Int_tradition	0.825 *** (0.067)	0.834 *** (0.066)	0.794 *** (0.052)	0.768 *** (0.059)
Int_mobile	0.925 *** (0.043)	0.934 *** (0.058)	0.917 *** (0.032)	0.922 *** (0.047)
控制变量	控制	控制	控制	控制
城市固定效应	否	否	是	是
时间固定效应	否	否	是	是
常数项	-7.387 *** (1.374)	-6.923 *** (1.835)	-5.164 *** (0.978)	-5.356 *** (0.882)
Obs.	2784	2784	2784	2784
R-squared	0.584	0.549	0.671	0.683

注：*** 表示在 1% 的显著性水平下拒绝参数不显著的原假设，除表头外，（）内的数字为基于城市层面聚类的稳健标准误。

资料来源：笔者根据 StataSE 15 分析结果整理。

从表 5-6 的估计结果可知，在删除了直辖市样本之后，固定互联网普及率和移动互联网普及率对市场整合的影响仍然显著为正，估计结果与基准回归模型一致，这进一步验证了本部分研究结论具有稳健性。

综上所述，无论是更换前置期还是剔除直辖市的城市样本，回归结果均显示互联网发展水平的提升不仅能够促进相邻城市间的市场整合，还能够促进全国整体层面上的市场整合，得出的结论与基准回归模型一致，表明研究结论可靠。

3. 互联网的规模效应检验

前文的分析证明了互联网发展对市场整合具有正向促进作用，而本部分的研究样本期间（2006~2018 年）正是我国互联网高速发展的阶段，互联网普及率的变化（也即互联网网络规模的变化）可能会影响互联网发展对市场整合的影响程度，为了探究互联网发展是否具有网络规模效应，本部分借鉴施炳展和李建桐（2020）的研究，在基准回归模型的基础上进一步加入城市层面的固定互联网普及率和移动互联网普及率与其自身的交互项（也即 $Int\_tradition^2$、Int_mobile^2）后进行回归，回归结果如表 5-7 所示，回归中所用的控制变量与基准模型一致，第（1）、（2）列为不控制城市与时间固定效应的回归结果，第（3）、（4）列为控制城市与时间固定效应的回归结果。

表 5-7　互联网影响市场整合的规模效应

	（1） Seg_1	（2） Seg_2	（3） Seg_1	（4） Seg_2
$Int\_tradition^2$	0.582*** （0.024）	0.599*** （0.020）	0.534*** （0.014）	0.529*** （0.019）
Int_mobile^2	0.553*** （0.062）	0.587*** （0.087）	0.521*** （0.097）	0.505*** （0.084）
$Int\_tradition$	0.057*** （0.003）	0.042*** （0.005）	0.049*** （0.008）	0.040*** （0.007）
Int_mobile	0.061*** （0.008）	0.044*** （0.007）	0.058*** （0.010）	0.042*** （0.006）

	（1） Seg_1	（2） Seg_2	（3） Seg_1	（4） Seg_2
控制变量	控制	控制	控制	控制
城市固定效应	否	否	是	是
时间固定效应	否	否	是	是
常数项	11.654 *** （2.142）	9.553 *** （1.877）	10.577 *** （1.434）	9.041 *** （1.676）
Obs.	2832	2832	2832	2832
R-squared	0.588	0.427	0.556	0.507

注：*** 表示在 1% 的显著性水平下拒绝参数不显著的原假设，除表头外，（ ）内的数字为基于城市层面聚类的稳健标准误。

资料来源：笔者根据 StataSE 15 分析结果整理。

从表 5-7 的估计结果可以看出，无论是否控制城市和时间固定效应，$Int\_tradition^2$ 和 Int_mobile^2 的回归系数均显著，并且 $Int\_tradition$、Int_mobile、$Int\_tradition^2$、Int_mobile^2 的回归系数均为正，说明互联网发展对市场整合的影响呈现边际递增的特征。第（3）、（4）列控制了城市和时间固定效应模型的 $Int\_tradition$、Int_mobile 回归系数比第（1）、（2）列有所减小，说明模型在控制城市和时间的固定效应以后更具有合理性。结合二次函数拐点的横坐标计算公式，可知固定互联网和移动互联网的普及率对市场整合的影响的拐点的横坐标一定小于 0，拐点值对应的经济意义为当固定互联网和移动互联网的普及率出现在拐点的左侧时，网络普及率的增加反而会降低市场整合程度；当固定互联网和移动互联网的普及率出现在拐点的右侧时，互联网发展对市场整合的促进作用会随着网络普及率的增加而增加，呈现边际递增的特征。因为 $Int\_tradition$ 和 Int_mobile 的值是非负的，因而一定出现在拐点的右侧，也即二次曲线的上升阶段，这表明我国城市层面固定互联网和移动互联网的普及率对城市间市场整合的影响始终为正（这与基准回归模型结果的结论一致，也从侧面验证了基准回归的稳健性），并且这一正向促进效应会随着互联网规模的扩大而增强。总体来说，从全国整体层面来看，互联网发展对市场整合的影响具有网络规模效应，影响效应始终为正，并且会随着互联网规模的扩大而不断增强。

此外，表5-7的回归结果说明，在互联网发展的不同阶段，由于网络规模的不同，其对市场整合的影响程度存在差异。因而研究发展中国家的互联网经济效应时，不能照搬基于发达国家研究得出的结论，因为这些结论暗含互联网规模较高这一假设，这与发展中国家的互联网发展现实可能不符。

四 互联网发展影响市场整合的拓展性分析

本部分在前文互联网发展对市场整合平均影响效应分析的基础上，进一步考察了以下三方面问题：第一，互联网发展对市场整合的促进作用是否具有独立性，是否会被竞争性因素——交通基础设施所替代；第二，互联网发展对市场整合的促进作用是在较大的地理范围上更容易发挥，还是在较小的地理范围上更容易发挥；第三，互联网发展对市场整合的影响是否具有异质性特征，具体从四大经济区域异质性、沿海和内陆异质性、城市规模异质性、城市发达程度异质性等四个层面进行异质性检验。

（一）互联网发展影响市场整合作用的独立性分析

在前面的回归分析中，我们还没有考虑可能会对互联网产生替代作用的交通运输方式的影响。从第二章的内容可知，交通运输的发展可以加强城市间的空间关联，降低交易成本，也是影响区域间市场整合的重要因素。因此，为了确定互联网发挥作用的独立性，本部分进一步考察了互联网和交通运输方式对市场整合的影响，具体回归结果如表5-8所示。本部分主要选取了高速铁路网密度（*Rail*）、高速公路网密度（*Highway*）这两种形式的交通运输方式，选取这两种交通运输方式的原因在于，相较于普通公路和普通铁路，高速公路和高速铁路更有可能对互联网产生替代效应。

表 5-8 互联网作用独立性的检验结果

	（1）	（2）	（3）	（4）	（5）	（6）
	桂琦寒等（2006）方法测算的市场整合指数 Seg_1			范爱军等（2007）方法测算的市场整合指数 Seg_2		
$Int\_tradition$	0.379***	0.362***	0.345***	0.287***	0.265***	0.242***
	（0.015）	（0.014）	（0.015）	（0.010）	（0.018）	（0.012）
Int_mobile	0.384***	0.375***	0.332***	0.274***	0.255***	0.219***
	（0.021）	（0.024）	（0.022）	（0.018）	（0.015）	（0.015）
$Rail$	0.064***	/	0.058***	0.066***	/	0.062***
	（0.013）		（0.012）	（0.011）		（0.009）
$Highway$	/	0.038***	0.030***	/	0.034***	0.029***
		（0.003）	（0.005）		（0.005）	（0.007）
控制变量	是	是	是	是	是	是
城市固定效应	是	是	是	是	是	是
时间固定效应	是	是	是	是	是	是
Obs.	2832	2832	2832	2832	2832	2832
R-squared	0.627	0.544	0.592	0.508	0.519	0.523

注：***表示在1%的显著性水平下拒绝参数不显著的原假设，除表头外，（）内的数字为基于城市层面聚类的稳健标准误。

资料来源：笔者根据StataSE 15分析结果整理。

表 5-8 中，在因变量为 Seg_1 的回归模型中，第（1）、（2）列为进一步分别加入各城市的高速铁路网密度、高速公路网密度变量的估计结果，第（3）列为同时加入上述两种交通运输方式的回归结果；在因变量为 Seg_2 的回归模型中，第（4）、（5）列为进一步分别加入各城市的高速铁路网密度、高速公路网密度变量的估计结果，第（6）列则为将上述两种交通运输方式全部加入的回归结果。各列的回归结果综合表明，在考虑交通运输方式之后，传统互联网普及率和移动互联网普及率对市场整合的促进作用依然十分显著，这表明互联网可以作为一种独立的工具促进市场整合水平的提升。高速铁路网密度对市场整合也有显著的促进作用，但是比互联网作用要小，可能是因为互联网相比于高速铁路，在传输效率、传递信息量等方面均具有较高的优势，从而能更加有效地作用于城市间市场的互

联互通，降低区际信息成本。高速公路网密度对市场整合的影响系数也显著为正，但是系数较小。结合上述结果，可以得出互联网发展对市场整合的促进作用大于高速铁路和高速公路的作用。

根据这一部分的分析，我们可以得出如下结论：互联网发展对市场整合的促进作用是独立的，是交通运输方式不能替代的。

(二) 互联网发展影响市场整合的促进作用的地理范围分析

互联网发展对市场整合的影响效应是在更大的地理范围上容易发挥，还是在更小的地理范围上容易发挥呢？本部分主要对此问题进行分析和检验，以期更细致地探究互联网发展对市场整合的影响。

前文的回归始终以各城市自身的互联网发展水平为核心解释变量，本部分内容主要探究了随着地理范围的扩大，互联网发展对市场整合产生了什么样的影响。本部分主要使用相邻城市的互联网普及率（$Int\_cityneighor$）、不相邻城市（隶属同省份）的互联网普及率（$Int\_citynoneighor$）、不相邻城市（隶属不同省份）的互联网普及率（$Int\_prononeighor$）等变量探究互联网作用的范围。由于本部分研究的目的主要是探究互联网发生作用的范围，为了简化计量模型，在测算 $Int\_cityneighor$、$Int\_citynoneighor$、$Int\_prononeighor$ 变量时并未单独区分固定互联网普及率和移动互联网普及率，而是使用对应的地理范围中两者的算术平均值作为综合变量值。具体回归结果如表 5-9 所示。

表 5-9 第 (1)、(4) 列为加入相邻城市互联网普及率的回归结果，第 (2)、(5) 列为加入属于同省份并且与样本城市不相邻的城市的回归结果，第 (3)、(6) 列为加入属于不同省份并且与样本城市不相邻城市的回归结果。综合各列的回归结果可知，无论是以 Seg_1 还是以 Seg_2 为因变量，样本城市自身的固定互联网普及率和移动互联网普及率依然显著为正，但是相邻城市互联网普及率的回归系数并不显著，此外，属于同省份并且与样本城市不相邻的城市以及属于不同省份并且与样本城市不相邻的城市的互联网普及率的回归结果均显著为正，但是前者估计系数值要小于后者。上述结果表明随着地理范围的逐渐扩大，互联网发展对市场整合的促进作用从不显著逐渐变为显著，且影响效应逐渐变大。这与我们的直观感受是相符

的：随着地理范围的扩大，区际经济主体获取市场信息的难度相应增大，因而区际互动对互联网的依赖程度也变大。相邻城市是一个较小的地理空间范围，并且相邻城市之间的区际贸易对互联网的依赖程度较低，因而回归结果不显著；不相邻城市样本的回归结果表明随着不相邻城市地理范围的扩大（从隶属于同省份到跨省域），城市之间的市场信息传递和搜寻成本会明显上升，市场整合可能会更加依赖互联网，因而跨省域城市的互联网普及率提升比同省份城市发挥更大的作用。

表 5-9　互联网发展影响市场整合的促进作用的地理范围估计结果

	（1）	（2）	（3）	（4）	（5）	（6）
	桂琦寒等（2006）方法测算的市场整合指数 Seg_1			范爱军等（2007）方法测算的市场整合指数 Seg_2		
Int_tradition	0.328 *** (0.017)	0.356 *** (0.024)	0.372 *** (0.012)	0.281 *** (0.020)	0.338 *** (0.036)	0.354 *** (0.039)
Int_mobile	0.333 *** (0.021)	0.382 *** (0.030)	0.391 *** (0.025)	0.307 *** (0.045)	0.356 *** (0.029)	0.388 *** (0.025)
Int_cityneighor	0.155 (0.163)	/	/	0.093 (0.232)	/	/
Int_citynoneighor	/	0.223 *** (0.038)	/	/	0.201 *** (0.035)	/
Int_prononeighor	/	/	0.294 *** (0.016)	/	/	0.277 *** (0.034)
控制变量	是	是	是	是	是	是
城市固定效应	是	是	是	是	是	是
时间固定效应	是	是	是	是	是	是
Obs.	2832	2832	2832	2832	2832	2832
R-squared	0.588	0.562	0.573	0.690	0.633	0.633

注：*** 表示在1%的显著性水平下拒绝参数不显著的原假设，除表头外，（）内的数字为基于城市层面聚类的稳健标准误。

资料来源：笔者根据 StataSE 15 分析结果整理。

从上述回归结果中我们可以发现，地理范围较大时，限于较高的信息传递和搜寻成本，市场在进行整合时就更加依赖互联网，因而互联网在较大的地理范围内能够更好地发挥作用。

（三）互联网发展影响市场整合的异质性分析

1. 基于中国四大经济区域的异质性

中国幅员辽阔，各区域的资源禀赋、地理位置、基础设施水平和经济社会发展情况存在的差距比较大，由此天然造成了我国不同区域之间的互联网发展水平和市场整合程度存在一定的差异。区域发展差异的存在可能会使不同地区的互联网发展对市场整合的影响效应存在异质性，因而本部分进一步探究了互联网发展影响市场整合的区域异质性效应。具体而言，本部分内容采用目前我国常用的东部、中部、西部、东北四大经济区域的划分方法，分别就基准回归模型对不同区域的样本进行异质性检验，具体结果如表 5-10 所示。

表 5-10 中的 Panel A 是以桂琦寒等（2006）方法测算的市场整合指数 Seg_1 为因变量的回归结果，该方法主要测算的是相邻城市间的市场整合指数。结果显示，东部地区和中部地区的固定互联网普及率和移动互联网普及率均对 Seg_1 具有显著的促进作用，并且东部地区两个变量的回归系数更大。这一结果与现实情况相符，当前我国东部地区的互联网发展水平较高，互联网规模也较大，因而对市场整合的影响效应更加明显。这一回归结果也印证了前文的互联网规模效应检验结论。此外，检验结果还显示，西部地区和东北地区的固定互联网普及率和移动互联网普及率对市场整合的影响并不显著。本部分分析其原因可能是当前我国西部地区和东北地区的互联网发展水平相较于东部地区和中部地区还较低，地区间数字鸿沟的存在影响了互联网市场整合效应的发挥；此外，还可能是因为西部地区和东北地区内多数城市互联网发展的相关数据缺失，特别是移动互联网发展的数据缺失，进而影响了回归结果。

表 5-10 中的 Panel B 是以范爱军等（2007）方法测算的市场整合指数 Seg_2 为因变量的回归结果，该方法主要测算的是全国城市间的市场整合指数。相较于以桂琦寒等（2006）的市场整合指数为因变量时的回归结果，Panel B 中核心解释变量的回归系数大部分有所降低，这可能是因为单纯使

用相邻城市间的样本测算市场整合会造成偏误，使 Panel A 中的回归结果
被高估，这一点在范爱军等（2007）的研究中得到证实。东部地区和中部
地区的固定互联网普及率和移动互联网普及率对全国层面上的市场整合具
有显著的正向促进作用，西部地区和东北地区的回归系数并不显著，这与
Panel A 的回归结果基本一致。

表 5-10　互联网发展影响市场整合的四大经济区域异质性分析

	东部地区	中部地区	西部地区	东北地区
Panel A：因变量为以桂琦寒等（2006）方法测算的市场整合指数 Seg_1				
Int_tradition	1.308 ***	0.632 **	0.949	1.098
	(0.035)	(0.274)	(1.215)	(2.342)
Int_mobile	1.897 ***	0.765 **	1.322	0.872
	(0.064)	(0.338)	(1.774)	(1.114)
控制变量	是	是	是	是
城市固定效应	是	是	是	是
时间固定效应	是	是	是	是
R-squared	0.528	0.577	0.627	0.453
Panel B：因变量为以范爱军等（2007）方法测算的市场整合指数 Seg_2				
Int_tradition	1.057 ***	0.634 ***	0.787	0.890
	(0.034)	(0.021)	(0.936)	(0.926)
Int_mobile	1.344 ***	0.896 ***	0.862	0.924
	(0.058)	(0.035)	(0.885)	(1.337)
控制变量	是	是	是	是
城市固定效应	是	是	是	是
时间固定效应	是	是	是	是
R-squared	0.486	0.572	0.443	0.475

注：** 、*** 分别表示在 5%、1%的显著性水平下拒绝参数不显著的原假设，（）内的数字
为基于城市层面聚类的稳健标准误。

资料来源：笔者根据 StataSE 15 分析结果整理。

2. 基于沿海和内陆的异质性

从地理区位来看，沿海地区[①]具有天然的发展优势。一方面，沿海地区的地势一般比内陆平坦，有利于基础设施的布局和建设，这也是我国互联网基础设施在沿海地区最早发展起来的原因之一；另一方面，海运从运输成本和运输规模上都要优于陆运，海洋是一条天然低成本的海上"高速公路"，城市是否拥有天然的出海口是决定其能否高效率拓宽市场边界的关键因素。因此，相较于内陆城市，沿海城市可以更加有效地获取发展的领先优势。基于此，本部分还进一步从沿海城市和内陆城市层面来进行区域异质性研究。具体研究方法跟前文中四大经济区域的异质性分析一样，分别就基准回归模型对沿海城市和内陆城市进行分样本回归，具体的沿海、内陆异质性回归结果如表 5-11 所示。

表 5-11　互联网发展影响市场整合的沿海、内陆异质性分析

	桂琦寒等（2006）方法测算的市场整合指数 Seg_1		范爱军等（2007）方法测算的市场整合指数 Seg_2	
	沿海	内陆	沿海	内陆
Int_tradition	1.502***	0.548**	1.372***	0.556*
	(0.249)	(0.286)	(0.184)	(0.417)
Int_mobile	1.567***	0.592*	1.430***	0.592*
	(0.352)	(0.400)	(0.135)	(0.413)
控制变量	是	是	是	是
城市固定效应	是	是	是	是
时间固定效应	是	是	是	是
R-squared	0.498	0.475	0.445	0.474

注：*、**、*** 分别表示在 10%、5%、1% 的显著性水平下拒绝参数不显著的原假设，（）内的数字为基于城市层面聚类的稳健标准误。

资料来源：笔者根据 StataSE 15 分析结果整理。

从表 5-11 的估计结果可以看出，无论使用桂琦寒等（2006）的方法测算出的相邻城市间的市场整合指数做因变量，还是使用范爱军等

---

① 《中国海洋统计年鉴》给沿海地区下的定义是有海岸线（大陆岸线和岛屿岸线）的地区。按照行政区划，中国有 9 个沿海省、1 个沿海自治区、2 个沿海直辖市、53 个沿海城市。

（2007）的方法测算出的全国城市的市场整合指数做因变量，沿海城市的固定互联网普及率和移动互联网普及率对市场整合的正向促进作用都更大，而内陆城市的回归系数虽然显著为正但是数值较小。出现这一现象的原因可能是当前我国沿海城市是最早发展互联网的地区，互联网发展规模（特别是互联网普及率）比较高，从而使沿海城市信息传输效率和搜寻的成本远远低于内陆城市，互联网发展对市场整合的促进作用更加明显。

上述异质性分析结果表明，相较于内陆城市和中部城市，东部城市和沿海城市互联网发展水平的提升对城市间市场整合的促进作用更强。这一结论的现实意义是：首先，揭示了内陆城市和中部城市互联网发展水平低于东部城市和沿海城市的窘境，可能是目前这些城市市场整合程度还有待提升的原因之一；其次，如果内陆城市和中部城市可以有效提升互联网发展水平，鼓励并加大新型基础设施建设，那么就可以对我国城市间的市场整合产生很好的促进作用，有益于市场一体化的实现。上述结论对我国内陆城市、中部城市的互联网发展政策的制定具有较好的指导意义。

3. 基于城市规模的异质性

互联网发展对市场整合的影响是否具有基于城市规模的异质性特征呢？Katz 和 Shapiro（1985）在研究中指出，互联网的网络规模效应会随着使用人数的增加而增大，因而规模较大的城市，其网络效应也较强。此外，大城市中人们所处环境的信息层次较多、信息领域广，更容易与其他地区开展信息交流，并且即使同时增加相同数量的网民，大城市组织起更大规模的网络也更为容易，从而便于分享网络效应的好处，更有利于发挥互联网的"连接经济"功效（李杰伟和吴思栩，2020）。基于此，本书根据国务院 2014 年发布的《关于调整城市规模划分标准的通知》，将样本城市分为两组：一组为超大、特大和大城市，另一组为中小城市。① 进而在基准回归模型的基础上，对不同城市规模的样本城市进行回归，具体回归结果如表 5-12 所示。

从表 5-12 的估计结果可知，固定互联网普及率和移动互联网普及率

---

① 根据 2014 年国务院发布的《关于调整城市规模划分标准的通知》，城区常住人口为 1000 万人以上的城市为超大城市，500 万~1000 万人的城市为特大城市，100 万~500 万人的城市为大城市，50 万~100 万人的城市为中等城市，50 万以下的城市为小城市。

的提升对超大、特大和大城市的市场整合水平具有显著的正向促进作用，并且该作用均大于全国层面的平均水平，固定互联网普及率每提升 1%，超大、特大和大城市的市场整合水平就提升 1.091%；移动互联网普及率每提升 1%，超大、特大和大城市的市场整合水平就提升 1.155%。固定互联网普及率和移动互联网普及率的提升虽然也能够促进中小城市市场整合水平的提升，但是该促进作用的大小和显著性与超大、特大和大城市相比均明显降低，并且还低于全国层面的平均水平。上述结果表明规模较大的城市更容易发挥互联网发展对市场整合的促进作用，其中用户规模在网络效应的发挥中起到了重要的作用。

表 5-12　城市规模差异下互联网发展影响市场整合的异质性分析

	桂琦寒等（2006）方法测算的市场整合指数 Seg_1		范爱军等（2007）方法测算的市场整合指数 Seg_2	
	超大、特大和大城市	中小城市	超大、特大和大城市	中小城市
Int_tradition	1.091*** (0.082)	0.588* (0.374)	1.187*** (0.097)	0.629* (0.479)
Int_mobile	1.155*** (0.073)	0.535** (0.219)	1.290*** (0.078)	0.697** (0.302)
控制变量	是	是	是	是
城市固定效应	是	是	是	是
时间固定效应	是	是	是	是
R-squared	0.455	0.525	0.486	0.577

注：*、**、*** 分别表示在 10%、5%、1% 的显著性水平下拒绝参数不显著的原假设，（　）内的数字为基于城市层面聚类的稳健标准误。

资料来源：笔者根据 StataSE 15 分析结果整理。

4. 基于城市发达程度的异质性

前文的互联网发展对市场整合影响的异质性分析主要是基于城市地理空间位置和城市规模差异的视角。然而，除了地理空间位置和规模差异以外，城市自身的经济发展水平差异会对互联网发展与市场整合之间的关系产生何种异质性的影响效应呢？接下来，本部分以各城市样本初期（2006

年）的经济发展水平来区分城市间初始发展程度的差异。具体方法是以
2006 年所有样本城市的平均夜间灯光亮度为基准，将 2006 年城市夜间灯
光亮度高于这一基准水平的城市归类为高发达度城市组，反之则归类为低
发达度城市组。这里用到的城市夜间灯光亮度数据来源于 NOAA／NGDC 网站
上的 NPP-VIIRS 夜间灯光数据，对应的市级行政区划图来自国家基础地理
信息中心的 1∶400 万数据库。在基准回归模型上，根据发达程度对城市样
本进行分组回归，结果见表 5-13。表 5-13 中考虑城市发达程度差异的异
质性分析结果显示，对于初始经济发展水平较高的城市样本，固定互联网
普及率和移动互联网普及率对两种形式下的市场整合指数均具有显著的正
向促进作用；而对于初始经济发展水平较低的城市样本，这些影响系数虽
然为正，但是系数较小且均不显著。上述异质性分析结果显示，互联网发
展对市场整合的促进作用还需要建立在一定程度的经济发展水平之上，从
而可以解释现实中市场整合程度较高的城市同时兼具高经济效率和高经济
发展水平。

表 5-13　城市发达程度差异下互联网发展影响市场整合的异质性分析

	桂琦寒等 （2006） 方法测算的市场整合指数 Seg_1		范爱军等 （2007） 方法测算的市场整合指数 Seg_2	
	高发达度	低发达度	高发达度	低发达度
$Int\_tradition$	1.147 *** （0.145）	0.252 （0.378）	0.923 *** （0.128）	0.188 （0.356）
Int_mobile	1.256 *** （0.214）	0.176 （0.244）	1.077 *** （0.265）	0.240 （0.289）
控制变量	是	是	是	是
城市固定效应	是	是	是	是
时间固定效应	是	是	是	是
R-squared	0.482	0.435	0.377	0.350

　　注：*** 表示在 1% 的显著性水平下拒绝参数不显著的原假设，（ ）内的数字为基于城市层
面聚类的稳健标准误。

　　资料来源：笔者根据 StataSE 15 分析结果整理。

第二节　数字经济对省际市场整合的影响研究

——基于要素市场与产品市场的双重视角

一　问题的提出

打破要素市场和产品市场的双重分割，是建成高标准市场体系，畅通国内大循环，实现区域经济高质量发展的应有之义。从经济发展的历史进程来看，区际市场从分割走向一体化是保证生产活动、经济活动高效运行的充分条件。

近年来，随着我国生产力水平的不断提升和市场经济体制改革的稳步推进，区际的市场范围明显扩大，市场一体化程度也在不断提升（张昊，2014），但是受限于地区间地理因素这一"硬"约束和地方政府行为这一"软"约束的双重影响，我国区域要素市场和产品市场间的区域分割现象仍然存在（白俊红和刘怡，2021），且在一定程度上阻碍了宏观经济的运行效率提升，由此可见，推进区域市场的一体化建设仍然是当前的重点任务之一。市场一体化一方面为生产要素依照市场信号在区际自由流动提供了便利，极大提升了资源配置效率；另一方面可以加速地区间的合作交流和知识溢出，提高了社会整体的知识存量水平；除此之外，还可以促使各地区依照比较优势进行专业化生产，这些影响效应均会对区域经济高质量发展产生重要的影响。

从现实来看，数字经济的快速发展为我国区际要素市场一体化程度和产品市场一体化程度的提升带来了新的契机和挑战。数字基础设施、产业数字化和数字产业化不仅使要素和产品的交易突破了地理空间的限制（荆文君和孙宝文，2019），还能够促进区际要素和商品流动模式的颠覆性变革（Goldfarb和Tucker，2019）。信息经济理论指出，大数据、移动数字经济、云计算、区块链等信息通信技术和数字技术的发展，以指数级的速度降低了要素和产品流动的匹配成本、搜寻成本、运输成本等经济成本，增强了区域间的经济往来。但是，也有学者指出，数字经济的发展也使得数字鸿沟出现，从而使得区际市场出现了基于数字鸿沟的"市场鸿沟"，加剧了区域间的市场分割（陈文和吴赢，2021）。因此，深入分析数字经济影响中国区域市场一体化的理论逻辑，科学评估数字经济对区域市场一体化的影响效应，对更有效地发挥数字经济的市场一体化作用并推进全国统一大市场建设具有重要的理论和现实意义。

二　计量模型设定、变量与数据

（一）基准计量模型设定

为了检验数字经济与区域市场一体化之间的关系，本部分建立如下的计量模型。

$$integ_{i,t} = \alpha_0 + \alpha_1 digital_{i,t-1} + \alpha_2 X_{control} + \theta_i + \lambda_t + \theta_i \lambda_t + \varepsilon_{i,t} \tag{5.7}$$

式（5.7）中，下标 i 表示第 i 个地区，下标 t 表示时间，$integ$ 表示市场一体化指数，分为要素市场一体化指数 $integ\_f$ 和产品市场一体化指数 $integ\_g$，$digital$ 表示数字经济发展水平。由于数字经济对区域市场一体化的影响可能存在时滞，因此本部分将数字经济变量滞后 1 期处理，[①] $X_{control}$ 为本部分选取的控制变量，包括产业结构水平（$Structure$）、对外开放程度（$Open$）、城镇化水平（$Urban$）、人口密度（$Population$）、政府支持（$Government$）、财政分权水平（$Fiscal$）。θ_i 代表城市固定效应，用于控制城市层面上不随时间变化但会对市场一体化产生影响的不可观测特征，λ_t 代表时间固定效应，用于锁定特定年份因素对城市间市场一体化的冲击影响，因为一些不可观测的个体异质性很可能是时变的，$\theta_i \lambda_t$ 为城市和年份的交互项，$\varepsilon_{i,t}$ 为随机误差项。

（二）变量选取

1. 数字经济发展水平

目前，学者们对数字经济发展水平的测度主要有以下几种思路：一是

---

① 检验发现，滞后 2 期、3 期或者 4 期并不影响回归结果的稳健性。

采用"宽带中国"政策来代表中国数字经济发展，但是这一方法无法充分反映数字经济发展状况，更适合进行具体的政策影响评估。二是采用企业数字化指标衡量，这类识别方法偏重于微观的企业数字化转型，而非数字经济发展本身。三是综合指数构建法，更多学者采用多维度的数字经济指标来测算数字经济发展水平。

由于以上度量方法均存在不同程度的缺陷，考虑到本部分研究主题的适用性以及数据可得性，本部分在基于数字经济内涵的基础上，从数字基础设施建设、数字产业化、产业数字化三个维度构建数字经济发展水平测度体系，具体见表5-14。

表5-14 中国数字经济发展水平测度体系

一级指标	二级指标	三级指标	单位	指标属性
数字经济发展水平	数字基础设施	互联网宽带接入端口	万个	+
		移动电话基站数	万个	+
		域名数	万个	+
		IPv4地址数	个	+
	数字产业化	信息技术服务收入	亿元	+
		信息安全服务收入	亿元	+
		嵌入式系统软件收入	亿元	+
		软件产品收入	亿元	+
	产业数字化	企业拥有网站个数	个	+
		有电子商务交易活动企业数	个	+
		电子商务销售额	亿元	+

注：指标属性列中"+"表示对应的评价指标为正向指标，越大越好。
资料来源：笔者自制。

本部分使用熵权TOPSIS法对数字经济发展水平进行测算。熵权TOPSIS法主要是在对各个指标进行标准化处理的基础上，运用熵权法对其赋予权重值，最后使用TOPSIS法对各地区数字经济发展水平进行量化排序。熵权法是基于各指标所反映的信息量确定权重，降低了主观因素的干扰，一项指标所提供的信息量越大，在目标评价中所起的作用就越大，权重也就越高。

2. 要素市场一体化水平

要素市场一体化主要是指劳动力、资本等要素在区域间实现自由流动，并且要素价格在区际遵循"一价定律"的现象。本部分借鉴 Parsley 和 Wei（2001）的做法，采用一阶差分形式测算区域要素市场的分割水平，具体公式如下。

$$\Delta Q_{abv}^k = \ln(P_{av}^k / P_{bv}^k) - \ln(P_{av-1}^k / P_{bv-1}^k) = \ln(P_{av}^k / P_{av-1}^k) - \ln(P_{bv}^k / P_{bv-1}^k) \quad (5.8)$$

在式（5.8）中，a 和 b 分别代表两个地区，k 为要素类别，P 为相应要素的价格。本书选用绝对值形式 $|\Delta Q_{abv}^k|$ 以避免取对数之后 a 和 b 两个地区价格的分子分母位置变换引起 ΔQ_{abv}^k 的符号方向发生变化。在此基础上，采取去均值法消除要素相对价格中某些与要素异质性相关的系统偏差，常用方法是将 ΔQ_{abv}^k 分解为与要素种类相关的 ω^k 和与 a、b 两地区间市场环境相关的 υ_{abv}^k，消去 ω^k 需要对给定年份和商品种类的 $|\Delta Q_v^k|$ 求平均值，再用 $|\Delta Q_{abv}^k|$ 减去该均值，即如式（5.9）所示。

$$|\Delta Q_{abv}^k| - \overline{|\Delta Q_v^k|} = (\omega^k - \overline{\omega^k}) - (\upsilon_{abv}^k - \overline{\upsilon_{abv}^k}) \quad (5.9)$$

$$q_{abv}^k = \upsilon_{abv}^k - \overline{\upsilon_{abv}^k} = |\Delta Q_{abv}^k| - \overline{|\Delta Q_v^k|} \quad (5.10)$$

$$\mathrm{Var}(q_{abv}^k) = \mathrm{Var}(|\Delta Q_{abv}^k| - \overline{|\Delta Q_v^k|}) \quad (5.11)$$

式（5.11）是 q_{abv}^k 对求方差，得到的 $\mathrm{Var}(q_{abv}^k)$ 便是最终的市场分割指数，对其开方后取倒数即可得到要素市场一体化指数。

本部分选取固定资产投资价格指数反映资本要素市场一体化水平，固定资产投资品有设备工程和器具、建筑安装工程、其他资本品 3 类；选取城镇非私营单位职工平均工资反映劳动力要素市场一体化水平，城镇非私营单位包含制造业、批发和零售业、住宿和餐饮业 3 类行业的单位。计算每两个地区 6 类要素的相对价格波动方差，并按照地区进行合并，得到要素市场分割指数，再对该指数开方后取倒数即可得到要素市场一体化指数。

3. 产品市场一体化水平

产品市场的一体化意味着各种产品在地区间的零售价格是一致的，区际贸易壁垒不存在，且地区间按照比较优势进行分工生产，生产资源配置效率达到最优。产品市场一体化水平的计算公式亦是基于"一价定律"的相对价格法。不同的是，式（5.9）中的价格变量对应的是商品的相对价格指数。根据数据的可得性，本部分选取了粮食、水产品、饮料烟酒、服装鞋帽、纺织品、日用品、化妆品、燃料8类商品的零售价格指数计算产品市场的一体化水平。

4. 控制变量

本部分选取的控制变量包括：产业结构水平（Structure），采用各地区第二产业增加值占GDP的比重衡量；对外开放程度（Open），采用进出口总额占GDP的比重衡量；城镇化水平（Urban），采用城镇建成区面积占该地区面积的比重衡量；人口密度（Population），采用各地区年末人口总数占该地区面积的比重衡量；政府支持（Government），采用地区预算内和预算外支出总和占GDP的比重衡量；财政分权水平（Fiscal），从收入角度衡量地区的财政分权水平，采用预算内地方本级财政收入占预算内中央和地方本级财政收入总和的比重衡量。

（三）数据来源

因为部分要素价格指数数据、数字产业化以及产业数字化指标在城市层面难以获取，并且区域行政性壁垒和市场分割大多出现在省级层面，所以本部分选取2006~2020年中国大陆30个省级行政区（西藏、台湾、香港和澳门因数据缺失，暂不考虑）的面板数据进行分析。原始数据来自各年度的《中国统计年鉴》、《中国区域经济统计年鉴》以及各省份的统计年鉴。

三 实证结果与分析

（一）基准回归模型回归结果

利用StataSE 15对式（5.7）的基准回归模型进行估计，具体回归结果如表5-15所示。表5-15中第（1）列和第（2）列显示的是被解释变量为要素市场一体化时的回归结果，第（3）列和第（4）列显示的是被解释变量为产品市场一体化时的回归结果。

表 5-15　回归结果

	要素市场一体化		产品市场一体化	
	（1）	（2）	（3）	（4）
digital	0.132***	0.129***	0.384***	0.261***
	（0.014）	（0.027）	（0.075）	（0.076）
Structure	0.266***	0.251***	0.314***	0.210***
	（0.095）	（0.084）	（0.092）	（0.074）
Open	-0.442***	-0.376***	-0.404***	-0.392**
	（0.026）	（0.024）	（0.025）	（0.025）
Urban	-0.365	0.206	0.365	-0.185
	（0.386）	（0.432）	（0.477）	（0.442）
Population	0.348***	0.291***	0.322***	0.190**
	（0.076）	（0.045）	（0.089）	（0.071）
Government	0.348***	0.185**	0.295**	0.201**
	（0.071）	（0.072）	（0.093）	（0.054）
Fiscal	-0.489***	-0.378***	-0.420***	-0.393***
	（0.039）	（0.024）	（0.026）	（0.025）
地区固定效应	否	是	否	是
时间固定效应	否	是	否	是
地区—时间固定效应	否	是	否	是
R-squared	0.624	0.813	0.527	0.842

注：**、***分别表示在5%、1%的显著性水平下拒绝参数不显著的原假设，除表头外，（　）内的数字为稳健标准误。

资料来源：笔者根据 StataSE 15 分析结果整理。

从表 5-15 的回归结果可知，当被解释变量是要素市场一体化时，第（1）列为不控制地区固定效应、时间固定效应以及地区—时间固定效应时的回归结果，结果显示数字经济发展能够显著促进要素市场一体化水平的提升。由于一些不可观测的城市异质性很可能是时变的，所以第（2）列为进一步控制地区固定效应、时间固定效应、地区—时间固定效应后的回归结果，结果显示数字经济仍然能够显著促进要素市场一体化水平的提升。对比发现，在控制了地区固定效应、时间固定效应、地区—时间固定效应以后，数字经济发展水平影响要素市场一体化的估计系数值有所降低，而可决系数值有所提高，这表明不考虑地区固定效应、时间固定效应、地区—时间固定效应的回归模型高估了数字经济促进要素市场一体化的效应，且模型的拟合优度有所降低，因而我们应该选择控制地区固定效应、时间固定效应、地区—时间固定效应的结果进行分析，也即第（2）列的结果。从第（2）列的回归结果可知，数字经济发展水平每提高 1%，就能够促进要素市场一体化程度提高 0.129%。

当被解释变量为产品市场一体化时，结果表明数字经济发展对产品市场一体化也具有显著的正向促进作用，并且在控制了地区固定效应、时间固定效应、地区—时间固定效应以后，回归的可决系数的大小有所提高，因而也应该选择控制地区固定效应、时间固定效应、地区—时间固定效应的结果进行分析，即第（4）列的回归结果。从第（4）列的回归结果可知，数字经济发展水平每提高 1%，就能够促进要素市场一体化程度提高 0.261%。可以看出，数字经济发展对产品市场一体化的影响高于要素市场一体化。出现这一现象的可能原因在于，相较于产品市场，要素市场还受到户籍制度、资本管制等一系列制度性"硬"约束的影响，数字经济虽然能够促进要素市场的一体化，但是目前还难以突破这些制度性因素造成的要素一体化壁垒。至此，命题 1 得以验证，也即现实中，数字经济对区域市场一体化影响最终表现为正向促进作用。

由其他控制变量的系数可知，产业结构水平（*Structure*）对要素市场和产品市场的一体化具有显著的正向促进作用。这一结果表明，加快产业结构的优化和转型对于要素市场和产品市场的一体化发展具有重要的影响。对外开放水平（*Open*）的系数均为负且通过了 1% 水平下的显著性检验，可见对外开放并没有促进要素市场和产品市场的一体化，可能的原因在于虽然对外开放在一定程度上可以约束政府行为，缓解地方保护主义倾向，促进要素市场和产品市场一体化，但是对外开放又在较大程度上挤出了国内市场的贸易，从而加剧国内市场的分割。城镇化水平（*Urban*）对要素市场一体化和产品市场一体化的影响还不显著，因而我国要进一步推进高质量的城镇化，充分发挥城镇化对于建设全国统一大市场的影响。人口密度（*Population*）的回归系数均显著为正，这表明人口密度高的地区经济联系会更加紧密，要素市场和产品市场的一体化程度也会提升。政府支持（*Government*）影响要素市场一体化和产品市场一体化的回归系数均为正且在 5% 的水平下显著，说明地方政府支出能够促进要素市场和产品市场一体化水平的提升。由此可知，在实现市场一体化的过程中，各地方政府应该扩大公共支出规模，从交通基础设施、公共服务等一体化方面为要素市场和产品市场一体化提供必要保障。财政分权水平（*Fiscal*）影响要素市场一体化和产品市场一体化的系数均为负且通过了 1% 水平下的显著性检验，这一结果符合已有关于财政分权的研究。

（二）内生性检验

为了避免基准回归模型中可能出现的遗漏变量、数字经济变量与区域市场一体化变量可能存在的互为因果关系等因素带来的内生性问题，本部分选择两阶段最小二乘法（2SLS）进行内生性检验。

就本部分的研究主题而言，两阶段最小二乘法中工具变量的选取需要满足与数字经济发展水平相关，但是又是外生变量两个条件。从数字经济发展的进程来看，数字经济发展较好的地区也是历史上邮电业务发达的地区，并且随着信息通信技术的发展，历史上的邮局对要素市场和产品市场一体化的影响已经消失。基于此，本部分采用历史上各省份 1984 年每百人邮局数量为数字经济发展的工具变量，并参考 Nunn 和 Qian（2014）的研究，构造随时间变化的工具变量，进行面板回归。内生性检验结果如表 5-16 所示。

表 5-16　内生性检验结果

第二阶段		
被解释变量	要素市场一体化	产品市场一体化
digital	0.236*** （0.014）	0.391*** （0.027）
控制变量	是	是

续表

第二阶段		
城市固定效应	是	是
时间固定效应	是	是
R-squared	0.623	0.684
第一阶段		
Ⅳ（1984 年各地区每百人邮局数量）	0.178 *** (0.034)	0.126 *** (0.026)
Kleibergen-Paap LM	65.134	68.297
LM statistic P	0.000	0.000
Kleibergen-Paap Wald F	44.321	50.038
Wald F statistic	27.084	33.401
R-squared	0.804	0.912

注：*** 表示在 1% 的显著性水平下拒绝参数不显著的原假设。Kleibergen-Paap LM 检验的原假设为工具变量识别不足，LM statistic P 为 Kleibergen-Paap LM 检验的 LM 统计量的 P 值；Kleibergen-Paap Wald F 检验的原假设为工具变量是弱工具变量，Wald F statistic 为 Kleibergen-Paap Wald F 检验的 F 统计值。相较于 Anderson LM 检验和 Cragg-Donald Wald F 检验，本部分使用的检验方法不需要满足误差项独立同分布的假设，更具有一般性。

资料来源：笔者根据 StataSE 15 分析结果整理。

从表 5-16 中第一阶段的回归结果中的 LM statistic P 值和 Kleibergen-Paap Wald F statistic 值可以看出，本部分选取的 1984 年各地区每百人邮局数量这一工具变量通过了弱工具变量检验和工具变量识别不足检验，这表明 2SLS 估计是有效的。从第二阶段回归结果可知，数字经济发展能够显著促进要素市场一体化和产品市场一体化程度的提升，并且对产品市场的正向促进作用大于要素市场。可以发现，内生性检验结论与表 5-15 中基准回归模型的结论相一致，这表明回归结果是稳健的。

（三）基于沿海和内陆的异质性检验

从地理区位来看，沿海地区具有天然的发展优势。一方面，沿海地区的地势一般比内陆平坦，有利于数字基础设施的布局和建设，这也是我国数字经济在沿海地区最早发展起来的原因之一；另一方面，航运从运输成本和运输规模上都要优于陆运，海洋是一条天然低成本的海上"高速公路", 各地区是否拥有天然的出海口是决定其能否高效率拓宽市场边界的关键因素。因此, 相较于内陆地区, 沿海地区可以更加有效地获取发展的领先优势。基于此, 本部分进一步从沿海省份和内陆省份层面来进行区域异质性研究, 具体回归结果如表5-17所示。

表5-17　基于沿海、内陆的异质性分析

	要素市场一体化		产品市场一体化	
	沿海	内陆	沿海	内陆
digital	0.388***	0.203***	0.407***	0.365***
	(0.047)	(0.032)	(0.062)	(0.023)
控制变量	是	是	是	是
城市固定效应	是	是	是	是
时间固定效应	是	是	是	是
R-squared	0.675	0.683	0.592	0.699

注: *** 表示在1%的显著性水平下拒绝参数不显著的原假设, ( ) 内的数字为稳健标准误。
资料来源: 笔者根据StataSE 15分析结果整理。

从表5-17的估计结果可以看出, 无论是在沿海省份还是内陆省份, 数字经济对要素市场和产品市场的一体化均具有显著的正向促进作用, 但是沿海省份数字经济对要素市场和产品市场一体化影响的估计系数明显大于内陆省份, 这一结果与现实情况相符。出现这一现象的原因可能是当前我国沿海省份较早发展数字基础设施和数字产业, 数字经济发展平均水平比较高, 并且沿海省份市场化程度的平均水平也较内陆省份高, 从而使沿海省份间要素和商品流通的效率远远高于内陆省份, 搜寻的成本远远低于内陆省份, 数字经济对要素市场和产品市场一体化的促进作用也更加明显。

四　进一步分析: 数字经济作用的独立性分析

在前面的回归分析中, 我们还没有考虑可能会对数字经济的区域市场一体化效应产生替代作用的交通运输方式的影响。交通运输的发展可以加强地区间的空间关联, 降低交易成本, 因而也成为影响要素市场一体化和产品市场一体化的重要因素。如果交通运输能够对数字经济的区域市场一体化效应产生替代作用甚至超过数字经济的作用，那么本部分专门研究数字经济对要素市场和产品市场一体化的影响就没有太大的价值。因此，为了确定数字经济发挥作用的独立性，本部分进一步考察了数字经济和交通运输方式对市场一体化的影响，具体回归结果见表5-18。本部分主要选取了高速铁路网密度（*Rail*）、高速公路网密度（*Highway*）来代表两种形式的交通运输方式，选取这两种交通运输方式的原因在于，相较于普通铁路和普通公路，高速铁路和高速公路更有可能对数字经济产生替代效应。

表 5-18 数字经济作用的独立性检验结果

	要素市场一体化		产品市场一体化	
	（1）	（2）	（3）	（4）
digital	0.089 *** （0.014）	0.083 *** （0.020）	0.274 *** （0.065）	0.208 *** （0.087）
Rail	0.032 *** （0.005）	0.027 *** （0.004）	0.084 *** （0.015）	0.072 *** （0.014）
Highway	0.041 *** （0.011）	0.040 *** （0.007）	0.092 *** （0.005）	0.079 *** （0.006）
控制变量	是	是	是	是
地区固定效应	否	是	否	是
时间固定效应	否	是	否	是
R-squared	0.724	0.889	0.628	0.874

注：*** 表示在1%的显著性水平下拒绝参数不显著的原假设，除表头外，（ ）内的数字为稳健标准误。

资料来源：笔者根据 StataSE 15 分析结果整理。

表 5-18 中，第（1）、（2）列显示的是因变量为要素市场一体化时的回归结果，其中第（2）列控制了地区固定效应和时间固定效应，可以发现第（2）列回归结果的可决系数比没有控制地区固定效应和时间固定效应的第（1）列要大，并且模型的拟合性更好，因而我们选取第（2）列的回归结果进行分析。从第（2）列的回归结果可以看出，在考虑高速公路和高速铁路的影响以后，数字经济发展对要素市场一体化的促进作用依然

十分显著，且回归系数大小为 0.083，这表明数字经济可以作为一种独立的工具促进要素市场一体化水平的提升。高速铁路网密度和高速公路网密度对要素市场一体化虽然也具有显著的促进作用，但是比数字经济的作用要小，可能是因为数字经济相比于高速公路和高速铁路在传输效率、传递信息量等方面均具有较大的优势，从而能更加有效地作用于区际要素市场的互联互通，降低区际信息成本。

第（3）、（4）列显示的是因变量为产品市场一体化时的回归结果，其中第（4）列回归结果的可决系数较大，模型的拟合优度较好，因而我们选取第（4）列的回归结果进行分析。可以看出，与要素市场一体化相同，在充分考虑高速公路和高速铁路的影响以后，数字经济发展对产品市场一体化的促进作用也依然十分显著，说明数字经济对产品市场一体化水平提升的促进作用具有独立性。高速铁路网密度和高速公路网密度的回归系数虽然为正，但是系数值相较于数字经济的系数值小，这表明相较于交通运输方式对产品市场一体化的影响，数字经济对产品市场一体化的促进作用更强。

根据这一部分的分析我们可以得出如下结论：数字经济对要素市场一体化和产品市场一体化的促进作用是独立的，不会被高速铁路和高速公路所替代。

第三节　数字经济对城乡间市场整合的影响研究

一　问题的提出

在全面建设社会主义现代化国家的新征程中，整合城乡市场资源、畅通城乡要素流动是重塑新型城乡关系，高质量实现城乡融合发展的关键因素。受城乡二元结构影响，中国城乡市场中的要素、商品等资源往往处于相互独立的状态，这不仅严重影响了资源在城乡间的优化配置，还阻碍了城乡融合的实现。然而，随着数字经济的不断发展，其所伴随的信息传递优势、低交易成本优势、平台经济优势等不仅能够打破阻碍我国农村市场发展的资源单一、流通成本过高、资本短缺等限制性条件，还能够加速城乡市场间的信息交换、要素流动、商品流通等，逐步打开城乡商品和要素市场间的"黑箱"，促使城市与乡村之间的供给侧和需求侧能够实现精准对接，进而也成为推动城乡间市场整合的重要力量。

城乡市场整合问题一直是学者们关注的重点。城乡市场整合是破除城乡二元经济结构，实现城乡融合发展的必要手段（姚毓春和张嘉实，2022）；与此同时，城乡市场整合更是将农村市场纳入全国统一大市场的有效手段。通过城乡间市场的整合，可以加速实现城乡资源的优化配置，提高经济运行效率，从而促进城乡融合发展（任保平和刚翠翠，2011）。通过梳理现有文献可以发现，现有学界关于城乡市场整合的研究主要集中在城乡市场整合的意义、城乡市场整合程度的测算、城乡市场分割的成因、区域性城乡市场体系的建立、城乡市场整合的政策支持等方面（张昊，2014；张克俊和唐新，2019；高帆，2022），这为本书的展开提供了较好的启示。然而，遗憾的是，这些研究还未充分关注数字经济的发展及其伴随的诸多数字化效应对城乡市场整合的影响，这无疑不利于充分明确和掌握数字经济时代推进城乡市场整合的规律及路径，也不利于我国乡村振兴战略的顺利开展与实施。因此，本部分基于当前我国数字经济快速发展的时代背景，围绕"数字经济如何赋能城乡市场整合"这一议题，在理论分析了数字经济影响城乡市场整合的内在机制的基础上，深入剖析我国城乡间市场分割的形成原因和城乡市场分割现状，借此构建一个理论分析框架。基于此，为我国更好依托数字优势，加快城乡间的市场整合，高质量推动城乡融合发展提出相应的政策建议。

与以往研究相比，本部分的边际贡献体现在：第一，从匹配、溢出、协同和分配四个层面，系统剖析了数字经济赋能城乡市场整合的内在机制，并在理论上进行了积极探讨，揭示发展数字经济对于发展中国家解决城乡融合问题的特殊意义；第二，基于城乡间商品市场整合和要素市场整合的双重视角，对中国城乡市场整合的现状进行了全面性分析，并进一步探究了当前造成我国城乡市场分割的原因；第三，在理论和现状分析的基础上，提出了进一步加快我国数字经济发展，促进城乡市场整合，进而实现乡村振兴战略目标的实践路径，从而为相关政策的科学制定提供启示意义。

二　数字经济赋能城乡市场整合的理论逻辑

（一）数字经济的精准匹配效应为城乡要素双向流动提供了新路径

数字经济时代，互联网等信息通信技术所具有的外部性、共享性、网络性等特征，为城乡间要素的快速流动以及信息的即时传播提供了可能，不仅极大降低了城乡市场中供需双方信息不对称的程度，还最大限度地保障了城乡两个市场之间供给和需求的精准对接，为我国城乡市场间的商品和要素依照市场信号进行自由流动提供了一条便捷、高效的"数字化高速公路"，有利于促进城乡间的市场整合。

受资源禀赋和历史条件的制约，我国农村地区的产业发展大多以小规模经营为主，普遍面临着规模不经济、管理效率低等问题，与此同时，农产品的流通往往需要经过农户、中间商、城市经销商、消费者等多个中间环节和多类市场主体，高昂的流通成本阻碍了农产品的流出。此外，受地理距离、基础设施等的限制，农村地区往往处于信息劣势地位，无法通过有效的信息接触大市场，导致要素和商品与城市市场分离。数字技术和数字平台的出现打破了供需双方间的信息传输壁垒，提升了金融要素对乡村特色产业投资的敏感性，解决了农村劳动力在非农就业中的技能岗位不匹配等问题，从"资金链""信息链""销售链"解决了农村地区资源、要素等与城市的分离。除此之外，数字基础设施（例如光纤、宽带、电脑等）在农村地区建设水平的提升，一方面，可以减少城乡市场中经济活动的信息不对称，这不仅提高了劳动力、资本等要素的信息获取能力，还能够降低信息搜寻成本和合约成本，促使城乡间产品贸易的发生；另一方面，以京东、淘宝、拼多多等为代表的第三方电子商务数字化平台的应用，可以便捷地实现信息的线上传输与交流，加之网络上众多方言自动识别、翻译软件等的出现，也可以降低由城乡地区间语言差异所形成的信息沟通障碍，实现供给与需求的精准对接与匹配，为城乡要素的双向自由流动创造了便利，有利于城乡市场间的整合。

（二）数字经济的空间溢出效应为缩小城乡生产率差距提供了新动能

数字经济的快速发展离不开技术进步和技术革新。数字技术在突破城乡地域限制的同时，其所伴随的空间知识溢出效应和技术扩散效应可以助推农村地区生产技术的提升和农民知识水平的提高，从而提高生产效率，缩小城乡市场间的内生发展差距，加速城乡市场间的整合。

数字化转型是推动农村地区高质量发展的重要路径和方式，但是数字技术往往具有技能偏向性的特征，使其往往最先作用于基础较好的城市而不是农村，从而拉大了城乡之间的生产率差距和市场发展差距。然而，随着数字经济发展的深度和广度的拓展，其不仅直接会对农村地区的生产率产生影响，由数字资源集聚所产生的空间溢出效应和技术渗透作用还会加速提升农村地区的数字化水平（丁志帆，2020）。依托数字技术对农地、劳动力、资本进行高效化配置，数字化水平的提升必然会促使农村产业新业态的出现，从而使农村地区在实现产业振兴的同时逐渐缩小与城市生产率的差距，更有利于城乡市场间商贸的开展。除此之外，数字经济具有的共享性和外部性特征使其在突破时空限制的同时，还可以传播、溢出优秀地区的乡村发展模式，从而形成可复制、可推广的经验，使邻近地区可以借此加速地区数字经济发展，加大技术引进和乡村人才培养力度，借助地理邻近和数字经济的低成本高效率传播优势，实现本地区的农产品产业结构转型和劳动生产率的提升，也即农村地区数字经济的发展不仅可以提升本地区的农业生产率，还能够通过溢出效应带动周边或者其他农村地区的发展，从而在更大范围内实现城乡市场的整合。

（三）数字经济的协同效应为缩小城乡市场发展差距提供了新途径

外部性特征的存在使数字经济具有非竞争性和非排他性，从而使数字技术和数字经济不仅能够促进本地区的发展，还能够同时调动起其他农村和城市地区中的闲置资源，在农村与农村之间，农村与城市之间形成相互促进、协调发展的协同整体，充分发挥"1+1>2"的协同效应，打通城乡市场在生产、要素、流通上的各个环节，在此基础上不断缩小城市和乡村之间商品及要素市场的发展差距。

当前，数字基础设施、数据要素、数字化制造等数字生产力的发展正在深刻地影响着城乡居民的生产方式和消费方式，不仅重塑了城乡区域发展格局，还改变了传统的工农业分工与集聚态势，成为推动城乡之间协同发展的重要力量（郝寿义和马洪福，2021）。其中，数字经济下的数字乡村和智慧城市建设是发挥数字经济协同效应、缩小城乡市场差距的重要途径。首先，数字乡村建设的着力点在于扩大农村地区的数字基础设施供给，力图通过农村数字基础设施普及率的提升实现广大农村地区与城市的数据共享、资源共享，从而能够更好地发挥农村之间以及城乡之间的协同效应，助推农村地区数字产业化和产业数字化的实现，以期在实现农村产业结构升级的同时使农产品质量也得到有效提升，更好地与城市居民市场需求有效连接，促进城乡市场整合；其次，智慧城市建设可以更好地提升城市的数字化、智能化水平，提升城市的管理效率和资源配置效率，实现城镇化、工业化、信息化与农业现代化的深度融合与发展，为城乡之间商品、劳动力、金融资本的整合提供了便利。依托数字乡村和智慧城市的建设，可以实现城乡之间的协同互动，在推动乡村发展的同时提升了城市的普惠性水平，不仅能够缩小城乡间的发展差距，还能够高效解决城乡市场整合中的供需匹配问题、资金短缺问题，提升城乡市场间的商品、要素配置效率，从而有利于城乡市场整合。

（四）数字经济的分配效应为破解城乡市场发展瓶颈奠定了新基础

数字红利释放的前提条件是数字基础设施的接入。随着互联网等数字基础设施在农村地区的接入，数字红利逐渐分配至农村居民群体，在增加农村居民收入的同时还能够提高农产品的附加值和利润率，有效扩大了城乡居民对农产品的需求（Montealegre 等，2007）。除此之外，数字经济的分配效应还表现在教育领域，也即数字基础设施在农村的接入拓宽了农村地区教育资源的获取渠道，促进了农村地区教育的发展，为提升乡村人力资本水平，储备乡村市场建设后备人才，缩小城乡差距，实现城乡市场整合奠定了人才基础。

受限于城乡之间数字基础设施初始禀赋的不同，城市较早地享受到数字红利，且配额较大。随着互联网在农村地区接入率的提升，一些农村地区利用以淘宝为代表的电子商务平台，与来自全国各地的消费者实现低成本、高效率交流，在突破城乡市场地域限制的同时，极大地提升了交易量，增加了农户的收入。区别于传统的交易模式，线上交易能够为农户提供涵盖消费者、竞争者、第三方企业等多维群体的信息，在扩大销路、提升交易效率的同时，有效解决困扰农民的农产品滞销问题。与此同时，销售大数据可以精准识别用户需求，进而使农民依照需求提升农产品品质，实现以销定产，提升农产品的附加值（Baourakis等，2002）。而农产品附加值的提高又会引致农产品需求的增长，在正向反馈的"棘轮效应"作用下，农产品的需求量和附加值会逐步提高，从而有利于与城市市场实现整合。

数字经济的分配效应在教育领域也较为突出。农村地区的教育资源较为欠缺，而数字经济的发展丰富了知识的获取途径和获取方式，不仅将传统的单一线下教育模式转变为线上、线下结合的形式，还可以通过互联网自学所需的知识，从而有利于弥补农村地区教育资源的不足，使教育资源在城乡间的配置向公平方向发展（余胜泉和汪晓凤，2017）。数字经济通过重塑学习环境、教育方式、知识供给方式等，将大大提升农村地区的受教育程度、技术水平等，为农村地区的招商引资、劳动生产率提升、农产品供给质量提升等提供人才后备力量，从而缩小城乡市场间的发展差距，推动城乡市场间的有效衔接和整合。

值得注意的是，数字经济在促进城乡市场整合的同时，也催生了一些新的问题。数字经济的快速发展在方便各主体获取信息的同时，也出现了信息大量冗余的困境，虚假信息、网络谣言等严重影响了生产者和消费者的决策，这也在一定程度上增加了城乡市场整合的困难；此外，数字平台具有"成本次可加性"特征，因而也伴随着严重的垄断行为，妨碍了市场秩序的正常运行，干扰了市场价格，从而对城乡间商品和要素市场整合的推进产生负面影响。另外，我国城乡之间的数字经济发展依然面临不平衡的问题，数字鸿沟、数字孤岛等问题还没有得到较好的解决，一些偏远的农村地区不能上网或者农民不会上网等原因导致的

"数字难民"仍然存在，从而无法充分释放数字经济的红利，不利于城乡间的市场整合。

三 中国城乡市场整合的现状和成因分析

（一）中国城乡市场整合的现状

1. 城乡商品市场整合的现状

现有学界关于市场整合指数的测算方法主要有价格法、经济周期法、问卷调查法、贸易法等。其中，价格法是在"一价定律"和"冰川成本模型"理论的基础上，以地区间相同商品价格的相对差异衡量市场整合水平（桂琦寒等，2006；白俊红和刘怡，2020）。价格法的内在逻辑是如果城乡间同种商品价格的变异系数以及边界效应缩小，抑或是商品价格在统计上趋同，则说明城乡市场趋于整合，市场分割程度下降。相较于其他方法，价格法在计算市场整合指标时纳入了更多的信息，并且数据可获得性较好。基于此，本部分采用价格法对中国城乡间的市场整合程度进行测算，具体计算公式如式（5.12）所示。

$$\Delta Q_{urt} = \ln(P_{ut}^k/P_{rt}^k) - \ln(P_{ut-1}^k/P_{rt-1}^k) = \ln(P_{ut}^k/P_{ut-1}^k) - \ln(P_{rt}^k/P_{rt-1}^k) \qquad (5.12)$$

在式（5.12）中，u 和 r 分别代表城市和农村，k 为某种商品或者要素类别，P 为相应商品的价格。本书选用绝对值形式 $|\Delta Q_{urt}|$ 以避免取对数之后 u 和 r 两个地区的价格因为分子分母位置变换引起 ΔQ_{urt} 的符号方向发生变化。

城乡间的市场整合程度 con_{urt} 可以用市场分割指标的倒数表示，具体如式（5.13）所示。

$$con_{urt} = 1/|\Delta Q_{urt}| \qquad (5.13)$$

式（5.12）中的价格数据选用城乡商品零售价格定基指数（以 1978 年为基期），具体数据来源于 2011～2021 年的《中国统计年鉴》，数据的统计年份为 2010～2020 年。具体的城乡商品市场整合指数如表 5-19 所示。

表 5-19 2010~2020 年中国城乡商品市场整合指数

年份	市场整合指数	增长率	年份	市场整合指数	增长率
2010	265.971	—	2016	506.831	−4.446%
2011	208.228	−21.710%	2017	247.706	−51.127%
2012	522.797	151.070%	2018	6390.685	2479.948%
2013	486.064	−7.026%	2019	267.169	−95.819%
2014	345.218	−28.977%	2020	147.985	−44.610%
2015	530.414	53.646%	均值	901.733	—

资料来源：根据 2011~2021 年《中国统计年鉴》数据计算得到。

从表 5-19 可以看出，2010~2020 年以来，中国城市和农村商品市场之间的市场分割态势明显，商品市场的城乡市场整合程度还较低。除了 2012 年、2015 年、2018 年三个年份以外，其余年份城市和农村间的商品市场整合指数均较上年度有所下降，其中 2017 年、2019 年和 2020 年的城乡市场整合指数较上年相比下降幅度较大，分别下降了 51.127%、95.819%、44.610%，呈现一定的逆市场整合趋势。我国城市和农村的商品市场间呈现的市场分割趋势，反映出城市商品市场的发展速度远高于农村商品市场，城乡商品市场二元分割的格局明显。

2. 城乡劳动力市场整合的现状

在测算城乡劳动力市场整合指数时，需要使用劳动力的价格数据。因为劳动力的价格可以通过劳动力工资表示，所以我们选取城市居民和农村居民的工资性收入来衡量城市劳动力和农村劳动力的价格，并将其代入式（5.12）和式（5.13）中，具体的测算结果如表 5-20 所示。

表 5-20 2011~2020 年中国城乡劳动力市场整合指数

年份	市场整合指数	增长率	年份	市场整合指数	增长率
2011	12.370	—	2014	5.491	−83.416%
2012	29.702	140.113%	2015	36.614	566.800%
2013	33.111	11.480%	2016	47.057	28.536%

续表

年份	市场整合指数	增长率	年份	市场整合指数	增长率
2017	52.694	11.979%	2019	46.299	−19.314%
2018	57.382	8.897%	2020	38.180	−17.536%

注：2009 年的城市居民和农村居民工资性收入数据缺失，无法通过价格法测算 2010 年的城乡劳动力市场整合指数，因而城乡劳动力市场整合指数测算的时间起点为 2011 年。

资料来源：根据 2012~2021 年《中国统计年鉴》数据计算得到，其中 2013 年和 2014 年的数据来源于国家统计局开展的城乡一体化住户收支与生活状况调查。

从表 5-20 可以看出，城市和农村的劳动力市场也呈现一定的逆市场整合趋势。自 2017 年以来，城乡劳动力市场的市场整合指数的增长率大体呈下降态势，从 2016 年的 28.536% 下降到 2018 年 8.897%，甚至在 2019 年、2020 年呈现负增长的趋势。可能的原因在于，随着经济社会的发展和技术的进步，劳动力就业市场更偏向于技术工人和高学历劳动力，并愿意对其支付较高的工资，技能劳动力与非技能劳动力之间的工资差距也在逐渐扩大。受初始教育资源在城乡间分布不均衡的影响，我国农村劳动力的平均人力资本水平普遍低于城市劳动力，即使是在相同的受教育水平下，因劳动力所掌握的人际关系网络、信息资源等的不同，农村劳动力在就业市场中并没有获得与城镇劳动力一样的就业机会。中国城市和农村的劳动力就业市场中存在明显的行业分割和职业分割，进城务工人员在拥有与城镇劳动力相同的劳动生产率和特征的情形下，依然从事一些低技能职业，如商业性服务人员、普通机械设备操作人员、运输人员、外卖人员等，在一些职业的门槛上仍然存在对进城务工人员的排斥和歧视。

3. 城乡金融市场整合的现状

金融资本是保障经济和生产活动正常运转的重要物质基础。城乡金融体系是否对接、金融市场是否整合不仅关系到城乡融合发展目标的推进，还影响乡村振兴战略的顺利实现。由于金融要素的价格很难在城市和农村之间做出区分，因而前述基于"一价定律"基础上的城乡市场整合指数的测算方法在金融市场领域并不适用。基于此，我们通过分析城市和农村的金融体系发展现状、农村金融供给等对城乡金融市场的整合现状进行探析。

相较于城市金融体系，农村金融体系仍然是当前整个金融体系的薄弱环节（彭澎和周月书，2022）。目前，我国农村金融产品的供给渠道和供给主体主要包括政策性银行（农业发展银行）、农村信用社、商业银行等正规金融机构以及金融服务社、各种民间协会、基金会等非正规金融机构。从表面上看，农村金融产品的供给渠道和供给体系似乎比较完善，但是与城市的金融体系仍然存在较大的差距，并且城乡金融体系目前呈现不平等对接的趋势，具体表现为金融改革呈现"重城市、轻农村"的特点，农村正规金融在农村金融市场中呈现"边缘化"的趋势。

长期以来，中国的宏观经济政策表现出明显的城市化倾向，在此政策偏向的影响下，各种金融要素也受趋利性特征的支配向城市地区流动，从而使金融抑制现象在我国的农村地区表现得尤为突出。另外，由于农户的"活体资产""农作物资产"等不容易进行确权、抵押和监管，许多农村正规金融机构往往认为农村地区具有较高的信贷风险，不轻易向涉农企业和农户发放贷款，金融服务农村经济发展的功能缺陷明显；与此同时，受限于农村经济发展水平和"工业化、城市化"发展思路的影响，政策性银行、商业性银行和农村信用社等正规金融机构在农村地区网点规模普遍较小，各类金融机构为了规避风险，只留出一部分能够保障基本需求的资金，而在资金不足的同时，金融服务和贷款的种类也较为单一，这些现状已经严重影响了农村地区金融体系的发展，使城乡金融市场的发展差距不断拉大。面对银行和农村信用社涉农贷款资金供给的不足，农户和涉农企业开始选择非正规金融机构进行融资，这些非正规金融机构虽然在一定程度上解决了农户和涉农企业的资金需求，但是由于尚缺乏完善的法律监管体系和政策支持，利率水平相对较高，抵御风险的能力较弱，不利于长期的扩大再生产。

在农村金融体系发展滞后的同时，农村金融产品供给也表现出了强烈的"非农化"趋势。一方面，农村储蓄资金通过农村信用社、邮政储蓄银行、村镇银行、各商业银行等流向城市。农村存款资金的大量外流与资金需求缺口的加大使本身就资金短缺的农业产业化发展更加举步维艰。另一方面，全社会的信贷资金更倾向于投向城市和非农建设领域。从信贷资金的投向来看，主要分布在服务业、制造业等非农产业部门。据中国人民银行网站公布的数据，自 2015 年开始，我国本外币涉农贷款余额占比大致呈波动下降趋势，2020 年中国本外币涉农贷款余额占比为 22.55%，比 2019 年降低了 0.44 个百分点。

综上，当前我国农村金融体系不健全，金融机构设置不合理，政策性农村金融和农村信用社的政策职能不断弱化，这些因素的存在使我国当前面临着农村信贷市场供求失衡、农村金融发展滞后于城市金融发展等困境，城乡金融市场分割严重。

（二）中国城乡市场分割的成因分析

1. 城乡市场信息的不对称阻碍了城乡市场的整合

相较于农村地区，城市往往具有更加多样化的信息获取途径。城市居民可以通过网络电视、计算机、图书、宣传平台等媒介，获得充分的市场信息，在此基础上利用专业知识对这些信息进行对比和总结，从中筛选符合自身需求的内容。而农村地区受地理距离、道路闭塞、基础设施建设落后、数字鸿沟等因素的制约，获取信息的渠道十分匮乏，缺乏与外界进行信息交流、沟通的渠道，农民和乡镇企业大多只能获得片面的市场信息，并且有些信息还是与市场的发展动态相滞后的，因此城乡市场间面临信息不对称的困境。除此之外，我国农村市场的信息体系还不健全，农村生产主体获取信息的途径主要还是电话、广播、聊天等传统形式，并且受资金的制约，新的网络设备和信息收集技术并未广泛使用，加之农民大多受教育水平不高，缺乏相应的信息素质，获取信息的能力较低。总体来说，农民"信息贫困"是造成城乡差距扩大、城乡市场分割的重要原因。

2. 产品生产重视城市居民需求，忽视农村居民需求

受收入水平和购买力水平的限制，农村居民的消费水平与城市居民存在较大差距，从而导致了产品市场中的生产者大多更为重视城市居民的需求，将研发、生产和销售的重心都放在满足更具购买力的城市居民身上，忽视了购买力相对薄弱的农村居民的消费需求和使用习惯，从而导致现有的消费产品结构在城乡间存在较为严重的偏差，相较于城市居民，农民更难购买到物美价廉的商品，这也进一步限制了农村居民的消费潜力。与城

市居民相比，农村居民在消费层次、消费时间和获取信息方面均存在滞后性，而且由于生活居住环境的特点，农村居民在消费过程中往往具有一些特殊的需求和心理活动，其不仅关注商品的质量与耐用性，同时对价格更为敏感，所以在城市市场中销量较高的产品并不一定能够满足农村居民的消费需求，在农村市场中受欢迎的商品也可能无法满足城市居民的需要。这些因素的存在使城乡商品市场之间出现分割。

3. 自给自足的经济理念限制了农村市场的发展

受传统农耕文化的影响，我国农村地区长期保留着自给自足的经济观念，加上我国城市和农村在资源、经济发展、受教育水平等方面存在较大差距，更导致了农村居民在面对外部事物和吸收外部信息时往往趋于保守，不愿意接纳新思想和新产品，这不仅使农村居民与城市居民形成了一定的思维差异，造成城乡二元思想意识分割，也限制了农村市场的发展。在自给自足经济观念的影响下，农村居民形成了以求稳、怕变为典型思维的小农思想，过于追求安稳生活而不敢在未知领域进行尝试，将个人需求放在生产活动首位，商业、商品思维薄弱，成为限制农村产业发展、农村金融市场发展、农村商品市场规模进一步扩大的因素。另外，由于农民的受教育水平较低，其对商品的认知程度使其无法准确甄别假冒产品、虚假销售等违法行为，加之农村市场缺乏统一的管理，侵害消费者权益的现象在农村地区发生得更为频繁，这些均进一步限制了农村市场的发展，扩大了城乡市场差距。

4. 城乡基础设施建设水平差异不利于城乡市场间的互动

改革开放以来，在一系列城市偏向政策的作用下，基础设施的建设率先在城市地区开展，农村地区较为滞后，因而也使当前我国农村地区的基础设施面临供给数量不足、结构不合理、质量不高的困境，与城市存在较大差距，并已成为阻碍城乡市场整合的重要的方面。例如，农村地区交通基础设施的不完善，不仅限制了农村地区商品、劳动力的流出，也限制了城市中商品和要素的流入，阻碍了金融资本对农村潜力项目的投资，不利于城乡间商品和要素市场的整合。除此之外，互联网等新型基础设施在农村地区的建设水平还不高，特别是部分山区乡村受区位条件限制，物理基础设施尚未完善，在新型基础设施建设过程中面临投资压力大、建设难度大的问题，阻碍了农村地区数字经济的发展，使农业生产、消费、流通各环节上的信息化应用水平还较低，在一定程度上限制了其与城市市场的沟通和互动。

四　数字经济赋能城乡市场整合的实践路径

（一）加快农村新型基础设施建设，打破城乡数字鸿沟

新型基础设施建设涵盖了数字基础设施和信息基础设施建设，以及对原有的基础设施进行数字化改造。当前，我国数字农村和智慧城市建设正在如火如荼地进行，这对于缓解城乡市场分割起到了积极的推动作用。但是农村地区的投资规模、建设成果、产业融合程度等与城乡相比还存在一定的差距，信息通信基础设施建设水平和互联网普及率较低，数字鸿沟现象客观存在，阻碍了城乡市场融合进一步释放动能。首先，要加大对农村新型基础设施建设、原有基础设施数字化改造项目等的投资力度，加快补齐农村新型基础设施建设短板，推动农村5G基站、大数据中心、数字政务等基础设施和应用场景建设，同时加快乡村道路、水电、低速宽带等传统基础设施的数字化改造。其次，逐步实现城市中心区域与周边郊县之间以及相邻乡镇之间数字基础设施的一体化与联通化，提高农村地区数字接入端口的可获得性，实现城市与农村之间在新型基础设施规划、市场布局、产业发展、公共服务等方面的互联互通和提质增效，逐步实现高水平的城乡发展一体化，推动城乡要素自由流动。最后，为农村地区产业数字化转型提供充足的资金支持，并且对农村商品市场和要素市场应用数字化技术提供精准的数字帮扶服务，与此同时，加快农村各商业银行和农村信用社网点的数字化改造，充分发挥数字经济在农村各领域的信息高质量传输和低交易成本优势，最大限度地实现数字经济的精准匹配效应。

（二）依托数字技术积极培育农村特色产业，建成覆盖城乡的特色产业链条

推动城乡市场整合的关键是提升农村产业的竞争力，打造具有核心竞

争力的特色产业链条。基于此，要积极将数字化生产技术融入农村地区产业发展中，有效促进农村产业的转型升级与高质量发展，并充分利用数字经济的空间溢出效应，带动周边农村地区的产业发展，推动形成城乡一体的上下游产业链，从而扩大城乡市场的消费规模，推进城乡市场的有效对接。具体来讲，首先，为农村地区提供专业的数字化发展指导，加快其在乡村养殖、农产品加工、商品和要素流动、信贷金融等领域的数字化重构步伐，帮助乡村加快建成一条集资金、养殖、加工、运输为一体的智能化产业体系，加速乡村农业发展与数字技术全方位、全流程、全路径的深度融合，丰富"三农"服务的供给和智能终端。其次，要重视数字经济的空间溢出效应，通过构建城乡产业协同数字平台，充分释放数字经济的知识溢出效应和技术溢出效应，从而强化产业链上下游各类主体的有效衔接和高质量发展，激发农村产业资源活力，提高农村产业价值链条附加值，引导城市先进技术、资本等要素下沉，为乡村发展注入数字活力，探索建设城乡一体化的物联网平台、供需接洽平台等新型数字平台，提升城乡市场整合效率。最后，利用数字平台和数字媒体的优势，引导农村产业与第三产业如饮食农业、文化农业、休闲旅游业形成联动，从而建成覆盖城乡的特色产业链，助推城乡间的市场整合。

（三）加强数字化技术的推广和应用，实现城乡间商品和要素的双向流动

城乡间商品和要素的双向流动是实现城乡市场整合的关键。受城乡二元结构、户籍制度等多种因素的影响，我国城乡之间的要素往往难以实现自由流动，严重影响了城乡间的市场整合。基于此，首先，要充分发挥数据要素的载体作用，以数据为介质，促进城乡关键要素和商品的交流互惠，不断模糊城乡间要素流动的边界，打破城乡要素流动壁垒。依托数字技术和流通基础设施的快速发展，促进城乡要素双向畅通流动和要素动能释放，为打造城乡一体的商品和要素交易场所提供支持。其次，联合电商平台、农户和金融机构，打造符合当地经济特点的数字化市场交易平台，借助大数据的优势提升对商品流和信息流的整合速度，进而缩短城乡商品和要素的流通时间。再次，进一步发挥数字技术在普惠金融领域的应

用，将金融活水引至普通农户和涉农企业，进一步提高农村地区的金融要素可得性和满意度，不断缩小城乡金融市场差距。除此之外，加强农村居民数字技能培训，提升农村居民对数字经济的认知和应用能力，将电子商务、计算机技能、互联网技术等相关课程纳入农民职业技能培训，且要针对不同的群体实施差异化的数字技能培训，重点提高农村老年人、留守儿童、妇女等农村特殊人群信息化素养和技能，通过提升自身技能水平，农村劳动力更容易在城市就业。最后，尽快出台完善的数字化人才入农村激励政策，通过优惠补贴等加快数字科技人才队伍建设，吸引数字化专业人才向农村流动；地方政府要鼓励企业、高校等选派更多的数字化专业人才进农村进行指导，充分发挥知识溢出效应，畅通城乡人才要素的流动。

（四）完善数字治理体系，保障数字经济的健康发展

数字经济的发展也催生了数据孤岛、数字平台垄断等一系列负面影响，因此需逐步完善数字经济的制度环境和治理体系。首先，加快推动城乡商品和要素市场数据的整合与共享，通过建设城乡市场数据资料库，对城乡市场数据资源进行统一处理，着力消除城乡间、部门间、层级间数据孤岛现象，充分利用好数据要素流动带来的溢出效应。其次，进一步完善城乡数字化治理体系，以城乡数字化协同治理政策为着力点，探索打造集党建、市场管理、公共事物等于一体的综合性信息政务管理系统，进一步开发城乡融合大数据管理平台等，并以此为载体推动城乡数据治理的一体化发展，打通数字乡村与智慧城市的双轨并行模式。最后，利用数字化技术治理城乡市场环境。我国农村市场中往往存在信息不对称、监管不力等问题，因而生产、销售假冒伪劣产品等扰乱市场秩序的行为屡见不鲜，因此要积极引入数字化技术治理市场环境，在行政审批、打击违法违规行为等工作环节上加快数字化应用，利用人工智能、大数据等方式对违法行为进行有效甄别与实时检查，实现穿透式、全面性监管和治理，营造良好的城乡市场环境。

本章小结

本章在第三章第一节互联网发展影响市场整合的理论分析的基础上，实证检验了互联网发展对市场整合的影响效应。首先，分析互联网对市场整合的平均影响效应，并对其进行了内生性检验和稳健性检验，从而证明了前文命题 1 的成立；其次，验证了互联网发展对市场整合影响作用的独立性和地理范围，并基于城市地理区位、城市规模差异和城市发达程度差异分析了互联网影响市场整合的异质性特征；最后，进一步拓展了研究视角，考察了以互联网为代表的数字经济的发展对省际、城乡间市场整合的影响。本章的主要研究结论和启示如下。

第一，互联网发展对我国地区间的市场整合具有显著的促进作用，并且数字经济的发展对我国省际、城乡间的市场整合均具有促进作用。在考虑了模型可能存在的内生性、变量测度误差、模型设定误差和样本选择误差之后，这一结论仍然具有稳健性。此外，互联网对市场整合的促进作用会随着互联网规模的扩大而加强，呈现边际递增的特征。因此，地方政府应该积极推进本地区的互联网建设，提高互联网普及率，特别是移动互联网普及率，鼓励互联网与实体经济融合发展，通过互联网促进城市间的交流和活动，从而推动市场整合；此外，政府应致力于从全国整体层面上缩小地区间的互联网发展差距，打破由地区间数字鸿沟带来的市场分割状态。

第二，互联网对市场整合的影响效应具有独立性，不会被高速公路和高速铁路所替代；并且互联网在较大的地理范围内能够更好地发挥作用。当地理范围较大时，限于较高的信息传递和搜寻成本，市场在寻找贸易对象进行整合时就更加依赖互联网。这一结果表明，随着互联网技术的发展，各地区在经济往来时应该打破将交易伙伴限定在周边邻近地区的固定的思维，信息传递和搜寻成本的降低使更大地理范围内的区际贸易成为可能，从而促进全国层面上的市场整合。

第三，相较于内陆地区和中部地区，东部地区和沿海地区互联网发展水平的提升对城市间市场整合的促进作用更强。这一结论揭示了内陆地区和中部地区互联网发展水平低于东部地区和沿海地区的窘境可能是目前这些地区市场整合程度还较低的原因之一。所以，我国内陆地区和中部地区应该进一步推进互联网建设，提高互联网的普及率，缩小区域间的数字鸿沟，从而对市场整合产生有效的促进作用。这一结论对我国内陆地区、中部地区的发展政策具有较好的现实指导意义。

第四，互联网发展对市场整合的影响具有"因城市规模而异"的特征，即固定互联网普及率和移动互联网普及率的提升对超大、特大和大城市的市场整合具有显著的正向促进作用，并且该作用均大于全国层面上的平均水平；与此同时，互联网发展对中小城市市场整合水平的提升虽然有促进作用，但是该作用的大小和显著性均低于全国层面上的平均水平。

第五，相较于初始经济发展水平较低的城市，具有一定经济发展基础的城市更容易通过互联网发展水平的提升来促进城市间的市场整合。这一结论的启示意义在于，各地区在提升互联网发展水平的同时还应该进一步优化产业结构，完善产业分工体系，改善营商环境，不断提高城市的经济发展实力，以形成正向合力，从而更好地促进市场整合水平的提升。

第六章　市场整合影响城市全要素生产率增长的实证分析

　　本章在第三章第二节市场整合影响城市生产率增长的理论分析的基础上，实证检验了我国市场整合对城市生产率增长的影响效应大小。具体内容如下：首先介绍市场整合对城市生产率增长影响效应检验的基准回归模型的构建、相关变量说明和数据来源；其次，分析市场整合对城市生产率增长的影响效应，并对基准回归模型的内生性和稳健性进行检验；再次，分析市场整合对城市生产率增长影响的区域异质性、城市行政层级异质性和城市发达程度异质性；最后，进一步探究市场整合对城市生产率增长的影响效应具体是通过技术进步还是效率改善实现的。

第一节　问题的提出

　　随着互联网等信息通信技术的发展和市场经济体制改革的稳步推进，我国区际的市场分割程度明显降低，而整合趋势却日趋明显（张昊，2014；白俊红和刘怡，2020）。作为一种有效的资源优化配置形式，市场的日趋整合对城市的经济发展，特别是城市生产率增长产生了重要的影响。一方面，市场整合程度的提升为生产要素在区际的自由流动创造了便利，使资源能够按照市场信号进行有效配置，减少了地方保护主义下的生产性扭曲行为，从而促进整体生产率水平的提升（Hsieh 和 Klenow，2009；黄赜琳和王敬云，2006；江三良和赵梦婵，2020）；另一方面，也有学者认为市场整合与城市生产率增长之间存在非线性的关系。

随着外来生产要素和企业的入驻，市场整合在一定条件下会损害本地企业的利益，从而对本地区的生产率产生不利的影响（陆铭和陈钊，2009），但是这一负面影响是暂时的，随着市场整合程度的提高，其所伴随的规模经济效应不仅会对本地区的生产率产生有利的影响，还会促进全国整体生产率的提升。由此可以看到目前学界关于市场整合对城市生产率增长的影响结果还没有得出一致的结论。那么，一个值得思考的问题是，在中国市场一体化程度不断提高的今天，市场整合究竟对城市生产率增长产生了什么影响？是促进还是抑制呢？本章将对其进行考察。

如何促进城市生产率增长一直都是地方政府和学界关注的焦点之一。曾龙（2018）在研究中指出，城市作为经济发展的重要组成单元，其生产率的增长是保证国家经济持续发展的内在动力，也是经济高质量发展的保障。虽然不少学者实证检验了市场整合（市场分割）对城市经济增长的影响（刘小勇，2010；付强，2017），但市场整合如何影响城市生产率增长，相关研究还比较匮乏。虽然江三良和赵梦婵（2020）曾考察了地区整合对全要素生产率提升的影响，但是只是以长江经济带 11 省市为考察对象，忽视了全国整体层面的情况。因此，与以往研究相比，本部分实证研究可能的边际贡献主要体现在以下三个方面：第一，基于市场整合的视角，系统检验了区际市场整合对城市生产率增长的影响效应，从而为城市经济高质量发展提供政策启示；第二，基于城市层面的数据，进一步分析了市场整合影响城市生产率增长的效果在不同地理区位、不同行政层级和不同经济发展程度城市间的影响差异，从而更加全面地认识市场整合的作用效果。第三，由于城市全要素生产率的提升主要来源于效率改善和技术进步两个方面，本部分实证研究拟进一步识别市场整合是通过效率改善还是通过技术进步对城市全要素生产率提升产生影响，以期更加全面地识别市场整合影响城市全要素生产率增长的主要方式，进而为相关政策的提出提供启示。

第二节　模型构建、变量选取与数据说明

本节首先介绍了市场整合影响城市生产率增长的基准回归模型设计思路；其次对市场整合、城市生产率增长以及模型相关控制变量指标的选择进行说明；最后阐述本章数据的来源以及相应变量的描述性统计结果。

一　基准回归模型的构建

基于前文关于市场整合影响城市生产率增长的理论分析，并考虑到市场整合与城市生产率之间可能存在非线性关系，本部分借鉴陆铭和陈钊（2009）、黄赜琳和姚婷婷（2020）关于市场整合（市场分割）经济效应的研究设计，将市场整合变量的二次项纳入模型，具体的市场整合与城市生产率增长的基准回归模型设定如下。

$$TFP_{i,t} = \alpha + \beta_0 Seg_{1i,t}^2 + \beta_1 Seg_{1i,t} + \gamma X_{ji t} + v_i + \rho_t + \varepsilon_{i,t} \tag{6.1}$$

$$TFP_{i,t} = \alpha + \beta_0 Seg_{2i,t}^2 + \beta_1 Seg_{2i,t} + \gamma X_{ji t} + v_i + \rho_t + \varepsilon_{i,t} \tag{6.2}$$

其中，i 表示城市个体，t 表示时间，TFP 是城市的全要素生产率增长率，具体测算方法见第四章的城市全要素生产率增长测算部分。Seg_1 和 Seg_2 分别是使用桂琦寒等（2006）方法测算的市场整合指数以及范爱军等（2007）方法测算的市场整合指数，前者仅考虑了相邻城市间的作用，即"以邻为壑"，后者考虑的是整个国内市场。若市场整合变量二次项的回归系数显著，则说明市场整合对城市全要素生产率增长的影响是非线性的；若市场整合变量二次项的回归系数不显著，但是一次项回归系数显著，则说明市场整合对城市全要素生产率增长的影响是线性的。X 为 j 个可能影响城市全要素生产率增长的控制变量，v_i 代表城市固定效应，用于控制城市层面上不随时间变化但会对全要素生产率增长产生影响的不可观测特征，ρ_t 代表时间固定效应，用于锁定特定年份因素对全要素生产率增长的

冲击影响，$\varepsilon_{i,t}$ 为随机误差项，用于解决模型中可能存在的异方差和序列自相关问题。本书参考 Bertrand 等（2004）的研究，将随机误差聚类到城市层面上。

二　变量说明与数据来源

（一）城市生产率增长指标

本章的被解释变量为城市的全要素生产率增长率 TFP。目前学界衡量城市生产率增长较常用的指标主要有劳动生产率变动和全要素生产率变动两种。相较于劳动生产率，全要素生产率变动衡量的范围更加全面，主要是指在城市生产系统中各个要素投入水平既定的条件下由技术进步和效率改善等带来的额外生产效率，全要素生产率增长意味着城市产业升级和生产力的发展（石枕，1988），故而本部分选取全要素生产率增长率作为城市生产率增长的衡量指标。全要素生产率增长率的主要测度方法有基于数据包络分析模型的 DEA-Malmquist 指数法、随机前沿模型的 SFA-Malmquist 指数法等。因而本部分在基准回归模型回归部分使用 DEA-Malmquist 指数法测算城市全要素生产率增长率（TFP_1），并利用 SFA-Malmquist 指数法测算出的全要素生产率增长率（TFP_2）以及考虑非期望产出的绿色全要素生产率增长率（TFP_3）做稳健性检验。具体的测算方法详见第四章中的城市生产率增长测度部分，具体过程不再赘述。

（二）市场整合指标

本章的核心解释变量为中国城市间的市场整合水平。与第五章中市场整合变量的测度保持一致，主要考虑了桂琦寒等（2006）方法测算的"以邻为壑"情况下的市场整合指数 Seg_1 和范爱军等（2007）方法测算的全国整体层面上的市场整合指数 Seg_2 两种类型。本部分主要采用价格法对中国城市层面的市场整合水平进行测度，将价格方差按照样本城市进行合并，将测算出的市场分割指数开方取倒数，即可得到各城市的市场整合指数。具体测算方法详见第四章中基于价格法测算的市场整合指数，不再赘述。

（三）控制变量

为了进一步控制模型中可能存在的遗漏变量问题，综合现有研究，我们在实证分析中还同时控制了其他可能对城市全要素生产率增长产生影响的因素。

（1）金融发展水平（*Finance*）。金融发展对全要素生产率的影响是不可忽视的。张军和金煜（2005）发现中国的金融深化能够显著促进全要素生产率的提升。Jeanneney 等（2006）的研究也证实了金融发展对全要素生产率增长率的显著促进作用，且这种作用主要是通过效率改善实现的。基于此，本部分将各城市的金融发展水平纳入控制变量，采用各城市金融机构的存贷款余额占城市生产总值的比重表示金融发展水平。

（2）城市创新能力（*Innovation*）。技术创新对全要素生产率增长的促进作用得到了学界的认可。Griffith 等（2000）基于 OECD 国家的数据研究发现，创新水平的提升对全要素生产率增长具有显著的促进作用。余泳泽和张先轸（2015）探究了中国的适宜性创新模式对全要素生产率增长的影响，也证实了技术创新对全要素生产率增长的促进作用。因此，本部分进一步控制了技术创新对城市全要素生产率增长的影响，选用专利授权数对城市的创新能力进行衡量。参考余泳泽和刘大勇（2013）的研究，对发明专利、实用新型专利和外观设计专利进行加权处理，根据专利所蕴含的创新程度大小，分别对其赋予 0.5、0.3 和 0.2 的权重，采用加权平均值作为最终的专利授权数指标。

（3）产业结构（*Structure*）。事实上，实现城市全要素生产率增长的一个重要方面在于产业结构。在"结构红利"假说的基础上，曾国平等（2015）、江永红和陈矗楠（2018）等学者的研究均验证了产业结构优化能够促进全要素生产率的增长。然而，也有学者在实证研究中发现第一产业和第三产业比重的变化对全要素生产率的影响不显著，而第二产业比重的变化有着较为显著的影响。本书中，考虑到当前中国城市全要素生产率变动的产业结构来源主要在制造业等部门，我们使用第二产业增加值占城市生产总值的比重对产业结构进行衡量。

（4）人力资本水平（*Human*）。人力资本具有知识性和技术性的特征，也是影响全要素生产率增长的重要因素，因而其也成为考察城市经济发展的重要方面（Conti 和 Sulis，2016）。一般来讲，人力资本水平越高的城市，其全要素生产率也越高，经济发展质量相对较好。本部分选取平均受教育年限来衡量人力资本水平。度量人力资本水平的方法大致有四种：平均受教育年限、社会文盲比例、公共教育支出和教育参与情况。根据城市层面数据的可得性，本部分参考许和连等（2006）的方法，采用教育参与情况作为人力资本的代理变量，也即普通小学教育阶段、中等教育阶段、高等教育阶段学校在学学生人数之和。使用城市教育参与情况作为人力资本的代理变量具有合理性，早期 Lucas（1988）和 Becker 等（1990）在研究中就强调了教育参与情况对人力资本积累的重要性。

（5）政府支持（*Government*）。政治因素在中国区域经济发展中扮演了重要的角色。一方面，政府支持可以弥补企业创新投资不足的问题，为城市技术创新活动的开展提供良好的政策支撑，而技术创新能力的提升是实现全要素生产率增长的重要方面；并且，政府支持还能够提升城市的交通基础设施、教育、医疗等具有正外部性的公共服务设施建设水平，从而为城市全要素生产率的提升创造良好条件。另一方面，也有研究指出，地方政府往往会通过税收优惠、财政补贴等行为对本地区一些效率较低的国有企业进行保护，从而降低了资源的配置效率，不利于城市全要素生产率的提升。由此可见，目前学界对地方政府行为与全要素生产率增长之间的关系还未得出一致的结论，基于此，本章将政府支持纳入控制变量，采用各城市的预算内和预算外财政支出占 GDP 的比重进行衡量。

（6）对外开放程度（*Open*）。Coe 和 Helpman（1995）利用 OECD 国家和以色列的跨国面板数据研究发现，对外贸易所伴随的技术溢出效应对全要素生产率的提升有显著的促进作用。此外，对外开放程度的提升会加剧国内市场的竞争压力，使内生产部门力图通过提高自身的技术水平避免被市场淘汰，从而促进全要素生产率的提升（余泳泽和张先轸，2015）。基于此，本部分使用考察期内各城市外资企业的投资总额表示对外开放程度，并采用当年汇率核算为人民币，以 2006 年为基期进行去价格化处理。

（7）城镇化水平（*Urban*）。David（2007）的研究发现，当不存在任何资源增长时，资源从全要素生产率低的部门流向全要素生产率高的部门也能促进整个经济体生产率的提高。城镇化的过程伴随劳动力向城市的转移，实现了劳动力资源从全要素生产率较低的第一产业向全要素生产率较高的第二、三产业的转移，因而城镇化对中国全要素生产率的作用不可忽视。基于此，本部分将城镇化水平纳入控制变量，以城镇人口数占总人口的比重表示。

（四）数据来源

同样，本部分实证研究中所选取的样本为 2006~2018 年中国 236 个地级城市的面板数据。相关数据主要来源情况如下。

被解释变量城市全要素生产率增长率指标测度使用的投入和产出数据来自《中国城市统计年鉴》。需要指出的是，由于基于 DEA-Malmquist 指数的全要素生产率增长率是一项动态指标，为了确保数据的基准期一致，降低由时间和价格变动等因素造成的误差，我们在测算城市全要素生产率增长率过程中均以 2005 年为基期，使用的相关原始数据年份为 2005~2018 年，最终测算出的全要素生产率增长率数据年份为 2006~2018 年。

核心解释变量市场整合指标的数据来源与第五章中一致。由于在市场整合指标测算中要做差分处理，因而各地区商品零售价格指数的原始数据年份选取的是 2005~2018 年，测算出的数据的年份为 2006~2018 年。

控制变量的数据主要来自《中国城市统计年鉴》、《中经网城市年度数据》、CNRDS 中国研究数据服务平台。表 6-1 和表 6-2 分别说明了以上变量的构造方式和相应的描述性统计结果。

表 6-1　变量构造过程说明

变量类型	变量名	构造过程
城市生产率增长指标	DEA-Malmquist 指数法测算的全要素生产率增长率 TFP_1	详见第四章中 DEA-Malmquist 测度方法
	SFA-Malmquist 指数法测算的全要素生产率增长率 TFP_2	详见第四章中 SFA-Malmquist 测度方法
	绿色全要素生产率增长率 TFP_3	详见第四章中 Malmquist-Luenberger 指数方法
市场整合指标	"以邻为壑"情况下的市场整合指数 Seg_1	参考桂琦寒等（2006）的方法，采用价格法测算相邻城市间的市场整合指数
	全国整体层面的市场整合指数 Seg_2	参考范爱军等（2007）的方法，采用价格法测算全国全部城市间的市场整合指数
控制变量	金融发展水平 Finance	各城市金融机构的存贷款余额占 GDP 的比重
	政府支持 Government	各城市预算内和预算外财政支出占 GDP 的比重
	城市创新能力 Innovation	专利授权数量的加权平均值 = 0.5×发明专利+0.3×实用新型专利+0.2×外观设计专利
	对外开放程度 Open	基于 2006 年不变价格的各城市外资企业投资总额
	城镇化水平 Urban	城镇人口数量占总人口的比重
	人力资本水平 Human	普通小学教育阶段、中等教育阶段、高等教育阶段学校在学学生人数之和
	产业结构 Structure	第二产业增加值占城市 GDP 的比重

资料来源：笔者整理得到。

表 6-2　变量描述性统计结果

变量符号	观察值	均值	标准差	最大值	最小值
TFP_1	2832	1.089	0.214	1.945	0.623
TFP_2	2832	1.023	0.205	1.926	0.735
TFP_3	2832	0.875	0.187	1.013	0.729
Seg_1	2832	5.976	3.823	12.910	2.557
Seg_2	2832	5.423	3.611	11.181	2.351
$Finance$	2832	0.003	0.001	0.010	0.002
$Government$	2832	8.941	1.165	10.879	4.675
$Innovation$	2832	5.824	6.277	8.274	1
$Open$	2832	15.339	2.567	75.332	3.240
$Urban$	2832	0.016	0.030	0.173	0.000
$Human$	2832	9.347	0.873	13.436	7.345
$Structure$	2832	0.463	0.085	0.674	0.198

注：在后文估计过程中，以上变量均进行了对数化处理，比例变量采用了 ln（1+原值）形式。

资料来源：笔者根据 StataSE 15 分析结果整理。

第三节　市场整合对城市全要素生产率增长的影响效应估计

基于上一节市场整合对城市生产率增长影响的基准回归模型，本节实证检验了市场整合对城市生产率增长的影响效应。具体而言，首先，分析市场整合对城市生产率增长的平均影响效应；其次，将城市海拔高度和市场整合滞后 1 期的变量分别作为工具变量，对模型可能存在的内生性进行讨论；最后，通过替换全要素生产率增长指标、剔除直辖市样本、更换估计方法三种方法对模型的稳健性进行了检验。

一　基准回归模型回归结果

本部分主要分析了市场整合对城市生产率增长的影响效应，依据式

（6.1）和式（6.2）的基准回归模型进行估计，得到的回归结果如表6-3所示。其中第（1）、（2）列为不控制城市与时间固定效应时的回归结果，第（3）、（4）列为进一步控制城市与时间固定效应之后的回归结果。表6-3的结果显示，无论是否控制城市与时间固定效应，市场整合变量的一次项回归系数均显著为正，二次项回归系数虽然为正但不显著，表明市场整合对城市生产率增长的影响虽然存在着先抑制后促进的非线性关系，但是在统计意义上不显著，而陆铭和陈钊（2009）研究中的市场分割经济效应的非线性关系在统计意义上显著。可能的主要原因在于：第一，陆铭和陈钊（2009）在研究中使用的是1987~2001年的数据，该时期内我国的市场分割水平呈现上升趋势，市场整合水平还较低，而一定程度内的市场分割能够保护本地经济的发展从而促进经济增长，当市场分割程度超过临界值时才开始对经济发展产生不利影响，也即市场整合对经济增长的影响呈非线性关系的结论在统计学上得到验证，而本部分的时间样本为2006~2018年，市场整合程度已经较高，各地区市场整合水平的样本值均已经越过了对城市生产率增长产生抑制作用的数值区间；第二，陆铭和陈钊（2009）研究中使用的是省级层面的样本，省级行政区层面的区际贸易壁垒更高，市场整合程度往往低于城市层面，而本部分使用的是城市层面的数据，更小行政单元上的市场整合行为较为容易识别，从而可以发现市场整合水平突破拐点值，促进城市生产率增长的证据。

　　进一步比较第（1）列和第（3）列、第（2）列和第（4）的回归结果，可以发现控制城市和时间固定效应之后，Seg_1和Seg_2回归系数的显著性均得到明显提高并且大小有所降低，说明控制城市和时间固定效应之后回归结果变得更加合理。因而我们选取第（3）列和第（4）列的结果进行分析，可以看出，无论是使用桂琦寒等（2006）方法测算的市场整合指数Seg_1还是使用范爱军等（2007）方法测算的市场整合指数Seg_2，均对城市的全要素生产率增长产生了显著的促进作用。平均而言，相邻城市间的市场整合指数每提高1%，会引致城市的全要素生产率增长率提升0.089%；全国整体层面上的市场整合指数每提高1%，会引致城市的全要素生产率增长率提升0.082%，桂琦寒等（2006）仅考虑相邻城市间的市场整合可能会高估市场整合对全要素生产率增长的影响。由此可见，提高区域的市场整合水平对全要素生产率增长起到关键的作用。综合上述分析可知，基于新经济地理学模型的命题 2 得到验证，也即市场整合可能与城市生产率增长之间存在非线性关系，但是本部分考察期内的研究样本仅发现了市场整合对城市生产率增长促进效应的证据。

表 6-3 市场整合影响城市生产率增长的基准回归模型回归结果

	（1） TFP_1	（2） TFP_1	（3） TFP_1	（4） TFP_1
Seg_1^2	0.114 （0.373）	/	0.089 （0.177）	/
Seg_2^2	/	0.130 （0.265）	/	0.082 （0.155）
Seg_1	0.477** （0.160）	/	0.451*** （0.097）	/
Seg_2	/	0.441** （0.173）	/	0.431*** （0.085）
Finance	0.010*** （0.003）	0.008*** （0.001）	0.008*** （0.001）	0.006*** （0.001）
Government	0.049 （0.063）	0.035 （0.058）	0.042 （0.061）	0.029 （0.048）
Innovation	0.252*** （0.041）	0.114*** （0.033）	0.203*** （0.067）	0.100*** （0.052）
Open	0.017*** （0.006）	0.009*** （0.001）	0.012*** （0.004）	0.011*** （0.005）
Urban	2.743*** （0.089）	2.532*** （0.074）	2.584*** （0.099）	2.104*** （0.077）
Structure	0.047 （0.036）	0.044 （0.049）	0.035** （0.012）	0.040* （0.023）
Human	0.077*** （0.017）	0.061*** （0.010）	0.058*** （0.012）	0.055*** （0.020）
城市固定效应	否	否	是	是
时间固定效应	否	否	是	是

续表

	（1） TFP_1	（2） TFP_1	（3） TFP_1	（4） TFP_1
Obs.	3068	3068	3068	3068
R-squared	0.633	0.441	0.598	0.574

注：*** 表示在1%的显著性水平下拒绝参数不显著的原假设，除表头外，（ ）内的数字为基于城市层面聚类的稳健标准误。

资料来源：笔者根据 StataSE 15 分析结果整理。

就其他控制变量的估计结果来说，金融发展水平（Finance）对城市全要素生产率增长的影响为正，并且在1%的水平下显著，说明城市的金融发展水平越高越有利于城市全要素生产率增长。就政府支持（Government）来说，其对城市全要素生产率增长的影响效应是不显著的，说明随着信息化的发展和市场化水平的提升，生产部门对政府行为的依赖程度逐渐降低。城市创新能力（Innovation）对城市生产率增长的影响效应显著为正，说明创新能力的提升有助于促进全要素生产率增长，创新能力对全要素生产率增长的促进作用得到了学界的一致赞同。就对外开放程度（Open）来说，对外开放程度对全要素生产率增长的影响为正且在1%的水平下显著，说明城市的对外开放程度能够显著促进全要素生产率增长，对外开放伴随的竞争加剧效应和技术溢出效应对城市生产率增长均能起到助力作用。同样，城镇化水平（Urban）对城市全要素生产率增长的影响也显著为正，说明加快我国城镇化建设的步伐将有助于城市全要素生产率的增长。产业结构（Structure）的回归系数也显著为正，说明第二产业占比越高越有利于全要素生产率增长。人力资本水平（Human）影响全要素生产率增长的平均效应亦显著为正，说明教育对劳动力知识和技能的促进作用不断增大，从而有助于全要素生产率的增长。

二　基于工具变量估计的内生性问题处理

本章实证研究过程中的内生性可能由以下两个方面的原因造成，一是市场整合与城市生产率增长之间可能存在着相互作用，即互为因果关系。

一方面，市场整合程度的提升是影响城市全要素生产率变动的关键因素；另一方面，城市的全要素生产率变动也可能会对市场整合的程度产生影响。二是实证研究过程中可能存在遗漏变量问题。城市全要素生产率增长的影响因素众多，在控制变量选取时，受限于数据可得性等因素，难免会遗漏一些难以量化的因素，如文化因素、人文环境、地区发展政策等。因此，为了防止内生性问题对模型估计结果造成的偏误，本部分首先对市场整合与城市生产率增长变量之间的关系进行了内生性检验，Hausman 检验结果的 P 值为 0.321，明显拒绝原假设，也即市场整合和城市全要素生产率增长之间存在内生性问题。为此，本部分进一步采用城市海拔高度（altitude）以及市场整合变量的一阶滞后项做工具变量，进行内生性检验。

借鉴吕越等（2021）的做法，选用海拔高度作为市场整合的工具变量。城市的海拔高度与市场整合水平密切相关，海拔高度会影响城市之间的贸易成本，在一定程度上阻碍了城市间的市场整合；并且，无论是根据历史还是现实，均无法断定城市海拔高度本身决定了区域发展（黄玖立和李坤望，2006），因而本部分使用城市海拔高度（$altitude$）作为市场整合的工具变量进行估计，回归结果如表 6-4 第（1）、（2）列所示。此外，借鉴卞元超和白俊红（2021）的做法，选择市场整合的一阶滞后项作为工具变量进行估计，回归结果见表 6-4 第（3）、（4）列。

从表 6-4 中 Panel B 的回归结果可知，城市海拔高度和滞后 1 期的市场整合变量这两个工具变量均通过了 Kleibergen-Paap LM 检验和 Kleibergen-Paap Wald F 检验，表明两个工具变量是有效的，工具变量估计结果具有可靠性。从 Panel A 的回归结果可知，无论以城市海拔高度还是以滞后 1 期的市场整合变量为工具变量，Seg_1^2 和 Seg_2^2 的回归系数均为正，但在统计上不显著，并且 Seg_1 和 Seg_2 的回归系数均为正且显著，这表明市场整合对城市全要素生产率增长具有显著的正向促进作用。上述结果与基准回归模型的结论相一致，只是回归系数的大小有细微差别，从而也验证了前文的分析结果是可靠的。

表 6-4　市场整合影响城市生产率增长的工具变量估计

	以城市海拔高度为 IV		以滞后 1 期市场整合变量为 IV	
	（1）	（2）	（3）	（4）
Panel A：Second Stage				
Seg_1^2	0.203 （0.288）	／	0.245 （0.381）	／
Seg_2^2	／	0.189 （0.210）	／	0.152 （0.174）
Seg_1	0.615*** （0.047）	／	0.580*** （0.037）	／
Seg_2	／	0.548*** （0.053）	／	0.476*** （0.071）
控制变量	是	是	是	是
城市固定效应	是	是	是	是
时间固定效应	是	是	是	是
R-squared	0.505	0.632	0.577	0.685
Panel B：First Stage				
IV	0.048*** （0.005）	0.039*** （0.002）	0.045*** （0.004）	0.035*** （0.005）
Kleibergen-Paap LM	58.216	54.463	55.811	42.353
LM statistic P	0.000	0.000	0.000	0.000
Kleibergen-Paap Wald F	33.834	39.985	47.523	46.745
Wald F statistic	25.556	28.144	27.465	25.820
Obs.	3068	3068	3068	3068
R-squared	0.685	0.724	0.665	0.607

注：*** 表示在 1% 的显著性水平下拒绝参数不显著的原假设。Kleibergen-Paap LM 检验的原假设为工具变量识别不足，LM statistic P 为 Kleibergen-Paap LM 检验的 LM 统计量的 P 值；Kleibergen-Paap Wald F 检验的原假设为工具变量是弱工具变量，Wald F statistic 为 Kleibergen-Paap Wald F 检验的 F 统计值。相较于 Anderson LM 检验和 Cragg-Donald Wald F 检验，本部分使用的检验方法不需要满足误差项独立同分布的假设，更具有一般性。

资料来源：笔者根据 StataSE 15 分析结果整理。

三　稳健性检验

关于市场整合对城市全要素生产率增长影响效应的稳健性检验方法如下。首先，考虑城市全要素生产率增长变量的测度误差。

（一）替换全要素生产率增长指标

基准回归模型中使用的是数据包络分析的 DEA-Malmquist 指数方法测算的全要素生产率增长率，除了 DEA-Malmquist 指数法以外，基于随机前沿模型的 SFA-Malmquist 指数法也是学界常用的测算全要素生产率增长率的方法。因此，在稳健性检验中，我们使用 SFA-Malmquist 指数法测算出的全要素生产率增长率作为被解释变量。此外，在当前中国资源环境问题日益恶化的背景下，实现绿色经济增长已经成为各地区落实经济高质量发展、贯彻"五位一体"总体布局和"五大发展理念"的重要途径，因而本部分在稳健性检验部分还将被解释变量替换为基于 Malmquist-Luenburger 指数法下考虑非期望产出的绿色全要素生产率增长率。具体回归结果如表 6-5 所示，限于表格长度，表 6-5 中只报告了控制城市和时间固定效应的回归结果。

表 6-5　稳健性检验：替换全要素生产率增长指标

	TFP_2		TFP_3	
	（1）	（2）	（3）	（4）
Seg_1^2	0.545 (0.537)	/	0.642 (0.755)	/
Seg_2^2	/	0.513 (0.584)	/	0.656 (0.572)
Seg_1	0.529*** (0.033)	/	0.414*** (0.047)	/
Seg_2	/	0.487*** (0.026)	/	0.335*** (0.034)

续表

	TFP$_2$		TFP$_3$	
	（1）	（2）	（3）	（4）
控制变量	是	是	是	是
城市固定效应	是	是	是	是
时间固定效应	是	是	是	是
Obs.	3068	3068	3068	3068
R-squared	0.464	0.475	0.505	0.523

注：*** 表示在 1% 的显著性水平下拒绝参数不显著的原假设，除表头外，（ ）内的数字为基于城市层面聚类的稳健标准误。

资料来源：笔者根据 StataSE 15 分析结果整理。

从表 6-5 的估计结果可知，无论将 DEA-Malmquist 指数法测算的全要素生产率增长率替换为 SFA-Malmquist 指数法测算的全要素生产率增长率还是基于 Malmquist-Luenberger 指数的绿色全要素生产率增长率，Seg_1^2 和 Seg_2^2 的回归系数为正，但是并不显著，这与基准回归模型的结果一致。Seg_1 和 Seg_2 对 SFA-Malmquist 指数法测算的全要素生产率增长率和绿色全要素生产率增长率的回归系数均为正，且在 1% 的水平下显著，说明基准回归模型具有稳健性。

（二）剔除直辖市样本

其次，考虑样本选择误差问题。以城市层面的数据为考察样本时，直辖市往往与其他城市在政策和发展上具有很大差异，为了保证模型回归结果的稳健性，本部分在稳健性检验中剔除了直辖市样本，采用非直辖市样本进行估计，具体估计结果如表 6-6 所示。

表 6-6　稳健性检验：非直辖市样本

	（1） TFP$_1$	（2） TFP$_1$	（3） TFP$_1$	（4） TFP$_1$
Seg_1^2	0.121 (0.188)	/	0.094 (0.153)	/

续表

	（1） TFP_1	（2） TFP_1	（3） TFP_1	（4） TFP_1
Seg_2^2	/	0.111 （0.159）	/	0.085 （0.096）
Seg_1	0.477** （0.085）	/	0.440*** （0.078）	/
Seg_2	/	0.452** （0.071）	/	0.423* （0.220）
控制变量	控制	控制	控制	控制
城市固定效应	否	否	是	是
时间固定效应	否	否	是	是
Obs.	3016	3016	3016	3016
R-squared	0.622	0.575	0.543	0.588

注：*、**、***分别表示在10%、5%、1%的显著性水平下拒绝参数不显著的原假设，除表头外，（ ）内的数字为基于城市层面聚类的稳健标准误。

资料来源：笔者根据 StataSE 15 分析结果整理。

从表6-6的估计结果可知，在剔除了直辖市样本之后，桂琦寒等（2006）和范爱军等（2007）方法下的市场整合指数 Seg_1^2 和 Seg_2^2 的回归系数均不显著，Seg_1 和 Seg_2 回归系数均为正并且显著，得出的结论与基准回归模型一致，这进一步说明了本部分研究结果具有稳健性。

（三）更换估计方法

最后，本部分还考虑了估计方法的稳健性检验。前文中基准回归模型使用的是经典 OLS 估计方法，内生性讨论部分使用的是 2SLS 估计方法，均为静态面板模型，在稳健性检验部分，笔者考虑了城市生产率增长的惯性，加入了城市全要素生产率增长率的一阶滞后项作为自变量，采用广义矩估计方法（GMM）进行估计，更进一步地验证基准回归模型估计结果的稳健性。具体回归结果如表6-7所示。

表 6-7　稳健性检验：广义矩估计方法

	DIFF-GMM		SYS-GMM	
	（1）	（2）	（3）	（4）
$TFP_{1,t-1}$	0.774 *** （0.062）	0.965 *** （0.051）	0.998 *** （0.042）	0.892 *** （0.075）
Seg_1^2	0.353 （0.389）	/	0.314 （0.345）	/
Seg_2^2	/	0.324 （0.356）	/	0.377 （0.408）
Seg_1	0.291 *** （0.073）	/	0.253 *** （0.090）	/
Seg_2	/	0.230 *** （0.066）	/	0.226 *** （0.085）
控制变量	是	是	是	是
Obs.	3068	3068	3068	3068
R-squared	0.308	0.329	0.338	0.414
AR（1）	［0.027］	［0.044］	［0.021］	［0.020］
AR（2）	［0.431］	［0.320］	［0.275］	［0.530］
Sargan 检验	［0.642］	［0.870］	［0.441］	［0.649］

注：*** 表示在 1% 的显著性水平下拒绝参数不显著的原假设，除表头外，（）内的数字为基于城市层面聚类的稳健标准误，方括号里是统计量的 P 值；Sargan 检验统计量是 J-statistic，原假设为"过度识别的矩条件是有效的"，J-statistic 的 P 值不能拒绝原假设，说明过度识别的矩条件是有效的。

资料来源：笔者根据 StataSE 15 分析结果整理。

　　从表 6-7 的稳健性检验结果可知，在使用差分广义矩估计方法（DIFF-GMM）和系统广义矩估计方法（SYS-GMM）之后，市场整合变量 Seg_1^2 和 Seg_2^2 的回归系数均不显著，而 Seg_1 和 Seg_2 的回归系数显著为正，表明市场整合对城市全要素生产率增长具有显著的促进作用，与基准回归模型的结论一致。这亦说明前文关于市场整合有利于城市全要素生产率增长的研究结论是稳健可靠的。

第四节　市场整合对城市全要素生产率增长影响的异质性分析

本节在前一节市场整合对城市生产率增长平均影响效应分析的基础上，根据城市所属区域的异质性、行政层级异质性以及发展程度异质性，进一步分析了市场整合影响城市生产率增长的异质性。首先，分析市场整合对城市生产率增长的影响效应在我国四大经济区域中的异质性差异；按照城市所在地区属于内陆还是沿海进行分组，分析市场整合对城市生产率增长影响的沿海、内陆异质性。其次，按照城市的行政层级进行分类，分析市场整合对不同行政层级城市影响的异质性。最后，根据城市发达程度的差异对样本进行分组，分析市场整合对城市生产率增长影响的城市发达程度异质性。

一　区域异质性分析

（一）中国四大经济区域维度

我国幅员辽阔，各地区的经济发展水平、资源禀赋、地理区位之间存在较大差异，由此天然造成了不同区域之间的市场化程度和全要素生产率增长率都存在较大的差异。区域发展差异的存在可能会使不同地区间的市场整合对城市生产率增长的影响效应存在区域异质性，因而本部分进一步探究了市场整合影响城市生产率增长的区域异质性特征。具体而言，采用目前我国常用的东部、中部、西部和东北四大经济区域的划分办法，分别就基准回归模型［式（6.1）和式（6.2）］对样本城市进行异质性检验，具体检验结果如表6-8所示。

表6-8中的Panel A是以桂琦寒等（2006）方法测算的市场整合指数 Seg_1 为核心解释变量的回归结果。结果显示，各区域内市场整合变量 Seg_1^2 的系数均为正且在统计上不显著。东部地区市场整合对全要素生产率增长有显著的促进作用，并且该促进作用大于全国层面的平均水平，可能是由

于东部地区本身的市场规模和经济增长点比较多，当市场整合程度提升时更容易激发并释放出正向影响。中部地区的市场整合对全要素生产率增长也起到了促进作用但是该作用小于全国层面的平均水平。西部地区和东北地区地区的市场整合对全要素生产率增长的影响效应并不显著，本部分分析其原因可能是当前我国西部地区和东北地区的市场化水平和市场整合程度均较低，影响了市场整合效应的发挥；此外，西部地区和东北地区内城市样本缺失较多，可能也影响了回归结果。

表 6-8 中的 Panel B 是以范爱军等（2007）方法测算的市场整合指数 Seg_2 为核心解释变量的回归结果，该方法主要测算的是全国城市间的市场整合指数。在东部、中部、西部和东北地区，市场整合变量二次项 Seg_2^2 的系数均不显著，这与基准回归模型的估计结果一致。Panel B 中核心解释变量的回归系数大小均有所降低，这可能是由于单纯使用相邻城市间的样本测算市场整合会造成偏误，使 Panel A 中的回归结果被高估，这一点在范爱军等（2007）的研究中得到证实。东部地区的影响效应最大，中部次之，西部地区和东北地区的市场整合对城市全要素生产率增长的影响并不显著，这与 Panel A 的回归结果基本一致。

表 6-8　市场整合影响城市生产率增长的四大经济区域异质性分析

	东部地区	中部地区	西部地区	东北地区
Panel A：核心解释变量为以桂琦寒等（2006）方法测算的市场整合指数 Seg_1				
Seg_1^2	0.092 (0.133)	0.085 (0.120)	0.088 (0.159)	0.074 (0.178)
Seg_1	0.667*** (0.058)	0.435*** (0.067)	0.379 (0.434)	0.682 (0.776)
控制变量	是	是	是	是
城市固定效应	是	是	是	是
时间固定效应	是	是	是	是
R-squared	0.698	0.575	0.563	0.552
Panel B：核心解释变量为以范爱军等（2007）方法测算的市场整合指数 Seg_2				
Seg_2^2	0.079 (0.098)	0.080 (0.101)	0.074 (0.092)	0.071 (0.087)

	东部地区	中部地区	西部地区	东北地区
Seg_2	0.605 *** （0.064）	0.384 *** （0.053）	0.344 （0.592）	0.657 （0.779）
控制变量	是	是	是	是
城市固定效应	是	是	是	是
时间固定效应	是	是	是	是
R-squared	0.605	0.582	0.443	0.418

注：*** 表示在 1% 的显著性水平下拒绝参数不显著的原假设，（ ）内的数字为基于城市层面聚类的稳健标准误。

资料来源：笔者根据 StataSE 15 分析结果整理。

（二）沿海、内陆维度

根据前文的分析，沿海地区基于海上"高速公路"的低运输成本优势，相比内陆地区具有天然的发展条件，并且沿海地区开放较早，市场化水平较高，市场一体化进程也较为迅速。因此，本部分在区分东部、中部、西部和东北地区市场整合影响城市生产率增长的区域异质性以外，进一步从沿海城市和内陆城市层面进行区域异质性研究。沿海城市和内陆城市的划分标准与第五章第四节相同。具体研究方法跟前文四大经济区域的异质性分析一样，分别就本章基准回归模型对沿海城市和内陆城市进行分样本回归，具体的沿海、内陆异质性回归结果如表 6-9 所示。

表 6-9 市场整合影响城市生产率增长的沿海、内陆异质性分析

	（1）	（2）	（3）	（4）
	沿海	内陆	沿海	内陆
Seg_1^2	0.451 （0.689）	0.737 （0.825）	/	/
Seg_2^2	/	/	0.508 （0.644）	0.752 （0.776）
Seg_1	0.842 *** （0.065）	0.330 * （0.178）	/	/

	（1）	（2）	（3）	（4）
	沿海	内陆	沿海	内陆
Seg_2	/	/	0.816*** （0.077）	0.342* （0.178）
控制变量	是	是	是	是
城市固定效应	是	是	是	是
时间固定效应	是	是	是	是
R-squared	0.607	0.594	0.556	0.481

注：*、*** 分别表示在 10%、1% 的显著性水平下拒绝参数不显著的原假设，除表头外，（）内的数字为基于城市层面聚类的稳健标准误。

资料来源：笔者根据 StataSE 15 分析结果整理。

　　表 6-9 中第（1）、（2）列为采用桂琦寒等（2006）方法测算出的市场整合指数 Seg_1 为核心解释变量的沿海、内陆异质性回归结果，第（3）、（4）列为采用范爱军等（2007）方法测算出的全国层面城市间的市场整合指数 Seg_2 为核心解释变量的沿海、内陆异质性回归结果。在沿海城市和内陆城市，两种形式下的市场整合变量 Seg_1^2 和 Seg_2^2 的回归系数均为正，但是在统计上不显著，这与前文的研究结论一致。从第（1）、（2）列的回归结果可知，沿海城市的 Seg_1 的回归系数更大且显著，超过了全国平均水平；内陆城市的 Seg_1 的回归系数虽然为正，但是较小且显著性水平有所下降。第（3）、（4）列的回归结果情况也基本相同，即沿海城市的 Seg_2 的回归系数较大且显著，超过了全国平均水平；内陆城市的 Seg_2 的回归系数较小且显著性水平有所下降。出现这一现象的原因可能是当前我国沿海城市的市场一体化程度较高，对城市生产率增长的正向促进作用更大。

　　市场整合对城市生产率增长的区域异质性分析结果表明，相较于内陆地区和中部地区，沿海地区和东部地区市场整合程度的提升对城市生产率增长的促进作用更强。这一结论的现实意义揭示了内陆地区和中部地区市场整合程度低于沿海地区和东部地区的窘迫现实，然而对于内陆地区和中部地区而言，如果能够提升市场整合水平，就可以进一步提升城市全要素生产率增长水平，这对于促进沿海地区和内陆地区、东部地区和中部地区的区域协调发展具有重要的现实指导意义。

二 基于城市行政层级的异质性分析

中国的城市具有较为明显的行政层级划分。Au 和 Henderson（2006）指出政治因素在中国城市发展中起到的作用不容忽视，例如城市的行政等级与资源获取之间呈现显著的正向关系。高行政层级的城市，其政治资源可能会影响政府支出水平和产业发展方向，从而对城市全要素生产率增长产生影响。因此，本部分拟探究市场整合对城市生产率增长的影响是否具有城市行政层级差异导致的异质性特征。具体做法是将城市样本划分为高行政层级城市和低行政层级城市，其中高行政层级城市为省会城市、计划单列市，低行政层级城市为除了省会城市和计划单列市之外的城市，由于直辖市的行政等级、政策措施等具有特殊性，因而本部分研究剔除了直辖市城市样本。具体回归结果如表 6-10 所示。

从表 6-10 的估计结果可以看出，市场整合对城市生产率增长的影响效应在低行政层级的城市中显著为正，这一结果与基准回归模型的结果基本一致，也即在低行政层级城市中市场整合能够促进全要素生产率的增长，但是在高行政层级城市中这一影响效应并不显著。出现这种情况的原因可能在于高行政层级城市全要素生产率的增长受政府行为影响较深，因而市场整合对城市全要素生产率增长的作用还不明显。

表 6-10　市场整合影响城市生产率增长的城市行政层级异质性分析

	(1)	(2)	(3)	(4)
	高行政层级	低行政层级	高行政层级	低行政层级
Seg_1^2	0.372 (0.489)	0.155 (0.163)	/	/
Seg_2^2	/	/	0.251 (0.344)	0.108 (0.117)
Seg_1	0.129 (0.204)	0.543*** (0.081)	/	/

	（1）	（2）	（3）	（4）
	高行政层级	低行政层级	高行政层级	低行政层级
Seg_2	/	/	0.171 （0.267）	0.493*** （0.056）
控制变量	是	是	是	是
城市固定效应	是	是	是	是
时间固定效应	是	是	是	是
R-squared	0.438	0.455	0.526	0.588

注：*** 表示在1%的显著性水平下拒绝参数不显著的原假设，除表头外，（）内的数字为基于城市层面聚类的稳健标准误。

资料来源：笔者根据StataSE 15分析结果整理。

三　基于城市发达程度的异质性分析

在前文关于城市区域差异和城市行政层级差异下市场整合影响城市生产率增长的异质性分析基础上，本部分进一步探讨了城市初始经济发达程度差异下的市场整合对城市生产率增长影响的异质性。接下来本部分以各城市样本初期（2006年）的经济发展水平来区分城市间初始发达程度。具体方法是以2006年所有样本城市的平均GDP水平为基准，如果某城市2006年的GDP水平超过这一基准，则将其归类为初始发达程度高的城市；如果某城市2006年的GDP水平没有超过这一基准，则将其归类为初始发达程度低的城市。进而在基准回归模型上，根据发达程度对城市样本进行分组回归。高发达程度城市组意味着城市的初始发展水平较高，低发达程度城市组意味着城市的初始发展水平较低。

在基准回归模型的基础上，根据城市发达程度差异进行分组回归，结果如表6-11所示。不同初始发达程度城市的市场整合水平对城市全要素生产率增长影响的异质性分析结果显示，无论是高发达度还是低发达度的城市，两种形式下的市场整合变量 Seg_1^2 和 Seg_2^2 的回归系数均为正，但是在统计上不显著，与基准回归模型的研究结论一致，并且 Seg_1 和 Seg_2 的回归系数均显示市场整合更有利于初始经济发展水平较高城市的全要素生产率增长，对初始经济发展水平较低城市的全要素生产率增长没有显著影响。该异质性检验回归结果揭示了市场整合对城市全要素生产率增长的促进作用还需要建立在一定程度的经济发展水平之上，经济发展水平高的城市意味着具有更大的市场规模和更多的经济增长点，因而更容易发挥市场整合的正向促进作用。

表 6-11　城市发达程度差异下市场整合对城市生产率增长影响的异质性分析

	(1)	(2)	(3)	(4)
	高发达度	低发达度	高发达度	低发达度
Seg_1^2	0.065 (0.144)	0.054 (0.220)	/	/
Seg_2^2	/	/	0.073 (0.105)	0.060 (0.074)
Seg_1	1.118*** (0.053)	0.245 (0.278)	/	/
Seg_2	/	/	1.004*** (0.061)	0.212 (0.205)
控制变量	是	是	是	是
城市固定效应	是	是	是	是
时间固定效应	是	是	是	是
R-squared	0.431	0.532	0.445	0.567

注：***表示在1%的显著性水平下拒绝参数不显著的原假设，除表头外，（）内的数字为基于城市层面聚类的稳健标准误。

资料来源：笔者根据 StataSE 15 分析结果整理。

第五节　进一步研究：技术进步还是效率改善

技术进步和效率改善是全要素生产率增长的两个主要来源，前文的实证研究结果显示，考察期内市场整合能够促进我国城市全要素生产率的增长，那么这一效应是通过技术进步还是效率改善实现的呢？本节将对此进行检验。

一 市场整合影响城市全要素生产率增长的效应分解

正如前文所述，基于 DEA-Malmquist 指数的城市全要素生产率增长可以被进一步分解为技术进步效应和效率改善效应（具体见第四章城市生产率增长测算部分），这也构成了全要素生产率增长的主要来源。因此，在市场整合对城市全要素生产率增长发挥作用的过程中，技术进步效应和效率改善效应分别发挥了多少的作用呢？本部分内容将进一步考察市场整合对效率改善效应和技术进步效应的影响，以此检验市场整合促进全要素生产率增长率提升的具体传导路径。

在实现全要素生产率增长的过程中，技术进步意味着生产前沿面整体向前移动，效率改善意味着实际生产点向当前的生产前沿面移动。从经济学的视角来看，技术进步主要是指在要素投入数量不变的情况下，使用更加熟练的劳动力和先进技术，通过新发明、新创造等增加产出，使生产前沿面向前移动，进而对全要素生产率增长产生促进作用；效率改善主要是指通过市场制度创新、市场规模扩大、管理变革、资源配置效率的提升，实现实际生产点向生产前沿面靠近，这也能促进全要素生产率增长。因此，为了更加清晰、准确地识别市场整合对城市全要素生产率增长的影响效应，本书还进一步考察了市场整合对技术进步效应和效率改善效应的影响。

就市场整合与效率改善效应之间的内在关系来说，市场整合策略打破了"片块化"的发展模式，不仅有利于规模效应的发挥，还有助于实现要素按照市场信号在区际的自由流动和资源的优化配置，提升了规模效率和资源配置效率，其对于市场竞争的激励还可以倒逼生产部门进行制度创新和管理变革，从而有助于效率改善效应的发挥。此外，就市场整合与技术进步效应之间的关系而言，市场整合策略带来的竞争使企业更愿意开展技术创新，从而实现新技术、新发明等的突破，从而有助于技术进步效应的发挥。

二 回归结果分析

由前文的分析可知，市场整合对城市生产率增长的影响可以通过效率改善效应和技术进步效应两个方面产生。因此，本部分在基准回归模型的基础上对市场整合影响技术进步效应和效率改善效应的作用进行检验和识别，具体估计结果如表 6-12 所示。其中，Panel A 显示的是因变量为效率改善效应的估计结果，Panel B 显示的是因变量为技术进步效应的估计结果。

从表 6-12 中 Panel A 所示的结果可知，以桂琦寒等（2006）和范爱军等（2007）方法测算的市场整合指数 Seg_1^2 和 Seg_2^2 的回归系数均为正，但是在统计上不显著，说明样本期内市场整合水平已经较高；Seg_1 和 Seg_2 影响效率改善效应的回归系数均显著为正，说明市场整合程度的提升促进了效率改善效应的发挥。市场整合在实现规模经济、提升资源优化配置水平、促进市场竞争的过程中，也正向影响了生产部门的管理方式变革和制度革新，从而有助于效率改善效应的发挥。从 Panel B 的估计结果可知，两种形式下的整合变量 Seg_1^2 和 Seg_2^2 的回归系数也均为正，且在统计上不显著，但是市场整合对技术进步效应的回归结果也不显著，说明市场整合对技术进步效应发挥的作用并不明显，这一结论与白俊红和刘怡（2020）的研究结论相一致，白俊红和刘怡（2020）认为市场整合对技术创新本身的影响并不显著。Panel A 和 Panel B 的回归结果表明市场整合对城市全要素生产率增长的影响主要是通过效率改善效应实现的，而通过技术进步效应实现的作用并不明显。

表 6-12　估计结果

	Panel A：效率改善效应		Panel B：技术进步效应	
	（1）	（2）	（3）	（4）
Seg_1^2	0.087 (0.114)	／	0.079 (0.138)	／

续表

	Panel A：效率改善效应		Panel B：技术进步效应	
	（1）	（2）	（3）	（4）
Seg_2^2	/	0.073 （0.105）	/	0.080 （0.099）
Seg_1	0.344*** （0.027）	/	0.195 （0.184）	/
Seg_2	/	0.308*** （0.091）	/	0.156 （0.179）
控制变量	是	是	是	是
城市固定效应	是	是	是	是
时间固定效应	是	是	是	是
Obs.	3068	3068	3068	3068
R-squared	0.537	0.622	0.314	0.359

注：*** 表示在1%的显著性水平下拒绝参数不显著的原假设，除表头外，（ ）内的数字为基于城市层面聚类的稳健标准误。

资料来源：笔者根据 StataSE 15 分析结果整理。

本章小结

考察市场整合对城市生产率增长的影响效应有助于更加全面地认识市场整合的经济效果。本章在介绍市场整合影响城市生产率增长的实证模型设计与数据来源的基础上，首先检验了市场整合对城市生产率增长的平均影响效应；其次，讨论了市场整合对城市生产率增长影响的区域、城市行政层级、发达程度异质性；最后，探讨了市场整合影响城市生产率增长到底是通过效率改善效应还是技术进步效应实现的。主要研究结论和启示如下。

第一，考察期内市场整合可能与城市生产率增长之间存在非线性关系，但是研究样本仅发现了市场整合对城市生产率增长促进效应的证据。在使用城市海拔高度和市场整合滞后 1 期变量作为工具变量并考虑了城市全要素生产率增长测度指标的变化、样本选择误差和估计方法误差之后的估计结果也均验证了市场整合程度提高有利于促进城市生产率增长的结论是稳健可靠的。基于此，各地方政府应该摒弃财政分权体制下的地方保护主义思维，破除区际的贸易壁垒，加大区域交流和合作，进一步提高区域间的市场整合程度，从而有助于城市全要素生产率增长，实现经济的高质量发展。

第二，市场整合对城市生产率增长的区域异质性分析结果表明，相较于内陆地区和中部地区，沿海地区和东部地区市场整合对城市生产率增长的促进作用更强，西部地区和东北地区的市场整合对城市生产率增长的影响效应并不显著。因此，对于东部地区、中部地区和沿海地区、内陆地区来说，进一步提升市场整合水平是促进城市生产率增长的有效路径。这一结论对我国中部、内陆地区各城市实现全要素生产率增长具有较好的现实指导意义。

第三，市场整合对城市生产率增长的城市行政层级异质性分析结果表明，在低行政层级城市中，市场整合对城市生产率增长的影响效应显著为正，但是在高行政层级城市中，这一影响效应并不显著。可能的原因在于高行政层级城市拥有更多的政治资源和生产要素的集聚，受政府行为影响较重，使市场整合对城市全要素生产率增长影响的程度不深。

第四，市场整合对城市生产率增长的城市发达程度异质性分析结果表明，与初始经济发达程度较低的城市相比，初始经济发达程度高、经济发展基础好的城市更容易通过市场整合促进城市生产率的增长。这一结论的启示在于，经济发展基础较好的地区，市场整合程度的提升更能够促进城市生产率的增长，因而各地区在推进市场整合的过程中，还需要不断提高城市的经济发展实力，挖掘更多的经济增长点，以此形成正向合力，才能更好地促进城市生产率增长水平的提升。

第五，市场整合影响全要素生产率增长分解项中的效率改善效应的回归结果显著为正，而技术进步效应的回归结果并不显著，说明市场整合对城市全要素生产率增长的影响主要是通过效率改善效应实现的，技术进步效应发挥的作用还并不明显。由此可知，市场整合在实现规模经济、提升资源优化配置效率、促进市场竞争的过程中，也正向影响了生产部门的管理变革和制度革新，进而有助于全要素生产率的增长。

第七章 市场整合路径下互联网发展影响城市全要素生产率增长的实证分析

本章在第三章互联网发展能够通过市场整合进而对城市生产率增长产生影响的理论分析基础上，实证检验了互联网发展对城市生产率增长的影响效应如何以及市场整合是否在互联网发展影响城市生产率增长过程中发挥了中介作用这两个问题。具体过程如下：首先介绍了计量模型的构建过程、检验方法以及本章相关变量的选取和数据来源；其次检验了互联网发展对城市生产率增长影响的直接效应、市场整合作用机制的间接效应和总效应。

第一节 问题的提出

早在20世纪80年代，美国经济学家索洛就注意到了美国产业生产中的奇怪现象：尽管美国在信息技术上投入了大量的精力和资金，但是这些花费对生产率提升的作用甚微。在此基础上索洛提出了著名的"生产率悖论"："除了生产率以外，计算机发挥的作用无处不在。"（Solow，1987）。在此之后，许多学者开始关注以互联网为代表的信息技术与生产率之间的关系，并对"生产率悖论"进行了多角度的探究（姜建强等，2002），绝大多数学者认为索洛的观点过于草率，互联网对生产率具有正向的促进作用。

郭家堂和骆品亮（2016）在研究中指出，从当前互联网对经济发展的贡献以及世界各国政府对互联网的重视程度来看，索洛在提出"生产率悖论"时显然没有预见互联网"连接经济"的能量。从本部分的研究主题以及前文的分析结论来看，当各地区通过互联网相互连接时可以打破地理空间格局，加速地区间市场的整合，从而形成一体化的市场网络，实现规模经济，这个整合的市场还可以打破地区间信息不完全的限制，降低交易成本，带动区际的交流合作，加速资源在区际的自由流动，提高资源配置效率，更重要的是，这种连接整合作用会随着互联网规模的增大呈现边际递增趋势，从而成为推动中国经济增长特别是生产率增长的重要因素。

虽然目前的多数研究均认为互联网发展可以促进城市生产率增长，但是关于互联网影响城市生产率增长的渠道却存在不一致的看法。有研究认为互联网作为一种新的技术可以直接促进城市生产率的增长，在这种观点下，互联网和市场整合是两个相互独立的因素，互联网被当成一个独立的投入要素。然而，将互联网作为一个相对独立的因素可能并不合理，互联网主要是通过降低区域间交易成本，提升区域市场间的资源配置效率，进而促进了城市生产率增长。此外，多数观点还认为互联网可以促进城市生产率的增长，一是直接作用于城市生产率增长，二是改变了城市间的资源配置方式。

上述分析说明了在互联网促进城市生产率增长过程中可能存在的三种机制，即第一种机制是将互联网作为一种独立的投入要素，而市场整合水平保持不变；第二种机制是互联网通过促进区域市场整合而实现城市生产率增长；第三种机制是前两种的综合，互联网促进城市生产率增长的效应可以分解为直接效应和通过促进市场整合进而促进生产率增长的间接效应。第三种机制考虑得更加全面，也更加与现实相符。

国内虽然有学者开始注意到了这种影响机制，但是还未有学者将互联网发展、市场整合与城市生产率增长三者纳入一个统一的实证框架下进行分析，尚缺少检验三者之间影响机制的文献。而且目前国内研究互联网发展或者市场整合对城市生产率增长影响的相关文献大多采用的是省级层面的面板数据，从城市层面进行研究的文献比较匮乏，并且不同地理区位、不同规模和不同发展程度城市的互联网发展、市场整合与城市生产率增长之间的影响作用也可能会存在差别，这些均是需要深入探究的问题。本章拟考察互联网发展对我国城市生产率增长的直接影响以及通过市场整合影响城市生产率增长的间接影响，以期为中国的网络强国建设和经济高质量发展提供政策启示。

第二节　计量模型构建与变量说明

本节首先介绍了中介效应模型（mediation effect model）的作用原理和检验方法，并在此基础上构建了相应的中介效应模型；其次对本章实证检验中所使用的变量进行说明，并介绍数据的来源。

一　计量模型构建

本章主要选用中介效应模型进行分析。中介效应模型早期主要应用于心理学分析领域，近年来开始受到社会科学领域的重视。相较于传统模型只能分析自变量对因变量的影响效应，中介效应模型的优势是可以分析自变量对因变量的作用过程以及影响机制。目前常用的中介效应检验方法主要有两种：Baron 和 Kenny（1986）的逐步回归方法和检验中介效应系数乘积的 Bootstrap 法。Dippel 等（2020）在 *Stata Journal* 中率先提出了考虑内生性的中介效应模型估计方法，这为本章对中介效应模型进行内生性检验提供了思路。

（一）中介效应作用原理及检验方法

中介效应分析主要是用于判断自变量 X 对因变量 Y 的影响是否是通过部分或者全部中介变量 M 产生的（Baron 和 Kenny，1986）。温忠麟和叶宝娟（2014）将中介效应的计量方程和作用路径表述为图 7-1。其中回归系数 c 为没有加入中介变量时，自变量 X 对因变量 Y 影响的总效应，对应于图 7-1（a）；回归系数 a 为自变量 X 对中介变量 M 的影响效应，回归系数 c' 为加入了中介变量 M 之后，自变量 X 对因变量 Y 影响的直接效应，回归系数 b 为控制了自变量 X 之后，中介变量 M 对因变量 Y 的影响，对应于图 7-1（b）；在该模型中，中介效应，也即自变量 X 对因变量 Y 的间接影响等于系数 a 与系数 b 的乘积（ab）；总效应等于间接效应与直接效应的总和（$c = c' + ab$）。

中介效应模型检验的关键在于中介效应的回归系数是否显著为 0，也即 H_0：$ab = 0$。检验回归系数 a 与 b 的乘积是否等于 0 的方法有两种：一种是依次检验系数 a 和 b 是否显著为 0（Baron 和 Kenny，1986），另一种是 Bootstrap 法。温忠麟和叶宝娟（2014）通过比较 Bootstrap 法和依次检验法的优劣，认为中介效应模型的检验应该遵循如下步骤：第一步，检验自变量 X 对因变量 Y 的总效应系数 c 是否显著，如果 c 显著则可以按照中介效应解释，如果 c 不显著则按照遮掩效应来解释。第二步，检验自变量 X 对中介变量 M 的回归系数 a 以及控制自变量 X 后中介变量对因变量 Y 的回归系数 b 是否均显著，如果两者均显著说明中介效应显著存在，如果两者间至少有一个不显著，则需要借助 Bootstrap 法检验 a 和 b 乘积的显著性，如果 ab 显著则说明中介效应显著存在，反之则判定中介效应并不显著存在。第三步，在中介效应存在的基础上可以进一步检验自变量 X 对因变量 Y 直接效应 c' 的显著性。如果 c' 也显著则需要判断中介效应 ab 和直接效应 c' 的正负性是否一致，如果两者的正负性一致，则说明中介变量发挥了部分中介作用，中介效应占总效应的比例为 ab/c，当两者的正负性相反时，说明模型存在遮掩效应，此时应该说明中介效应占直接效应比例的绝对值，也即中介效应和直接效应的相对值大小。

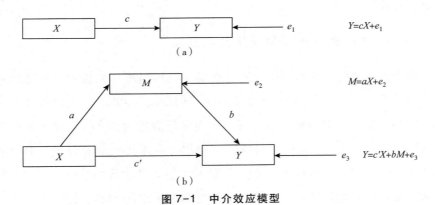

图 7-1　中介效应模型

资料来源：温忠麟，叶宝娟. 中介效应分析：方法和模型发展［J］. 心理科学进展，2014，22（5）：731-745.

（二）模型构建

根据前文的理论分析可知，互联网发展对城市生产率增长的影响存在着三种机制，第一种是直接提升了城市生产率增长，第二种是通过提升区际的市场整合程度，降低交易成本，促进资源配置效率的提高，促进城市生产率增长，第三种机制是前两种机制的结合，即互联网发展促进城市生产率增长的效应分为直接效应和通过引致市场整合促进生产率增长的间接效应，第三种作用机制与现实更加相符。通过建立中介效应模型，依次进行中介效应检验，可以验证上述三种机制的存在性。本部分借鉴 Baron 和 Kenny（1986）与 Hayes（2009）对中介效应模型的设计，以市场整合为中介变量，分析互联网发展对城市生产率增长的影响。中介效应模型设定如下。

$$TFP_{1i,t+1} = \alpha_1 + \beta_{11}Int_{i,t} + \beta_{12}X_{jit} + v_{1i} + \rho_{1t} + \varepsilon_{1i,t} \tag{7.1}$$

$$Seg_{1i,t+1}(Seg_{2i,t+1}) = \alpha_2 + \beta_{21}Int_{i,t} + \beta_{22}X_{jit} + v_{2i} + \rho_{2t} + \varepsilon_{2i,t} \tag{7.2}$$

$$TFP_{1i,t+1} = \alpha_3 + \beta_{31}Int_{i,t} + \beta_{32}Seg_{1i,t+1}(Seg_{2i,t+1}) + \beta_{33}X_{jit} + v_{3i} + \rho_{3t} + \varepsilon_{3i,t} \tag{7.3}$$

其中式（7.1）用于检验互联网发展是否影响城市全要素生产率增长，由于互联网发展对城市全要素生产率增长的影响需要一定的作用时间，因而将城市全要素生产率增长率前置 1 期处理；式（7.2）用于检验互联网发展对市场整合的影响，与第五章中的模型设定相同，市场整合变量分为桂琦寒等（2006）方法下的 Seg_1 和范爱军等（2007）方法下的 Seg_2 两种形式；式（7.3）是在控制互联网发展水平之后，检验市场整合（分别为 Seg_1 和 Seg_2）对城市全要素生产率增长的影响，从第六章的分析可知，在本部分的样本考察期内，市场整合对城市生产率增长影响的二次项的系数并不显著，因此在式（7.3）中并未加入市场整合变量的二次项。上述中介效应模型的具体检验步骤如下：第一步，先根据式（7.1）检验互联网发展水平是否影响城市生产率增长；如果回归系数显著则进入第二步，根据式（7.2）检验互联网发展是否影响市场整合；如果回归系数也显著则进入第三步，将互联网发展和市场整合均加入回归模型即根据式（7.3）

进行检验，如果市场整合对城市生产率增长的影响显著，当互联网发展的影响也显著时为部分中介效应，当互联网发展的影响不显著时为全部中介效应。

在式（7.1）~式（7.3）的设定下，互联网发展对城市生产率增长的边际影响可用式（7.4）表示。

$$dTFP_1/dInt = \beta_{31} + \beta_{32}\beta_{21} \tag{7.4}$$

式（7.4）中，β_{31} 为直接效应部分，$\beta_{32}\beta_{21}$ 为互联网通过促进市场整合影响城市生产率增长的中介效应部分。由前文的分析可知，可以根据两者占总效应的比重估算两种效应的相对重要性。

二 变量说明与数据来源

本章中解释变量互联网发展水平与第五章中的指标保持一致，分为固定互联网普及率（$Int\_tradition$）和移动互联网普及率（Int_mobile）两种形式；市场整合中介变量与第五章和第六章保持一致，分别为"以邻为壑"情况下的市场整合指数（Seg_1）和全国整体层面的市场整合指数（Seg_2）。前者参考桂琦寒等（2006）的方法考察相邻城市间的市场整合情况，后者参考范爱军等（2007）的方法考察整个国内市场的整合情况；被解释变量城市生产率增长指标与第六章保持一致，为以 DEA-Malmquist 指数法测算的全要素生产率增长率（TFP_1）。

式（7.1）和式（7.3）的控制变量选取与第六章中的计量模型式（6.1）和式（6.2）保持一致。式（7.2）的控制变量选取与第五章中的计量模型式（5.1）和式（5.2）保持一致。

与第五章和第六章的实证研究相同，本章实证研究中选取的样本为2006~2018 年中国 236 个地级城市的面板数据，由于市场整合指标和城市生产率增长指标需要前置 1 期处理，为了获得平衡面板数据，市场整合和城市生产率增长的样本年限为 2007~2018 年，互联网发展和相关控制变量的样本年限为 2006~2017 年。原始数据主要来源于中国价格信息网、EPS-DATA 统计数据分析平台、CNRDS 中国研究数据服务平台、《中国城市统计年鉴》、《中经网城市年度数据》、CEIC 中国经济数据库等。相关变量的描述性统计结果不再重复说明。

第三节　实证结果与分析

基于第二节的中介效应模型设计，本节首先实证检验了互联网发展对城市生产率增长影响的直接效应、基于市场整合的中介效应以及总效应；其次，考虑了目前学界对中介效应模型使用过程中存在内生性问题的争议，检验了中介效应模型的内生性；再次，从互联网发展变量测度误差、城市全要素生产率增长变量测度误差、样本选择误差三个方面对回归结果的稳健性进行了检验；最后，本节还基于沿海、内陆异质性和城市行政层级异质性两个层面对互联网发展、市场整合与城市生产率增长之间的关系进行了异质性检验。

一　基准回归模型估计结果

基于前文式（7.1）~式（7.3）中介效应模型的设计，本部分得到互联网发展与城市生产率增长的市场整合机制检验结果如表 7-1 所示。表 7-1 的第（1）列揭示了固定互联网普及率和移动互联网普及率的提升均能够显著促进城市生产率的增长。固定互联网普及率每提升 1%，将会促进城市生产率增长 1.203%，移动互联网普及率每提升 1%，将会促进城市生产率增长 1.354%，这也支持了部分相关研究的观点，可能的原因是互联网发展作为一种技术进步直接促进了城市生产率的增长。就其他控制变量的估计结果来说，由于此回归模型的被解释变量为城市生产率增长，因而选取的控制变量为可能对城市生产率增长产生影响的因素，与第六章相同。根据控制变量的回归结果可发现，金融发展水平（Finance）、城市创新能力（Innovation）、对外开放程度（Open）、城镇化水平（Urban）、产业结构（Structure）和人力资本水平（Human）的回归系数显著为正，说明这些因素能够显著促进城市生产率的增长，而政府支持（Government）

的回归系数不显著，说明随着信息化的发展和市场化程度的提升，生产部门对政府部门的依赖程度逐渐降低，这些结果与第六章中控制变量的结果一致，从而也证明了第六章研究结论具有稳健性。

由于互联网发展对城市生产率增长的回归系数显著，接下来进行中介效应检验的第二步，具体回归结果如表7-1中的第（2）列和第（3）列所示。第（2）列检验了互联网发展对桂琦寒等（2006）方法下市场整合指数的影响，第（3）列检验了互联网发展对范爱军等（2007）方法下市场整合指数的影响，具体回归结果与第五章中的实证研究结果保持一致，也即固定互联网普及率和移动互联网普及率的提升均能够促进市场整合程度的提升。由于互联网发展对市场整合中介变量的影响效应显著，接下来可以进行第三步检验，也即控制互联网发展水平后，市场整合中介变量对城市生产率增长的影响，具体回归结果如表7-1中的第（4）列和第（5）列所示。

表7-1中第（4）列的回归结果为控制互联网发展水平后，市场整合指数 Seg_1 对城市生产率增长的影响，第（5）列的回归结果为控制互联网发展水平后，市场整合指数 Seg_2 对城市生产率增长的影响。可以看到，无论以哪种方法测算的市场整合指数作为中介变量，市场整合变量对城市生产率增长的影响系数都显著为正，并且固定互联网普及率和移动互联网普及率对城市生产率增长的回归系数也显著为正，这表明在控制了城市互联网发展水平之后，市场整合对城市生产率增长具有显著的促进作用。

综合表7-1的实证结果和中介效应的检验步骤可知，互联网发展除了可以直接促进城市生产率增长之外，还可以通过市场整合促进城市生产率增长，也即互联网通过市场整合影响城市生产率增长的效应表现为部分中介效应。本部分的研究结果表明，互联网发展作为一种技术创新水平的提升不仅可以直接促进城市生产率增长，还可以通过促进市场整合实现效率改善间接促进城市生产率增长。至此，说明互联网发展影响城市生产率增长的直接效应最终为正向的，并且市场整合在互联网发展影响城市生产率增长过程中发挥了中介作用，命题3和命题4得到验证。由前文的分析可知，城市生产率的增长主要通过技术进步和效率改善两个方面实现，互联网发展作为技术创新促进城市生产率增长的直接效应，在一定程度上表现为技术进步层面；而通过市场整合促进城市生产率增长的间接效应主要表现为效率改善层面，后者在第六章中已经得到证明。

此外，基于式（7.4）与上述估计结果，可以计算出互联网发展对城市生产率增长的边际影响，以桂琦寒等（2006）方法测算的市场整合指数 Seg_1 为中介变量的结果为例：$dTFP_1/dInt\_tradition = 0.951 + 0.308 \times 0.765$；$dTFP_1/dInt\_mobile = 1.102 + 0.308 \times 0.872$。上述两个等式分别表示固定互联网普及率和移动互联网普及率对城市生产率增长的边际影响，等号右侧的第一部分为直接效应，第二部分为通过市场整合促进城市生产率增长的中介效应。

表 7-1　互联网发展影响城市生产率增长的市场整合机制检验结果

	（1） TFP_1	（2） Seg_1	（3） Seg_2	（4） TFP_1	（5） TFP_1
$Int\_tradition$	1.203 *** （0.074）	0.765 *** （0.153）	0.721 *** （0.105）	0.951 *** （0.073）	1.007 *** （0.062）
Int_mobile	1.354 *** （0.081）	0.872 *** （0.114）	0.869 *** （0.074）	1.102 *** （0.084）	1.135 *** （0.108）
Seg_1	/	/	/	0.308 *** （0.091）	/
Seg_2	/	/	/	/	0.328 *** （0.066）
$Fiscal$	/	-0.248 ** （0.111）	-0.337 *** （0.095）	/	/
$Division1$	/	0.405 *** （0.101）	/	/	/
$Division2$	/	/	0.382 *** （0.095）	/	/
$Owner$	/	-0.090 *** （0.033）	-0.072 *** （0.015）	/	/
$Distance_1$	/	-0.054 *** （0.009）	/	/	/
$Distance_2$	/	/	-0.046 *** （0.006）	/	/
$Government$	0.252 （0.297）	0.413 *** （0.110）	0.328 *** （0.077）	0.216 （0.224）	0.205 （0.187）

续表

	(1) TFP_1	(2) Seg_1	(3) Seg_2	(4) TFP_1	(5) TFP_1
Open	0.011 *** (0.006)	-0.018 *** (0.004)	-0.030 *** (0.002)	0.012 *** (0.003)	0.010 *** (0.003)
Finance	0.005 *** (0.001)	/	/	0.014 *** (0.004)	0.008 *** (0.001)
Innovation	0.143 *** (0.058)	/	/	0.183 *** (0.017)	0.176 *** (0.035)
Urban	2.207 *** (0.063)	/	/	2.166 *** (0.084)	2.058 *** (0.064)
Structure	0.049 *** (0.003)	/	/	0.041 * (0.022)	0.057 * (0.027)
Human	0.055 *** (0.009)	/	/	0.048 *** (0.005)	0.084 *** (0.007)
城市固定效应	是	是	是	是	是
时间固定效应	是	是	是	是	是
Obs.	2832	2832	2832	2832	2832
R-squared	0.634	0.595	0.551	0.629	0.577

注：* 、** 、*** 分别表示在 10%、5%、1% 的显著性水平下拒绝参数不显著的原假设，除表头外，（ ）内的数字为基于城市层面聚类的稳健标准误。

资料来源：笔者根据 StataSE 15 分析结果整理。

二 稳健性检验

为了确保上述基准回归模型回归结果的稳健性，本章进行如下稳健性检验。

（一）替换全要素生产率增长指标

考虑城市全要素生产率增长变量测算方法的误差，基准回归模型中使用的是 DEA-Malmquist 指数方法测算的城市全要素生产率增长指标，稳健性检验中将使用 SFA-Malmquist 指数方法测算的全要素生产率增长指标和 Malmquist-Luenberger 指数法测算的绿色全要素生产率增长指标替换基准回归模型中的全要素生产率增长指标。具体的稳健性检验结果如表 7-2 和表 7-3 所示。

表 7-2　稳健性检验：替换全要素生产率增长指标（SFA-Malmquist 指数法）

	（1） TFP_2	（2） Seg_1	（3） Seg_2	（4） TFP_2	（5） TFP_2
$Int\_tradition$	1.130 *** （0.082）	0.783 *** （0.125）	0.751 *** （0.132）	0.804 *** （0.055）	0.723 *** （0.065）
Int_mobile	1.296 *** （0.055）	0.925 *** （0.094）	0.904 *** （0.063）	0.811 *** （0.078）	0.808 *** （0.027）
Seg_1	/	/	/	0.372 *** （0.094）	/
Seg_2	/	/	/	/	0.354 *** （0.031）
控制变量	是	是	是	是	是
城市固定效应	是	是	是	是	是
时间固定效应	是	是	是	是	是
Obs.	2832	2832	2832	2832	2832
R-squared	0.529	0.436	0.442	0.587	0.503

注：*** 表示在 1% 的显著性水平下拒绝参数不显著的原假设，除表头外，（ ）内的数字为基于城市层面聚类的稳健标准误。

资料来源：笔者根据 StataSE 15 分析结果整理。

从表 7-2 和表 7-3 中替换城市全要素生产率增长指标的稳健性回归结果可知，将城市全要素生产率增长指标的测算方法换成 SFA-Malmquist 指数法，以及将城市全要素生产率增长指标换成 Malmquist-Luenberger 指数法下的绿色全要素生产率增长指标之后，固定互联网普及率和移动互联网普及率对城市生产率增长的影响的总效应、直接效应和通过市场整合作用的中介效应的回归系数均显著为正，说明互联网发展对城市生产率增长的影响包括直接效应和通过市场整合作用的中介效应。这亦说明市场整合在互联网发展和城市生产率增长之间起到了部分中介作用，基准回归模型的研究结果具有稳健性。

表 7-3　稳健性检验：替换全要素生产率增长指标（Malmquist-Luenberger 指数法）

	（1） TFP_3	（2） Seg_1	（3） Seg_2	（4） TFP_3	（5） TFP_3
$Int\_tradition$	0.783 *** （0.052）	0.655 *** （0.057）	0.638 *** （0.041）	0.544 *** （0.070）	0.505 *** （0.100）
Int_mobile	0.795 *** （0.067）	0.684 *** （0.083）	0.692 *** （0.074）	0.552 *** （0.063）	0.543 *** （0.082）
Seg_1	/	/	/	0.321 *** （0.087）	/
Seg_2	/	/	/	/	0.372 *** （0.102）
控制变量	是	是	是	是	是
城市固定效应	是	是	是	是	是
时间固定效应	是	是	是	是	是
Obs.	2832	2832	2832	2832	2832
R-squared	0.444	0.508	0.542	0.689	0.652

注：*** 表示在 1% 的显著性水平下拒绝参数不显著的原假设，除表头外，（　）内的数字为基于城市层面聚类的稳健标准误。

资料来源：笔者根据 StataSE 15 分析结果整理。

（二）剔除直辖市样本

考虑到直辖市往往与其他城市在政策和发展上存在差异，因而本部分在稳健性检验部分还剔除了直辖市样本。具体的稳健性检验结果如表 7-4 所示。

表 7-4 中的回归结果显示，在剔除直辖市样本之后，固定互联网普及率和移动互联网普及率对城市全要素生产率增长影响的总效应的回归系数分别为 1.372 和 1.463，且均在 1% 的水平下显著。此外，两种形式下的互联网普及率对市场整合的影响系数均显著为正，在控制互联网发展变量之

后，Seg_1 和 Seg_2 的回归系数也均显著为正。说明市场整合在互联网影响城市生产率增长的过程中发挥了部分中介作用，这与基准回归模型的结果一致，从而进一步说明本部分研究结果亦是稳健的。

表 7-4　稳健性检验：非直辖市样本

	（1） TFP_1	（2） Seg_1	（3） Seg_2	（4） TFP_1	（5） TFP_1
Int_tradition	1.372 *** （0.045）	0.803 *** （0.100）	0.794 *** （0.158）	1.121 *** （0.074）	1.056 *** （0.079）
Int_mobile	1.463 *** （0.068）	0.911 *** （0.124）	0.889 *** （0.177）	1.323 *** （0.092）	1.198 *** （0.085）
Seg_1	/	/	/	0.394 *** （0.053）	/
Seg_2	/	/	/	/	0.412 *** （0.053）
控制变量	是	是	是	是	是
城市固定效应	是	是	是	是	是
时间固定效应	是	是	是	是	是
Obs.	2784	2784	2784	2784	2784
R-squared	0.627	0.534	0.627	0.588	0.608

注：*** 表示在 1% 的显著性水平下拒绝参数不显著的原假设，除表头外，（）内的数字为基于城市层面聚类的稳健标准误。

资料来源：笔者根据 StataSE 15 分析结果整理。

三　异质性分析

在识别了互联网发展影响城市生产率增长的直接效应及通过市场整合促进城市生产率增长的间接效应的基础上，本部分内容进一步考察异质性条件下的影响效应差异性。

（一）城市规模差异维度

从第五章的分析结果可知，互联网对市场整合的影响存在基于城市规模差异的异质性特征，城市规模较大的城市更容易发挥互联网的网络效应，使信息的分享和交流更为便捷。因此，市场整合路径下互联网对城市生产率增长的影响效应也可能存在基于城市规模差异的异质性特征，本部分拟对此进行检验。具体做法与第五章保持一致，将超大、特大和大城市样本归为一组，将中小城市样本归为一组，在基准回归模型的基础上分别对两组样本进行回归，具体估计结果如表7-5所示。从表7-5中可以看出，超大、特大和大城市中的互联网发展对城市生产率增长影响的直接效应，以及通过市场整合路径的中介效应和总效应均显著为正，并且高于全国层面上的平均水平，而中小城市中的互联网发展对城市生产率增长影响的直接效应和中介效应虽然显著为正，但是作用大小和显著性均明显降低，并且低于全国的平均水平。这一结果进一步验证了互联网的网络效应发挥需要建立在一定的城市规模之上，用户数量越多，网络效应才能更好地发挥。因此，加大对中西部地区超大、特大和大城市（例如武汉、西安等）的互联网基础设施建设比加大东部地区中小城市的互联网基础设施建设可能更具现实效果。

表7-5 互联网发展、市场整合与城市生产率增长：城市规模差异

	(1) TFP_1	(2) Seg_1	(3) Seg_2	(4) TFP_1	(5) TFP_1
超大、特大和大城市					
$Int\_tradition$	2.135 *** (0.062)	1.333 *** (0.021)	1.296 *** (0.054)	1.945 *** (0.055)	1.782 *** (0.092)
Int_mobile	2.892 *** (0.051)	1.424 *** (0.018)	1.587 *** (0.063)	2.183 *** (0.047)	2.054 *** (0.132)
Seg_1	/	/	/	0.654 *** (0.037)	/
Seg_2	/	/	/	/	0.578 *** (0.012)
控制变量	是	是	是	是	是
时间固定效应	是	是	是	是	是
R-squared	0.481	0.405	0.493	0.528	0.532

续表

	（1） TFP_1	（2） Seg_1	（3） Seg_2	（4） TFP_1	（5） TFP_1
			中小城市		
Int_tradition	0.645 ** （0.319）	0.489 * （0.288）	0.670 * （0.345）	0.238 * （0.134）	0.162 * （0.047）
Int_mobile	0.775 ** （0.341）	0.521 * （0.272）	0.698 * （0.352）	0.313 * （0.163）	0.194 * （0.098）
Seg_1	/	/	/	0.524 ** （0.233）	/
Seg_2	/	/	/	/	0.508 * （0.259）
控制变量	是	是	是	是	是
时间固定效应	是	是	是	是	是
R-squared	0.528	0.632	0.463	0.637	0.622

注：＊、＊＊、＊＊＊分别表示在10%、5%、1%的显著性水平下拒绝参数不显著的原假设，除表头外，（ ）内的数字为基于城市层面聚类的稳健标准误。

资料来源：笔者根据 StataSE 15 分析结果整理。

（二）城市发达程度差异维度

第五章和第六章的实证研究结果表明互联网发展对市场整合的影响，以及市场整合对城市生产率增长的影响均存在基于城市发达程度差异的异质性特征，那么市场整合路径下互联网发展对城市生产率增长的影响是否也存在基于城市发达程度差异的异质性特征呢？接下来本部分以各城市样本初期（2006年）的经济发展水平来区分城市间初始发达程度。具体划分方法与第五章保持一致，即以2006年所有样本城市的平均夜间灯光亮度为基准，将2006年城市夜间灯光总亮度高于这一基准的城市归类为高发达度城市组，反之则归类为低发达度城市组。基于城市发达程度差异的异质性检验结果具体如表7-6所示。

从基于城市发达程度差异的异质性检验结果可知，在高发达度的城市中，互联网发展影响城市生产率增长的直接效应以及通过作用于市场整合影响城市生产率增长的间接效应和总效应均显著为正。而在低发达度的城市中，互联网发展影响城市生产率增长的直接效应、中介效应和总效应虽然为正，但是均不显著。这一回归结果揭示了互联网对城市全要素生产率增长的影响还需要建立在一定程度的经济发展水平之上，经济发达程度高的城市意味着更大的配套能力和知识吸收能力，因而更容易发挥互联网的促进作用。

表 7-6　互联网发展、市场整合与城市生产率增长：城市发达程度差异

	（1） TFP_1	（2） Seg_1	（3） Seg_2	（4） TFP_1	（5） TFP_1
高发达度城市					
$Int\_tradition$	1.363 *** （0.104）	1.074 *** （0.157）	0.843 *** （0.062）	1.132 *** （0.203）	1.083 *** （0.067）
Int_mobile	1.154 *** （0.089）	1.158 *** （0.077）	0.927 *** （0.084）	1.256 *** （0.224）	1.156 *** （0.099）
Seg_1	/	/	/	0.053 *** （0.014）	/
Seg_2	/	/	/	/	0.067 *** （0.010）
控制变量	是	是	是	是	是
时间固定效应	是	是	是	是	是
R-squared	0.508	0.536	0.592	0.674	0.607
低发达度城市					
$Int\_tradition$	0.482 （0.754）	0.189 （0.276）	0.082 （0.243）	0.239 （0.367）	0.286 *** （0.039）
Int_mobile	0.503 （0.779）	0.095 （0.353）	0.167 （0.250）	0.328 （0.479）	0.335 *** （0.047）
Seg_1	/	/	/	0.092 *** （0.031）	/

续表

	(1) TFP_1	(2) Seg_1	(3) Seg_2	(4) TFP_1	(5) TFP_1
Seg_2	/	/	/	/	0.083** (0.027)
控制变量	是	是	是	是	是
时间固定效应	是	是	是	是	是
R-squared	0.496	0.488	0.474	0.532	0.415

注：**、***分别表示在5%、1%的显著性水平下拒绝参数不显著的原假设，除表头外，（）内的数字为基于城市层面聚类的稳健标准误差。

资料来源：笔者根据 StataSE 15 分析结果整理。

（三）沿海、内陆维度

另外，考虑到目前我国沿海城市和内陆城市的经济发展差异，本章进一步从沿海城市和内陆城市层面进行异质性检验。沿海城市的互联网发展水平和开放程度均较高，互联网发展对城市生产率增长的作用机制与作用效果可能会与内陆城市存在差异。沿海城市和内陆城市的划分标准同第五章第四节，具体的沿海、内陆异质性回归结果如表7-7所示。

从表7-7中的估计结果可以发现，沿海城市互联网发展对城市生产率增长影响的直接效应、通过作用于市场整合影响城市生产率增长的间接效应以及总效应均显著为正，并且直接效应、中介效应和总效应三者均高于全国层面上的平均水平。而内陆城市的互联网发展对城市生产率增长影响的直接效应、中介效应和总效应虽然显著为正，但是各效应的数值大小明显低于全国平均水平，并且相较于沿海城市的回归结果，内陆城市大部分回归系数的显著性有所降低。出现上述结果的原因可能在于沿海城市的互联网发展水平较高，通过提高城市间的市场整合水平促进城市生产率增长的作用更强。内陆城市的互联网发展水平还需要进一步提升，力争逐渐缩小与沿海城市间的数字鸿沟，更好地发挥互联网的经济效应。

表 7-7　互联网发展、市场整合与城市生产率增长：沿海、内陆异质性

	(1) TFP_1	(2) Seg_1	(3) Seg_2	(4) TFP_1	(5) TFP_1
沿海城市					
Int_tradition	2.382***	1.355***	1.302***	1.082***	1.121***
	(0.043)	(0.124)	(0.156)	(0.074)	(0.036)
Int_mobile	2.607***	1.398***	1.374***	1.151***	1.188***
	(0.072)	(0.206)	(0.122)	(0.076)	(0.057)
Seg_1	/	/	/	0.724*** (0.029)	/
Seg_2	/	/	/	/	0.625*** (0.132)
控制变量	是	是	是	是	是
时间固定效应	是	是	是	是	是
R-squared	0.482	0.447	0.439	0.561	0.592
内陆城市					
Int_tradition	0.424***	0.581**	0.538*	0.408***	0.429***
	(0.053)	(0.250)	(0.274)	(0.029)	(0.035)
Int_mobile	0.508***	0.592*	0.564*	0.480**	0.488***
	(0.071)	(0.315)	(0.295)	(0.201)	(0.021)
Seg_1	/	/	/	0.308*** (0.077)	/
Seg_2	/	/	/	/	0.336* (0.175)
控制变量	是	是	是	是	是
时间固定效应	是	是	是	是	是
R-squared	0.554	0.592	0.543	0.626	0.638

注：*、**、***分别表示在10%、5%、1%的显著性水平下拒绝参数不显著的原假设，除表头外，（）内的数字为基于城市层面聚类的稳健标准误。

资料来源：笔者根据 StataSE 15 分析结果整理。

本章小结

本章基于 2006~2018 年中国 236 个地级城市的面板数据，实证检验了互联网发展促进城市生产率增长的直接效应和通过市场整合促进城市生产率增长的中介效应，并考虑了中介效应模型的内生性和稳健性。本章得到的主要结论如下。

第一，互联网发展不仅可以直接促进城市生产率增长，还可以通过促进市场整合实现效率改善间接促进城市生产率增长，也即市场整合在互联网促进城市生产率增长过程中发挥了部分中介作用。在采用工具变量估计方法考虑了中介效应模型存在的内生性问题，以及考虑了互联网发展变量、城市生产率增长变量的测度误差和非直辖市样本之后，上述结果依然具有稳健性。

第二，超大、特大和大城市的互联网发展能够通过市场整合对城市生产率增长产生促进作用，市场整合在其中发挥了部分中介作用，并且这些作用均大于全国层面的平均水平。与此同时，中小城市通过互联网发展促进市场整合进而影响城市生产率增长的作用效果虽然显著，但是作用大小和显著性水平均明显降低。这一结论说明互联网在较大规模的城市中更容易发挥作用，用户数量越多，互联网的网络效应越强。

第三，沿海城市互联网发展对城市生产率增长影响的直接效应、通过作用于市场整合影响城市生产率增长的间接效应以及总效应均显著为正，并且直接效应、中介效应和总效应三者均高于全国层面上的平均水平。而内陆城市的互联网发展水平对城市生产率增长影响的直接效应、中介效应和总效应虽然显著为正，但是各效应的数值大小明显低于全国平均水平，并且相较于沿海城市的回归结果，内陆城市大部分回归系数的显著性有所降低。内陆城市的互联网发展水平还需要进一步提升，逐渐缩小与沿海城市间的数字鸿沟，进而更好地发挥互联网的经济效应。

第四，在高发达度的城市中，互联网发展影响城市生产率增长的直接效应、通过作用于市场整合影响城市生产率增长的间接效应和总效应均显著为正；但是在低发达度的城市中，互联网发展影响城市生产率增长的直接效应、中介效应和总效应虽然为正，但是均不显著。这一回归结果揭示了互联网发展对城市全要素生产率增长的影响需要建立在一定程度的经济发展水平之上，因此地方政府在促进互联网发展的过程中，也要重视对产业生产、技术创新等的发展，不断提升城市的经济发展水平，为全要素生产率的增长奠定基础。

第八章 数字经济对区域产业发展的影响研究

区域内产业的高质量发展是实现城市生产率增长的重要方面。本章基于数字经济快速发展的现实背景，深入研究了数字经济发展对区域内制造业和服务业高质量发展的影响，从产业发展的角度探究城市生产率增长问题，以期为相关政策的制定提供参考。

第一节 问题的提出

随着全球新一轮科技革命和产业变革加速推进，数字经济与社会发展诸多领域的融合已经成为不可阻挡的时代趋势，并深刻影响着中国产业的发展模式和生产方式的转变。在此背景下，我国政府将数字化、网络化、智能化与经济社会的融合发展作为中国经济增长的新动能之一，力图通过数字化技术优化生产结构，重塑产业发展动力。

从现实情况来看，中国的制造业和服务业产业发展呈现明显的低端锁定态势。首先，"两头在外"的全球产业布局使我国企业被长期"锁定"在价值链的中低端，上下游国家通过设置技术知识壁垒、提升环保标准等大力压缩我国产业发展的利润空间，企业发展举步维艰；其次，处于全球价值链顶端的国家或者企业依靠其在研发创新和技术服务上的垄断能力，将不利于本国发展的高污染型产业转移到中国，对我国的生态环境造成了严重破坏，逐渐成为"污染避难所"（傅京燕，2008）；最后，在长期缺乏核心生产技术及粗放型经济生产方式的背景下，我国的产业发展对劳动力、资本等生产要素形成了严重的路径依赖，这不仅对技术密集型产业的发展造成了诸多不利影响，还使我国产业发展陷入了低端锁定的恶性循环。在此背景下，如何利用数字经济优势破解中国产业发展低端锁定的现实困境，提升中国产品和服务的国际竞争能力，进而实现经济的高质量发展，成为一项值得关注的重要议题。

数字经济对社会发展的积极影响已经引起政策界和学术界的广泛关注，现有研究主要聚焦于以下方面。第一，数字经济及其应用能够拓展商品交换的地域空间，显著降低交易成本，大幅提升交易效率；第二，数字化能带来个性化消费、信息型消费等新型消费模式，推动消费结构变化，最终促进相应产业结构的转型与升级；第三，数字化实现了实体经济与虚拟经济相互融合的"跨界经营"模式，促使传统产业进行颠覆式变革，提高企业的生产活力；第四，数字化加快了知识技术扩散速度，打破了知识技术扩散的空间，从而使人们能够更加方便地获取知识和技术，为生产向技术密集型转变提供了极大便利。可见，数字经济所伴随的上述"创造性破坏"特征能够显著提升社会生产效率，重构生产要素投入结构及企业生产模式，加快企业技术知识的获取速度，从而为实现我国产业发展的低端解锁创造可能。

第二节　文献综述

一　中国产业发展低端锁定的影响因素研究

首先，要素结构的升级滞后是导致我国产业发展低端锁定的主要原因。林毅夫（2011）指出要素结构决定了产业结构，且要素是产业发展的基础。产业发展陷入低端锁定的国家一般在劳动力、自然资源等初级要素方面具有比较优势，在经济发展初期，这种要素结构有利于发展劳动密集型产业和资源密集型产业，当经济未达到充分就业时，这些产业的发展能够带来一定程度的产业升级。然而，随着人口红利的消失、自然资源的枯竭以及技术的进步，劳动密集型产业和资源密集型产业的发展难以为继，但是高级要素的缺乏又导致国家难以实现产业升级（吕荣杰等，2021），只能被锁定在价值链的低端。张桂文和孙亚南（2014）也证明了上述观点，指出人力资本等高级生产要素与产业结构的耦合程度不高，是造成中国产业结构升级受阻的重要因素。

其次，技术创新能力不足也是导致我国产业发展低端锁定的重要原因。近年来，我国的技术创新取得了巨大的进步，但是与发达国家还存在一定差距，自主创新能力不足，可替代能源、人工智能、生物医药等核心生产技术的掌握程度还较低。Montobbio（2012）指出，以核心技术和个性化服务为筹码掌握产业链的高端环节，是实现产业发展低端解锁的重要途径。傅元海等（2014）认为，只有掌握高端产业核心技术的研发才能推动产业升级，获得高附加值。

最后，交易成本过高、交易效率低下也是我国产业发展低端锁定的原因之一。产业升级的过程本质上是分工深化的过程，而交易成本又是制约分工发展的关键因素（Coase，1937）。技术密集型产业、现代服务业等本身就是分工复杂的契约密集型产业，产业链顶端的研发创新部门和品牌营销部门也需要复杂的分工和规范的契约保障，而当前我国企业在生产过程中面临着高昂的信息成本、契约成本、运输成本、沟通成本等，严重影响了交易效率的提升，并且很容易形成对低端生产的路径依赖，影响产业结构的升级。

二 数字经济对产业部门的影响研究

目前学界关于数字经济对产业部门影响的研究主要从以下三方面开展。一是数字产业化对产业发展的影响。数字产业化对产业发展的正向促进作用已经得到了证实，孙利君（2020）指出，以数字经济为代表的新兴技术会催生新的数字产业，推动传统产业的高质量发展；徐慧超等（2022）发现，数字产业化有助于缩短交易周期、丰富交易内容；宋旭光等（2022）指出，数字产业化可以推动产业生产效率的提升，从而实现向价值链高端的攀升。二是产业数字化对产业发展的影响。产业数字化转型是加速产业结构升级、提升我国产品和服务国际竞争力的重要方面。Goldfarb 和 Tucker（2019）指出，产业数字化能够有效降低生产成本、提高生产效率、助力产业结构升级；Heo 和 Lee（2019）发现，数字技术与产业生产之间的融合，可以推动传统制造业向高技术产业转型升级，提高产业在全球价值链中的位置；陈晓东和杨晓霞（2021）指出，产业数字化对于推动我国制造业提质增效、不断向技术密集型转型具有关键性作用。三是数字经济通过提升产品质量、拓展服务空间、减少信息不对称等推动产业转型升级，并不断向价值链中高端环节迈进（张于喆，2018）。Pisano 等（2015）发现，数字技术能够实现服务业供给和需求的瞬时精确匹配，从而提升服务业的精确化和个性化水平，加速服务业高质量发展。

现有文献为本书奠定了坚实的理论基础，但也存在一些不足。从研究对象看，现有研究仅侧重于单方面分析数字经济对制造业或服务业的影响，忽视了数字经济对产业发展全局层面的探讨；从研究内容看，数字经济对产业发展低端锁定的作用机制是多方面的，现有研究大多局限于数字产业化、产业数字化等对产业生产和发展的直接影响，忽视了数字经济也可以通过加速要素结构升级、提升技术创新水平、提高交易效率等间接对产业发展产生影响；从研究方法看，忽视了数字经济与产业发展之间可能存在的互为因果关系问题，使研究结果缺乏可靠性支撑。

与以往研究相比，本部分的边际贡献在于：第一，基于数字经济快速发展的时代背景，深入阐述了数字经济对破解中国产业发展低端困境的特殊意义，为我国建设数字强国、实现产业高质量发展提供启示；第二，从数字产业化和产业数字化两个角度分析数字经济影响产业发展低端锁定的直接作用机制，在此基础上，基于"要素、技术、交易效率"三个方面分析了数字经济影响产业发展低端锁定的间接作用机制，从而全面系统地揭示数字经济影响产业发展低端锁定的理论机制；第三，实证检验了数字经济对产业发展低端锁定的破解作用，识别数字经济影响产业发展低端锁定的净效应，并对相应的间接作用机制进行了检验，为相关政策制定提供决策支撑。

第三节　理论分析与研究假说

本部分从数字经济的两大核心内容出发，探讨数字经济推动我国产业发展低端解锁的作用机制，具体如图 8-1 所示。

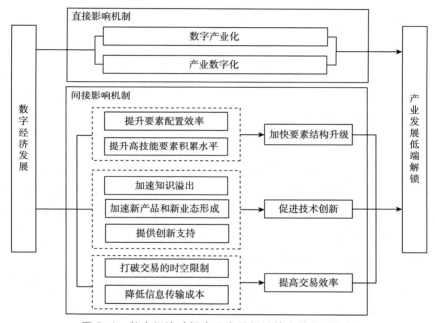

图 8-1　数字经济破解产业发展低端锁定的作用机制

资料来源：笔者绘制。

一　数字经济影响产业发展低端解锁的直接作用机制

数字产业化和产业数字化是数字经济的两大核心内容，能够直接作用于我国产业发展的低端解锁。数字经济的发展能够不断催生新业态、新模式、新产业，逐步实现数字产业化。此外，数字技术、数字要素等赋能传统产业，加速传统产业的动能更替和转型升级，通过产业数字化助推产业发展的低端解锁。

1. 数字产业化。数字产业化是基于数字技术、数据要素、数字产品和服务而形成的数字产业，如信息通信业、软件服务业、信息制造业等，这些新兴数字产业以大数据、区块链、人工智能等为基础，不仅能够为市场信息匹配提供最优路径，从而获得较高的经济收益，还能够以数字技术加快传统产业向高端产业迈进的步伐，不断提升产品附加值和服务舒适性，对结构转型、产业升级产生重要的支撑作用（Noseleit，2011），从而助推我国产业发展的低端解锁。

2. 产业数字化。数字经济时代，数字技术、数据要素、数字基础设施等能够推动全产业链的转型升级和提质增效，打破传统产业的低端锁定态势。首先，传统产业借助物联网、云计算、大数据等数字化技术可以重新整合、调动资源，提升资源的配置效率，促进产业数字化转型；其次，数字技术能够加速传统产业实现技术更新迭代与升级，实现生产的自动化、智能化、最优化，从而在缩短生产时间和降低生产成本的同时，促进产品和服务质量的提升；最后，互联网、物联网等数字技术的发展，也增加了各产业部门之间的沟通和协作，提高上下游企业间生产的协调性和服务的精准性，不仅可以避免无效生产和服务，还能够提升管理效率，助推产业发展的低端解锁。

基于上述分析，本部分提出假说1。

假说1：数字经济能够对我国产业发展的低端解锁产生正向促进作用。

二 数字经济影响产业发展低端解锁的间接作用机制

要素结构升级滞后、技术创新能力不足、交易成本过高是造成我国产业发展低端锁定的根本原因（郭进等，2018；赵晓男等，2019），而数字经济在与实体经济融合的过程中，可以通过数字技术、数据要素等的应用实现要素结构升级、技术创新能力提升以及交易效率提高，从而促进我国产业发展的低端解锁。

1. 加快要素结构升级。数字经济发展可以通过虚拟经济与实体经济的相互融合突破要素利用的刚性约束，降低信息传递成本，提高要素配置效率。例如，数字经济能够为就业者提供丰富的招聘信息，降低劳动者搜寻符合自身禀赋的就业岗位的机会成本，大大提升了劳动力的流动性，而新入职的劳动力又能够带动更多闲置资源进入生产轨道，进行有效利用，从而优化要素配置。此外，数字经济的发展可以大幅提升人力资本、技术资本等高级生产要素的积累水平，促进要素结构向高级化转型，具体表现为三个方面：（1）劳动者可以通过数字经济快速搜寻到所需知识，将技术转化为凝结在自身中的资本力量，提升社会人力资本水平和技术水平，加快复合型人才的形成；（2）带动我国信息技术型人力资本的发展，这种人力资本具有更强的针对性和技术性，能够较好地将实体工作与数字经济先进技术融合，从而提高生产效率；（3）作为技能偏向型技术，数字经济快速发展能够提升社会对高技能劳动力的需求（邵文波和李坤望，2014），从而逐步改善劳动力需求结构，在一定程度上促使我国劳动者积极提升自身的技术知识水平，增加技术型人力资本的有效供给，从而提升生产效率。

2. 促进技术创新。技术创新水平的提升是破解我国产业发展低端锁定的重要途径之一。数字经济的发展对创新的影响可以通过推进知识溢出、催生新产品和新业态、提供创新支持等途径产生。具体来讲，首先，数字经济具有明显的知识溢出特征，使人们能够有效获取有用信息，促使知识和技术在产业间，尤其是技术密集型产业间充分交流和传播。依托数字经济，人们能够快速掌握新技能、学习新知识，进而提升我国创新水平，以创新引领产业向技术密集型转型，提升生产效率。数字经济信息的跨时空、低成本传播能够促使更多创新者在更大区域范围内享受创新收益，形成创新和创业的良好氛围，为产业向价值链高端发展提供良好的创新环境。其次，数字经济的广泛使用不仅能够提高传统产业生产要素的配置和使用效率，促使其提升产品供给品质，助推产业链向中高端发展，还能催生更多的新产品、新模式和新业态，加速高端前沿产业模式的形成和出现。最后，研发创新活动均具有高投入、高风险的特征，需要大量的资金支撑，而数字经济的应用可以在一定程度上缓解企业的资金约束。利用数字经济能够及时准确获取资金供需信息，提高资本的配置效率和资金的流转速度，特别是数字经济金融的出现极大提升了金融供需规模和贷款效率，为产业发展向技术密集型迈进提供支持。

3. 提高交易效率。以知识和信息技术为核心的数字经济减少了中间环节，降低了信息搜寻成本，突破了所谓的自由市场体制下高昂交易成本的障碍，深刻改变了经济生产环境，使生产、交换和分配过程更加富有效率，大大提升了生产效率。此外，数字经济在减少交易费用、提高交易效率的同时，还能够加强企业间的沟通、交流与合作，带动信息共享和生产要素集中，从而促进规模经济的形成。具体来讲，数字经济的迅速发展使企业的生产经营变得更加智能化和网络化，打破了传统在同一时空下的交易模式，使交易能够通过数字经济快速发生和完成。另外，数字经济通过开放的网络在企业与企业间、企业与市场间建立跨空间联系，上游企业、中间供应商与下游企业间的地域范围进一步拓展，从而进一步降低交易成本，大大增加企业面临的需求，不断扩大生产规模，逐渐壮大利益联盟，最终形成规模经济。

基于上述分析，本部分提出假说2。

假说2：数字经济能够通过加快要素结构升级、促进技术创新和提高交易效率破解我国产业发展低端锁定的困境。

第四节　计量模型、变量与数据

一　模型设定

本部分将数字经济和产业发展的低端锁定问题纳入同一框架分析，考虑到产业发展自身可能存在的惯性，也即当期的产业发展可能受到过去产业运行情况的影响，本部分构建如下动态面板计量模型。

$$Industry_{i,t} = \beta_0 + \beta_1 Industry_{i,t-1} + \beta_2 dig_{i,t} + \beta_3 X_{control} + \lambda_i + \mu_t + \varepsilon_{i,t} \qquad (8.1)$$

其中，$Industry_{i,t}$ 表示 i 地区在 t 时期的产业发展水平，$Industry_{i,t-1}$ 表示 i 地区在 $t-1$ 期的产业发展水平；$dig_{i,t}$ 表示 i 地区在 t 时期的数字经济发展水平；$X_{control}$ 为可能影响产业发展低端锁定的控制变量；λ_i 为地区固定效应，μ_t 为时间固定效应，$\varepsilon_{i,t}$ 为随机扰动项。回归系数 β_2 的大小及方向反映了数字经济对产业发展低端锁定的影响，是本部分关注的重点。

二　变量说明

（1）产业发展低端锁定。当前，我国制造业发展呈现"大而不强"的态势，技术型和高端化发展屡屡受阻，与此同时，服务业发展水平也远远滞后于发展阶段的需求，呈现低端锁定的态势。

制造业发展的低端锁定（Ind_we）。一国出口的商品能够体现劳动技能、研发科技在生产链条中的情况，出口商品的技术复杂度越高，意味着该国在全球价值链中的地位也越高，因此出口商品的技术复杂度可以间接衡量该行业在价值链中的具体位置。本部分借鉴 Xu 和 Lu（2009）的做法，以出口技术复杂度作为制造业价值链地位的衡量指标。

$$Ind\_we_{i,k,t} = \sum_{i=1}^{n} \frac{x_{i,k,t}/X_{i,t}}{\sum_i x_{i,k,t}/X_{i,t}} Y_{i,t} \qquad (8.2)$$

其中，$x_{i,k,t}$ 表示 i 地区 k 商品在 t 时期内的出口额，$X_{i,t}$ 表示 i 地区在 t 时期内的出口总额，$x_{i,k,t}/X_{i,t}$ 表示 i 地区 k 商品在 t 时期内的出口份额，$Y_{i,t}$ 是 i 地区的人均国内生产总值。

通过式（8.2）可以得到 i 地区 k 商品的出口技术复杂度，通过加总可以计算出地区内整体的出口技术复杂度。

$$Ind\_we_{i,k,t} = \sum_k (x_{i,k,t}/X_{i,t}) \, Ind\_we_{i,k,t} \qquad (8.3)$$

服务业发展的低端锁定（Ser_lo）。Baumol（1967）指出当劳动力从制造业部门进入服务业部门后，不一定会带动生产率的增长，主要是因为服务业部门中存在普通生产部门与高端生产部门，劳动力只有向高端生产部门流动才能带动生产率的增长，促进服务业质量提升。基于此，本部分在余泳泽和潘妍（2019）的基础上，选用高端服务业[①]从业人员占服务业总从业人员的比重来衡量我国的服务业发展状况。

[①] 参考余泳泽和潘妍（2019）的研究，高端服务业包括"金融服务业，租赁和商业服务业，科学研究、技术服务和地质勘查业，计算机服务和软件业，教育，卫生和社会工作，公共管理、社会保障和社会组织"。

（2）数字经济水平。本部分在借鉴柏培文和喻理（2021）对数字经济测算思路的基础上，从数字基础设施、数字产业化、产业数字化三个维度构建中国数字经济发展水平测算指数，具体见表8-1。

表8-1　中国数字经济发展水平测算指数

一级指标	二级指标	三级指标	单位	指标属性
数字经济发展水平	数字基础设施	互联网宽带接入端口	万个	+
		移动电话基站数	万个	+
		域名数	万个	+
		IPv4 地址数	个	+
	数字产业化	信息通信技术产业主营业务收入	亿元	+
		信息通信技术产业企业单位数	个	+
		信息通信技术产业从业人数	万人	+
		软件业务收入	万元	+
	产业数字化	企业拥有网站个数	个	+
		有电子商务交易活动企业数	个	+
		电子商务销售额	亿元	+

注：属性列中"+"表示对应的评价指标为正向指标，越大越好。
资料来源：笔者绘制。

本部分使用熵权TOPSIS法对数字经济发展指标进行测算。在对各个指标进行标准化处理的基础上，运用熵权法对其赋予权重值，最后使用TOPSIS方法对各地区数字经济发展水平进行量化排序。熵权法TOPSIS基于各指标所反映的信息量确定权重，减少了主观因素的干扰，具有便于计算、结果合理的优点。

（3）控制变量。在分析中，还需控制表示政府行为的政府财政支出变量（gov），用政府预算内财政支出占GDP的比重反映；表示地区对外开放水平的外贸依存度变量（open），用进出口总额占GDP的比重来衡量；表示地区市场化程度的市场化水平变量（mar），用非国有企业员工占国有企业员工的比例衡量；表示地区城市化水平的变量（urb），用城镇人口数量与总人口数量之比来反映。通过控制这些相关变量，可以更加精确地分析数字经济对产业发展低端锁定的影响。

（4）数据说明。本部分实证检验使用 2011～2020 年中国 30 个省级行政区（西藏、台湾、香港和澳门因数据缺失，暂不考虑）的面板数据，数据来源于历年的《中国统计年鉴》、《中国区域统计年鉴》、《中国人口和就业统计年鉴》和国研网（https：//data. drcnet. com. cn）的对外贸易数据库。

第五节　实证结果分析

一　基准回归结果

由于产业发展惯性的存在，本部分在计量模型中引入了产业发展变量的一阶滞后项，但是这一变量与随机误差项之间很可能具有相关性，从而使经典 OLS 估计结果存在偏误，为了克服这一问题，采用广义矩估计方法中比较成熟的差分 GMM 和系统 GMM 进行两步法的 GMM 回归。在充分考虑区域异质性的情况下，在回归中将样本进行分组，分别考察了全国、东部、中部和西部互联网建设和产业发展低端锁定之间的关系，[①] 具体结果如表 8-2 所示。

表 8-2　差分 GMM 和系统 GMM 回归结果

<table>
<tr><td colspan="9" align="center">差分 GMM 回归结果</td></tr>
<tr><td rowspan="2">变量</td><td colspan="2" align="center">全国</td><td colspan="2" align="center">东部</td><td colspan="2" align="center">中部</td><td colspan="2" align="center">西部</td></tr>
<tr><td>Ind_we</td><td>Ser_lo</td><td>Ind_we</td><td>Ser_lo</td><td>Ind_we</td><td>Ser_lo</td><td>Ind_we</td><td>Ser_lo</td></tr>
<tr><td>$Ind\_we_{i,t-1}$</td><td>0. 803 **
（0. 308）</td><td>/</td><td>0. 672 ***
（0. 159）</td><td>/</td><td>0. 651 **
（0. 281）</td><td>/</td><td>0. 746 ***
（0. 186）</td><td>/</td></tr>
<tr><td>$Ser\_lo_{i,t-1}$</td><td>/</td><td>0. 656 **
（0. 262）</td><td>/</td><td>0. 549 ***
（0. 136）</td><td>/</td><td>0. 753 **
（0. 305）</td><td>/</td><td>0. 802 **
（0. 298）</td></tr>
<tr><td>dig</td><td>0. 703 *
（0. 449）</td><td>1. 207 **
（0. 472）</td><td>0. 651 **
（0. 268）</td><td>0. 888 ***
（0. 194）</td><td>0. 761 **
（0. 309）</td><td>1. 335 ***
（0. 224）</td><td>－1. 062
（0. 883）</td><td>0. 638
（0. 618）</td></tr>
</table>

---

① 数字经济发展水平在我国东部、中部、西部地区间呈现明显的区域差距。以宽带下载速度为例，据《中国宽带速率状况报告》（第 25 期）的数据显示，2019 年，东部地区 4G 移动宽带用户的平均下载速率最高达到 24.60Mbit/s，而中部地区较东部地区低 0.93Mbit/s，西部地区又较中部地区低 0.65Mbit/s，表现出明显的区域异质性特征。

续表

	差分 GMM 回归结果							
变量	全国		东部		中部		西部	
	Ind_we	Ser_lo	Ind_we	Ser_lo	Ind_we	Ser_lo	Ind_we	Ser_lo
gov	1.809**	1.022**	0.709	0.882	0.966***	1.582***	0.451*	0.557*
	(0.682)	(0.432)	(0.693)	(0.916)	(0.160)	(0.318)	(0.241)	(0.237)
open	2.016	1.873	2.687	1.995	3.874	1.769	2.574	1.203
	(2.886)	(2.900)	(3.966)	(4.281)	(3.645)	(2.553)	(2.969)	(1.870)
mar	1.004***	1.493***	1.897***	1.433***	1.969***	2.142***	2.308*	1.562*
	(0.253)	(0.348)	(0.303)	(0.309)	(0.493)	(0.428)	(1.324)	(0.799)
urb	-0.218	-0.336	-0.108	-0.226	-0.249	-0.243	-0.128**	-0.285*
	(0.197)	(0.635)	(0.171)	(0.354)	(0.278)	(0.309)	(0.051)	(0.175)
AR (1)	[0.087]	[0.062]	[0.041]	[0.057]	[0.024]	[0.017]	[0.049]	[0.031]
AR (2)	[0.284]	[0.211]	[0.193]	[0.125]	[0.188]	[0.147]	[0.215]	[0.202]
Sargan 检验	[0.332]	[0.394]	[0.415]	[0.392]	[0.653]	[0.479]	[0.551]	[0.725]

	系统 GMM 回归结果							
变量	全国		东部		中部		西部	
	Ind_we	Ser_lo	Ind_we	Ser_lo	Ind_we	Ser_lo	Ind_we	Ser_lo
$Ind\_we_{i,t-1}$	0.509***	/	0.620***	/	0.449***	/	0.772***	/
	(0.096)		(0.132)		(0.084)		(0.122)	
$Ser\_lo_{i,t-1}$	/	0.702***	/	0.696***	/	0.529***	/	0.764***
		(0.174)		(0.112)		(0.106)		(0.146)
dig	1.243**	0.892**	1.675*	1.943*	2.026*	1.732*	0.727	1.204
	(0.486)	(0.372)	(0.916)	(0.983)	(1.154)	(1.084)	(0.952)	(1.690)
gov	2.255***	2.784***	1.042	1.327	1.865**	1.776**	2.094**	2.117**
	(0.424)	(0.600)	(1.177)	(2.080)	(0.756)	(0.770)	(0.878)	(0.962)
open	1.966	2.043	2.222	1.735	2.018	1.807	3.024	2.459
	(1.826)	(2.204)	(2.001)	(1.962)	(2.309)	(2.478)	(3.290)	(2.669)
mar	2.284***	1.933***	1.679***	1.808***	1.431**	2.026**	2.327**	2.909**
	(0.401)	(0.480)	(0.313)	(0.430)	(0.639)	(0.761)	(0.859)	(1.050)
urb	-0.861	-0.774	-0.406	-0.553	-0.912	-0.938	-0.826	-0.749
	(1.029)	(0.924)	(0.617)	(0.842)	(1.212)	(0.997)	(0.944)	(0.830)
AR (1)	[0.030]	[0.046]	[0.023]	[0.019]	[0.000]	[0.008]	[0.046]	[0.032]
AR (2)	[0.440]	[0.326]	[0.287]	[0.510]	[0.469]	[0.323]	[0.418]	[0.236]
Sargan 检验	[0.672]	[0.893]	[0.466]	[0.635]	[0.772]	[0.530]	[0.628]	[0.547]

注：（ ）括号内的数字为标准误；[ ] 括号内给出的为 P 值；**、*** 分别表示在 5%、1%的水平下显著；AR（1）、AR（2）给出的均为统计量对应的 P 值；Sargan 检验统计量是 J-statistic，原假设为"过度识别的矩条件是有效的"。

资料来源：笔者根据 StataSE 15 分析结果整理。

从表 8-2 可以看出，无论是使用差分 GMM 估计还是系统 GMM 估计，全国层面、东部地区、中部地区以及西部地区的 Sargan 检验 P 值均大于 0.1，表明至少在 10% 的水平下接受原假设，模型不存在过度识别问题，可见工具变量都是有效的。在残差的序列相关性检验中，一阶序列相关的检验结果 AR（1）均小于 0.1，而二阶序列相关的检验结果 AR（2）均大于 0.1，接受"残差二阶自相关系数为 0"的假设，表明原模型的扰动项不存在自相关性，差分 GMM 和系统 GMM 适用于模型的估计。

进一步可以发现，在差分 GMM 和系统 GMM 的回归结果中，全国层面、东部地区、中部地区和西部地区的制造业发展低端锁定水平滞后项 $Ind\_we_{i,t-1}$ 和服务业发展低端锁定水平滞后项 $Ser\_lo_{i,t-1}$ 的回归系数均显著为正，这说明当期产业发展具有惯性，受到前期产业活动水平的影响，因而本部分选用动态面板模型是适宜的。数字经济变量 dig 的回归系数是本部分关注的重点，从全国层面来看，数字经济对制造业发展低端锁定和服务业发展低端锁定的回归系数均显著为正，表明数字经济能够有效地破解当前我国产业发展中面临的制造业发展和服务业发展低端锁定问题。这一结论也印证了本部分的假说 1。

通过对比东部、中部和西部地区的回归结果可以发现，数字经济在我国的东部地区和中部地区的回归系数均显著为正，表明数字经济对制造业发展和服务业发展的低端锁定具有缓解作用，能够促进产业发展的低端解锁。而西部地区的数字经济对制造业发展低端锁定和服务业发展低端锁定的回归系数，无论在差分 GMM 估计还是在系统 GMM 估计中均不显著，产生这种现象的原因可能与我国西部地区制造业和服务业发展基础薄弱、创新能力不足、难以承接并发挥数字经济的优势有关；也可能与当前西部地区数字经济发展水平还较低、对产业发展的低端解锁作用还未有效发挥有关。

二　稳健性检验

（一）考虑估计方法的稳健性检验

近年来，动态面板模型的估计方法取得了巨大的进展，采用极大似然法估计动态面板模型开始变得较为成熟。Bun 和 Windmeijer（2010）在研究中指出，动态面板模型的 GMM 估计方法可能存在弱工具变量的问题，即使采用更高阶的滞后项变量也仍然存在这一问题。为了避免上述现象的出现，本部分使用动态面板模型的极大似然估计方法对模型进行稳健性检验，结果如表 8-3 所示。

表 8-3　极大似然估计的回归结果

变量	全国		东部		中部		西部	
	Ind_we	Ser_lo	Ind_we	Ser_lo	Ind_we	Ser_lo	Ind_we	Ser_lo
$Ind\_we_{i,t-1}$	0.628 *** (0.031)	/	0.794 *** (0.077)	/	0.718 *** (0.044)	/	0.556 *** (0.058)	/
$Ser\_lo_{i,t-1}$	/	0.508 *** (0.027)	/	0.643 *** (0.041)	/	0.489 *** (0.050)	/	0.733 *** (0.045)
dig	1.130 *** (0.261)	1.054 ** (0.403)	2.629 *** (0.234)	1.877 *** (0.270)	2.035 *** (0.227)	1.836 *** (0.120)	2.487 (2.782)	2.101 (1.905)
控制变量	是	是	是	是	是	是	是	是
地区固定效应	是	是	是	是	是	是	是	是
时间固定效应	是	是	是	是	是	是	是	是
LR	17.308 *** [0.000]	16.412 *** [0.006]	11.521 ** [0.042]	22.433 ** [0.042]	12.683 ** [0.027]	12.277 ** [0.031]	15.705 *** [0.008]	10.864 * [0.054]

注：（）括号内的数字为标准误；［］括号内给出的为 P 值；**、*** 分别表示在 5%、1% 的水平下显著。

资料来源：笔者根据 StataSE 15 分析结果整理。

由表 8-3 可知，在采用极大似然估计方法的回归结果中，全国层面、东部地区以及中部地区的数字经济变量的回归系数均显著为正，这表明数字经济的发展能够显著改善全国层面、东部地区和中部地区的制造业和服务业发展低端锁定的现状，这些结果与动态面板计量模型的回归结果一致。可见，在考虑了不同的估计方法之后，上述研究结果具有稳健性。

（二）考虑内生性的稳健性检验

内生性问题是经济学实证研究中不容忽视的重要问题之一。就本部分研究而言，一方面，数字经济的发展能够影响产业发展的低端锁定；而另一方面，产业技术水平的提升也可能会对数字经济的发展产生影响，也即数字经济可能与产业发展之间互为因果关系。此外，影响产业发展低端锁定的因素众多，模型中可能存在变量遗漏问题。鉴于此，本部分使用工具变量估计方法的两阶段最小二乘法 2SLS 对模型进行内生性检验。

在 2SLS 估计方法中，工具变量的选取至关重要。从数字经济的发展历史来看，数字经济水平较高的地区也是互联网普及率较高的地区，而互联网最早是通过电话线拨号接入的。因此，数字经济发展应该与固定电话的发展具有一定的相关性，同时，随着信息技术的飞速发展和互联网技术的创造性飞跃，历史上固定电话数量对产业发展的影响已经很小。基于此，本部分借鉴黄群慧等（2019）的研究，采用历史上各地区 1984 年每百人固定电话数量作为数字经济发展水平的工具变量。除此之外，历史上邮局建设较好的地区通信也比较发达，也可能是互联网率先发展、普及率较高的地区。因此，本部分还选取了 1984 年每百人邮局数量作为数字经济发展水平的工具变量，该变量与模型中未控制的其他因素不相关。为了构造平衡面板模型，本部分借鉴 Nunn 和 Qian（2014）的方法，使用 1984 年每百人固定电话数量与考察期内上一年度全国层面数字经济发展水平的乘积项作为数字经济发展水平的工具变量。具体回归结果如表 8-4 所示。

表 8-4　数字经济影响产业发展低端锁定的工具变量估计

	以每百人固定电话数量为 IV		以每百人邮局数量为 IV	
	Ind_we	Ser_lo	Ind_we	Ser_lo
Panel A：Second Stage				
$Ind\_we_{i,t-1}$	0.745 *** (0.176)	/	0.737 *** (0.176)	/
$Ser\_lo_{i,t-1}$	/	0.926 *** (0.174)	/	0.929 *** (0.280)
dig	1.312 *** (0.255)	1.576 *** (0.165)	0.902 ** (0.913)	1.380 ** (0.680)
控制变量	是	是	是	是
地区固定效应	是	是	是	是
时间固定效应	是	是	是	是
R-squared	0.543	0.509	0.429	0.336

续表

	以每百人固定电话数量为 IV		以每百人邮局数量为 IV	
	Ind_we	*Ser_lo*	*Ind_we*	*Ser_lo*
Panel B：First Stage				
IV	0.088 *** (0.022)	0.092 *** (0.017)	0.020 *** (0.003)	0.032 *** (0.006)
LM statistic P	[0.000]	[0.000]	[0.007]	[0.005]
Wald F statistic	32.769	45.978	38.213	40.130

注：（ ）括号内的数字为标准误；［ ］括号内给出的为 P 值；**、*** 分别表示在 5%、1% 的水平下显著。

资料来源：笔者根据 StataSE 15 分析结果整理。

从表 8-4 的 Panel B 回归结果可知，历史上每百人固定电话数量和每百人邮局数量这两个工具变量均通过了 Kleibergen-Paap LM 检验和 Kleibergen-Paap Wald F 检验，表明选取的工具变量是有效的，估计结果具有可靠性。从 Panel A 的回归结果可知，无论是以历史上每百人固定电话数量还是以每百人邮局数量为工具变量，数字经济发展对我国制造业和服务业发展的低端解锁均具有显著的正向促进作用，这与动态面板计量模型的结论相一致。由此可见，在考虑了模型可能存在的内生性以后，回归结论依然可靠。

（三）考虑数字经济测度的稳健性检验

数字经济发展水平是本部分的核心变量，对其进行科学表示关系到模型回归结果的稳健性。为了避免综合指标体系在测度过程中可能存在的偏差，本部分引用第三方指数，即北京大学数字金融研究中心的数字普惠金融指数对数字经济发展水平进行表示，因为数字普惠金融发展水平在一定程度上可以反映地区的数字经济水平（张勋等，2019），具体回归结果如表 8-5 所示。

表 8-5　替换数字经济测度指标的估计结果

	差分 GMM		系统 GMM	
	Ind_we	*Ser_lo*	*Ind_we*	*Ser_lo*
$Ind\_we_{i,t-1}$	0.319 *** (0.089)	/	0.658 *** (0.180)	/

续表

	差分 GMM		系统 GMM	
	Ind_we	*Ser_lo*	*Ind_we*	*Ser_lo*
$Ser\_lo_{i,t-1}$	/	0.305 *** （0.175）	/	0.458 *** （0.148）
dig	1.102 ** （0.097）	1.380 ** （0.680）	0.869 *** （0.141）	1.032 *** （0.140）
控制变量	是	是	是	是
地区固定效应	是	是	是	是
时间固定效应	是	是	是	是
AR（1）	［0.010］	［0.066］	［0.025］	［0.047］
AR（2）	［0.110］	［0.198］	［0.201］	［0.293］
Sargan 检验	［0.253］	［0.272］	［0.541］	［0.629］

注：（ ）括号内的数字为标准误；［ ］括号内给出的为 P 值；**、*** 分别表示在 5%、1%的水平下显著；AR（1）、AR（2）给出的均为统计量对应的 P 值；Sargan 检验统计量是 J-statistic，原假设为"过度识别的矩条件是有效的"。

资料来源：笔者根据 StataSE 15 分析结果整理。

从表 8-5 的回归结果可知，在替换了数字经济的测度指标以后，数字经济变量的回归系数依然显著为正，表明数字经济能够对我国产业发展的低端解锁产生正向促进作用，这与动态面板计量模型的结论相一致。由此可见，在考虑替换数字经济的测度指标以后，回归结论依然可靠。

三　数字经济影响产业发展低端锁定的内在机制检验

实证检验结果揭示，数字经济发展可以缓解我国的制造业和服务业发展低端锁定现状，对产业发展的低端解锁具有促进作用。接下来，本部分将检验数字经济破解我国产业发展低端锁定的内在机制。虽然三步法中介效应检验模型可能会引入双重内生性问题，但在不过度解读系数大小和显著性的情况下，中介效应模型对于考察机制依然具有一定的参考价值。由前文分析可知，数字经济可以通过加快要素结构升级、促进技术创新和提高交易效率三个方面破解我国产业发展低端锁定的情况。基于此，本部分将检验上述三种内在机制在数字经济与产业发展低端锁定二者间的作用。由于上述研究已经证实了数字经济对西部地区的产业发展低端锁定没有显著的影响，因此我们在内在机制检验部分只说明全国层面、中部地区和东部地区的结果，具体回归结果如表8-6所示。

以上三个指标的选取与数据处理如下。

1. 要素结构升级（*fac*）。数字经济的发展不仅能够提升资源的配置效率，还能提供更为便利的学习条件，加快知识的获取速度，将枯燥的理论知识变成更加生动易懂的模式，从而提升社会中的人力资本水平，增加劳动力自身的知识含量，促进要素结构向技术密集型转变。本部分选用大学及以上学历劳动年龄人口数量占总劳动年龄人口数量的比例衡量地区的要素结构升级情况。

2. 交易成本（*cost*）。通过文献分析发现，学界对交易成本的度量尚未形成统一的指标，现有的衡量指标主要有营业费用、地理距离、市场化指数等。宣烨（2013）采用地区之间的地理距离矩阵衡量交易成本；楚明钦和刘志彪（2014）认为市场化程度越高，交易成本越低，使用市场化指数代表交易成本。而事实上，数字经济发展对交易成本的影响更多地从销售费用率和管理费用率方面体现，这一点也得到了黄群慧等（2019）的证实。基于此，本部分在黄群慧等（2019）的研究的基础上，采用各地区规模以上工业企业销售费用率和管理费用率之和作为交易成本代理变量。

3. 技术创新水平（*inv*）。数字经济开放共享、互联互通的本质特征能够通过空间知识溢出、催生新产品和新业态、提供创新支持、营造创新创业氛围等途径促进我国创新水平的提升。本部分选用各地区的人均专利授权数量衡量技术创新水平。

表8-6 内在机制检验结果

变量	(1)	(2)	(3)	(4)	(5)	(6)	(7)	(8)	(9)
	Panel A 全国层面								
	fac	*Ind_we*	*Ser_lo*	*cost*	*Ind_we*	*Ser_lo*	*inv*	*Ind_we*	*Ser_lo*
dig	1.307*** (0.281)	0.322*** (0.026)	0.427*** (0.024)	-1.804*** (0.323)	0.463** (0.196)	0.419** (0.120)	2.749*** (0.513)	0.672*** (0.108)	0.613*** (0.124)

续表

Panel A 全国层面

变量	（1）	（2）	（3）	（4）	（5）	（6）	（7）	（8）	（9）
	fac	Ind_we	Ser_lo	cost	Ind_we	Ser_lo	inv	Ind_we	Ser_lo
fac	/	0.024 ** (0.011)	0.032 ** (0.012)	/	/	/	/	/	/
cost	/	/	/	/	−0.305 ** (0.103)	−0.444 ** (0.165)	/	/	/
inv	/	/	/	/	/	/	/	0.463 *** (0.010)	0.625 *** (0.116)
Adj−R^2	0.926	/	/	0.930	/	/	0.943	/	/
AR（1）	/	[0.006]	[0.003]	/	[0.008]	[0.005]	/	[0.007]	[0.000]
AR（2）	/	[0.417]	[0.328]	/	[0.511]	[0.432]	/	[0.249]	[0.587]
Sargan 检验	/	[0.769]	[0.554]	/	[0.638]	[0.742]	/	[0.526]	[0.640]

Panel B 东部地区

变量	（1）	（2）	（3）	（4）	（5）	（6）	（7）	（8）	（9）
	fac	Ind_we	Ser_lo	cost	Ind_we	Ser_lo	inv	Ind_we	Ser_lo
dig	2.702 *** (0.480)	0.591 ** (0.224)	0.704 ** (0.297)	−1.922 * (1.047)	0.433 ** (0.164)	0.568 ** (0.243)	2.672 *** (0.320)	0.362 * (0.194)	0.565 * (0.294)
fac	/	0.502 *** (0.079)	0.619 *** (0.110)	/	/	/	/	/	/
cost	/	/	/	/	−0.209 * (0.117)	−0.100 * (0.062)	/	/	/
inv	/	/	/	/	/	/	/	0.563 *** (0.129)	0.434 *** (0.077)
Adj−R^2	0.966	/	/	0.924	/	/	0.943	/	/
AR（1）	/	[0.001]	[0.003]	/	[0.006]	[0.008]	/	[0.011]	[0.017]
AR（2）	/	[0.502]	[0.443]	/	[0.201]	[0.254]	/	[0.210]	[0.179]
Sargan 检验	/	[0.629]	[0.546]	/	[0.492]	[0.356]	/	[0.337]	[0.461]

续表

Panel C 中部地区

变量	(1) fac	(2) Ind_we	(3) Ser_lo	(4) cost	(5) Ind_we	(6) Ser_lo	(7) inv	(8) Ind_we	(9) Ser_lo
dig	1.029** (0.390)	0.643** (0.255)	0.527** (0.222)	-1.634** (0.629)	0.302* (0.154)	0.490* (0.275)	1.578*** (0.180)	0.515** (0.195)	0.664** (0.269)
fac	/	0.542* (0.291)	0.301* (0.185)	/	/	/	/	/	/
cost	/	/	/	/	-0.224* (0.132)	-0.305** (0.116)	/	/	/
inv	/	/	/	/	/	/	/	0.791*** (0.125)	0.924*** (0.146)
Adj-R^2	0.979	/	/	0.926	/	/	0.916	/	/
AR (1)	/	[0.012]	[0.009]	/	[0.027]	[0.019]	/	[0.015]	[0.023]
AR (2)	/	[0.194]	[0.130]	/	[0.202]	[0.285]	/	[0.224]	[0.256]
Sargan 检验	/	[0.397]	[0.461]	/	[0.425]	[0.331]	/	[0.514]	[0.413]

注：限于表格长度，表8-6并不包括控制变量的结果。（）括号内的数字为标准误；[ ]括号内给出的为P值；*、**、***分别表示在10%、5%、1%的水平下显著；AR（1）、AR（2）给出的均为统计量对应的P值；Sargan检验统计量是J-statistic，原假设为"过度识别的矩条件是有效的"。

资料来源：笔者根据StataSE 15分析结果整理。

在 Panel A 全国层面的回归结果中，第（1）、（2）、（3）列显示了要素结构升级这一内在机制的检验结果。可以发现，第（1）列中数字经济对要素结构升级的回归系数显著为正，说明数字经济对要素结构升级存在积极的影响；第（2）列和第（3）列的结果显示，数字经济发展水平和要素结构升级的回归系数均显著为正，说明要素结构升级的中介效应显著存在，表明数字经济既能够直接促进我国制造业和服务业的发展，又能够通过促进要素结构的升级间接降低我国的制造业和服务业发展低端锁定水平，从而实现产业发展低端锁定的解锁。

第（4）、（5）、（6）列显示了交易成本这一内在机制的检验结果。第（4）列中数字经济对交易成本的回归系数显著为负，说明数字经济能效显著降低交易成本。在第（5）列和第（6）列中，数字经济变量和交易成本的回归系数均显著，说明中介效应存在，并且数字经济的回归系数均显著为正，说明数字经济对制造业发展低端锁定和服务业发展低端锁定的缓解有直接的正向促进作用，交易成本的系数均显著为负，表明交易成本的降低有利于我国制造业发展和服务业发展低端锁定的缓解。综合考虑第（4）、（5）、（6）列的结果可以得出，数字经济能够通过降低交易成本、提升交易效率，促进我国制造业和服务业的发展，使我国制造业和服务业不断向价值链高端攀升成为可能。

第（7）、（8）、（9）列揭示了技术创新水平提升这一内在机制的检验结果。第（7）列中数字经济的回归系数为2.749，并且在1%的统计性水平下显著，说明数字经济对技术创新水平的提升具有显著的正向促进作用。在第（8）列中，数字经济和技术创新水平的回归系数均在1%的水平下显著为正，表明数字经济能够通过促进技术创新水平的提升，进而对制造业发展低端锁定产生抑制作用。在第（9）列中，数字经济、技术创新水平的回归系数也均显著为正，从而表明数字经济可以通过提升技术创新水平，促进我国服务业发展的低端解锁。综合第（7）、（8）、（9）列的回归结果，我们可以得出，数字经济通过提升技术创新水平进而促进产业发展低端解锁的机制是显著存在的。

表8-6中的Panel B和Panel C分别是东部地区和中部地区的内在机制检验结果。得出的结论与全国层面的结果基本一致，即数字经济的要素结构升级效应、交易成本降低效应以及技术创新水平提升效应在东部地区和中部地区均是显著存在的，并且数字经济能够通过以上效应缓解东部地区和中部地区的制造业和服务业发展低端锁定压力，最终实现东部地区、中部地区产业发展的低端解锁。

以上分析结果验证了本部分的假说2。

本章小结

数字经济的快速发展为中国经济的增长注入了新动能。本部分将数字经济纳入产业发展低端锁定的分析框架，深入考察了数字经济对我国产业发展低端锁定的影响。主要的研究结论有：数字经济能够显著降低全国层面、东部地区和中部地区的制造业和服务业发展低端锁定水平，从而实现产业发展的低端解锁，而数字经济发展对西部地区制造业和服务业发展低端锁定的影响并不显著；数字经济还能通过加快要素结构升级、促进技术创新、提高交易效率，改善我国的制造业和服务业发展低端锁定现状，进而实现产业发展的低端解锁。本部分研究对我国数字经济发展及产业发展的低端解锁具有重要的政策启示。

第一，加大数字经济投资力度，缩小区域数字鸿沟。当前我国的数字经济综合发展水平还不够高，并且在区域间还存在很大差距，西部地区比较落后。基于此，首先，在数字强国的建设中，应该将数字经济的发展规划放到全局的层面去统筹考虑、协调推进，争取在区域间建成互联互通的数字经济发展新架构，最大限度发挥规模效应和网络效应；其次，定期为中西部地区提供数字经济经验和技术支持，同时提供经济补贴等优惠条件扶持鼓励中西部地区数字经济的建设和发展；最后，继续完善和推广 5G 等新技术，加大西部地区的数字经济投资强度和规模，打破数字经济发展不平衡约束。

第二，推动"数字经济+产业发展"的深度融合。数字经济的网络化、数字化和智能化是解锁我国产业发展低端锁定的重要条件。基于此，首先，要尽快出台鼓励数字经济企业发展的激励措施和优惠政策，促进数字技术在产业中的应用；其次，在制度方面，优化格式化的行政管理制度，避免在行政审批、考核力度等层面对"数字经济+产业发展"造成阻碍；最后，建立起一套统一的指标体系，实现"数字经济+产业发展"中人、设备、商品等层面网络技术的相互配合和适应，最大限度地减少数字经济发展的制度摩擦。

　　第三，鼓励推动制造业和服务业企业在发展过程中主动学习、应用和创新数字技术和经济模式，利用数字经济倒逼企业改革，提升工人的知识容量，积极利用数字经济资源实现跨时空的生产和交易，大幅度提高生产效率和交易效率，从而实现企业技术水平的提升。在此基础上，逐步将生产转向附加值高的技术密集型产品，增强企业向产业链高端攀升的能力，进而实现我国产业发展低端锁定的解锁。

第九章 数字经济与中国式城市现代化

党的二十大报告明确提出要以中国式现代化全面推进中华民族伟大复兴。2023 年 2 月 7 日，习近平总书记在学习贯彻党的二十大精神研讨班开班式上强调"推进中国式现代化是一个探索性事业，还有许多未知领域，需要我们在实践中去大胆探索"。当前，数字经济深刻影响着居民生产、生活的方方面面，成为经济社会发展的新趋势和新动力。因此，推进中国式现代化要把握数字经济快速发展的趋势，大胆探索数字经济对中国式现代化的拓展和延伸，从而更好地发挥数字经济对中国式现代化的推动作用。

第一节 问题的提出

城市现代化是中国式现代化的重要方面（任保平和李婧瑜，2023）。城市作为经济社会发展的重要载体，不仅是各类生产要素聚集的场域，还是开展创新活动和进行产业生产的主要阵地。近年来，我国城市发展进入快车道，更加注重智慧化、舒适性、韧性等方面的建设，但是仍然存在一些制约城市实现现代化发展的难题，如城市治理结构不合理、城市整体的宜居性还需提升、城市内新型基础设施布局不合理等一系列亟待解决的问题。以人工智能、物联网、云计算等为代表的数字经济的发展为解决当前城市发展中遇到的各项难题提供了生产力、信息、技术等方面的支撑。

数字经济的快速发展不仅重塑了城市现代化的实现路径，还为实现城市现代化提供了新的动能和新的优势，进而可以有效破解当前城市现代化建设中面临的难题。首先，数字经济有利于推动效率变革，利用完全信息优势提高社会中生产资料的配置效率，为实现以效率提升为路径的城市现代化模式提供了可能；其次，作为技术进步的一种形式，数字经济能够不断释放创新能量，为城市中的产业生产活动提供数字化支撑，加速城市现代化中的新旧动能转换；最后，数字技术可以实现城市治理设施之间的互联互通，构建起城市治理全景"一张图"，提升城市智慧治理的现代化水平。因此，深入分析数字经济影响我国城市现代化的理论机制与实践路径不仅能够充分释放数字经济在城市发展中的赋能作用，也能够进一步助推我国城市现代化的实现。

与已有研究相比，本部分的边际贡献主要体现在：第一，基于数字经济的视角，补充了中国式现代化的研究框架。现有研究往往根据历史唯物主义的观点，将数字经济发展等同于现代化的一个子集（韩保江和李志斌，2022），忽视了数字经济本身可能会对中国式现代化产生的影响效应和影响机制。本部分立足于中国经济发展的实际，分析数字经济发展促进中国式城市现代化的作用机制和影响路径，从而在一定程度上丰富了中国式现代化的研究框架。第二，在厘清数字经济背景下中国式城市现代化面临的现实困境的基础上，构建了数字经济赋能中国式城市现代化的实践路径，为我国充分发挥数字经济对中国式城市现代化的赋能作用提供政策参考。

第二节　城市现代化是全面建成社会主义现代化国家的关键一步

城市是推进经济建设、政治建设、文化建设、社会建设、生态文明建设的主要场域，因而城市现代化在中国式现代化进程中处于重要的地位。党的二十大报告对新时代全面建设社会主义现代化强国提出了若干要求，而中国式城市现代化对于落实党的二十大报告中的促进共同富裕、推动绿色发展、扩大内需战略、实施科教兴国、建设现代化产业体系、统筹发展和安全具有重要意义。

一 推进城市现代化是实现全体人民共同富裕的关键基础

中国式现代化是全体人民共同富裕的现代化。① "人民城市为人民"，因而中国式城市现代化是以 "人" 为核心的现代化，贯穿着人民城市的建设理念，以人民对美好生活的向往作为城市现代化建设的出发点，以共同富裕作为城市现代化建设的价值追求。一个现代化的城市可以从物质、精神和制度三个维度助推共同富裕的实现。从物质层面看，城市现代化意味着城市公共服务的供给效率较高和覆盖层面较广、农村转移人口市民化质量较高、农村转移的剩余劳动力能够较好地享受到城市的公共服务、城乡之间的市场整合程度和产业融合发展水平较高、城乡二元边界弱化、农民收入水平不断提升。从精神层面看，城市现代化意味着城市中具有更加宜居、开放、包容的环境，知识和文化发展氛围浓郁，不仅会使农业转移人口能够时刻感受到现代城市文明带来的精神养分，还会对农村的精神文明建设产生示范效应，加快农村精神文明建设，推进城乡精神文明建设协调发展。在制度层面，城市现代化的过程伴随着各项制度的完善和发展，这其中就包括收入分配制度、教育均等化制度、社会保障制度等，而共同富裕的实现可以通过城市现代化中完善的制度安排得以保障。城市现代化中相应的制度安排事实上也是实现中国式现代化所需要的制度供给，这一制度供给更加契合 "人民至上" 的立场，最大限度地保证让更多人共享发展成果，保证全体人民实现共同富裕。

二 推进城市现代化是实现人与自然和谐共生的重要基石

城市是能源消耗的主要场域，也是环境污染和能源污染问题爆发的集中地，Shobhakar（2009）通过研究发现，城市这一行政层级大约集中了80%的能源消耗。我国的工业化和城市化相伴相生，过去的工业化道路走

---

① 高举中国特色社会主义伟大旗帜 为全面建设社会主义现代化国家而团结奋斗——在中国共产党第二十次全国代表大会上的报告 [N]. 人民日报，2022-10-26（001）.

的是一条"高能耗"的粗放型发展道路，经济发展与环境保护之间的矛盾也日益突出。党的十八大以来，我国加快转变经济发展方式，推进生态文明建设，走可持续发展道路，城市发展强调"生产—生活—生态"的"三生空间"统一（江曼琦和刘勇，2020），推进生产方式和生活方式向绿色低碳转型。在现代化的城市中，一方面，高能耗、高污染的企业被逐渐淘汰，产业发展向绿色低碳、高效集约方向转型；另一方面，人们的生活方式也更加绿色化、低碳化，可再生、环保材料广泛使用，智慧购物系统节约了人们的时间成本和出行成本，智慧交通体系的建成极大地减轻了交通拥堵，减少了尾气排放，新能源技术在公共汽车、私家车、船舶等交通工具上的使用，极大地减少了"碳排放"和能源消耗，助力"双碳"目标和绿色发展的实现。

三　推进城市现代化是扩大国内需求的有效举措

当前，国内有效需求不足是我国在构建新发展格局中面临的主要问题。面对国际市场的不稳定性因素增加，需要充分激发国内市场活力，发挥消费对经济的基础性作用。城市现代化水平的提升能够改善消费条件、增加消费场景，还能增强市民的消费能力，从而对扩大内需产生积极的影响。一方面，城市现代化意味着城市的消费条件更加"便民"、消费场景更加智能和多元、商业体系更加完善、商圈提质升级，这些都为进一步刺激消费、扩大国内需求创造了条件；另一方面，在城市现代化的过程中，农业转移人口的收入和各项福利待遇会得到一定的保障，收入水平得到提升，从而具有一定的城市"获得感"和"归属感"，随着物质上的"钱袋子鼓了"和精神上的"心理获得感"增加，农业转移人口会逐渐跳出储蓄偏好的倾向，具备消费信心，不断释放消费潜能；最后，城市现代化意味着城市内的营商环境也较为优质，加之上述消费潜能不断释放，会不断增强企业增加投资的信心，而增加投资释放出的市场信号又会进一步促进消费的扩大，从而形成投资与消费的良性循环，不断扩大国内市场需求。

四 推进城市现代化是建设创新型国家的前提保障

党的二十大报告将教育、科技、人才事业发展进行了系统性规划，做出实施科教兴国战略的部署，体现建设高质量教育体系、培养优秀人才、加快创新发展的"三位一体"布局的重要地位和时代价值。城市现代化的过程伴随着社会公共服务的健全、公共设施的完善、社会环境的优化，这些方面的完善对于落实教育、人才和科技"三位一体"发展战略具有积极的影响。一方面，城市现代化意味着城市中的教育资源分布较为合理，并且学科建设、教学师资、教学硬件设施等的质量较高，为高质量教育体系创造了条件。教育在中国式现代化进程中处于基础地位，是培养高素质人才、支撑科技创新的源泉和根基。另一方面，除了教育以外，个体自身的发展对人才素质的提升也是至关重要的。现代化城市中的文化基础设施水平较高，科技馆、博物馆、图书馆、剧院等文化基础设施相对集中，为丰富人民精神生活提供了较大的便利，不仅能拓展个体知识视野的广度和深度，还能够调动个体进行学习的主观能动性，有利于人才的全面发展。并且现代化城市中丰富、完善的文化基础设施还可以丰富农业转移人口的精神文化生活，提升农业转移人口的素质和知识水平，进一步提高个体的素质水平。最后，城市现代化对教育和人才发展方面的积极影响，最终会为科技创新活动提供人才支撑，助力创新发展。并且在现代化的城市中，城市内的数字经济发展和城市集聚效应在加速知识溢出的同时，还可以促进科研部门之间的合作交流，推进产学研协同创新的发展。现代化城市中的经济主体往往具备较高的知识素质，学习和吸收能力也较强，从而进一步增强知识溢出的作用，提升研发创新活动的质量。可以看出，城市现代化有利于科教兴国战略的实施，为中国式现代化提供教育、人才和科技支撑。

五 推进城市现代化是建设现代化产业体系的重要手段

建设现代化产业体系是我国实现高质量发展的重要抓手。当前，我国的现代化产业体系建设面临低质量产品产能过剩、高质量产品供给不足、国外市场需求不稳定、产业创新水平不高、营商环境有待优化、污染问题严重、劳动力和资本要素结构性错配等问题，而城市现代化的实现也是倒逼城市在这些方面进行改革的过程。首先，从上述可知，城市现代化有利于扩大国内需求市场，从而可以在一定程度上缓解产能过剩，对冲国外需求不稳定的问题，对现代化产业体系建设所需要的产业需求市场起到稳定作用；其次，现代化城市意味着更好的营商环境和良好的创新环境，城市能够吸引更多的人才和投资，从人力和物力两个层面提升企业进行科技研发的实力，从而提升产业的创新水平，在一定程度上破解现代化产业体系建设中的创新能力不足问题；再次，现代化城市意味着城市走一条集约高效的发展道路，使城市在加紧产业生产的污染防控和治理的同时，倒逼产业转型发展，降低单位能耗，淘汰落后技术和落后产能，减少现代化产业体系建设中的绿色发展和污染问题；最后，现代化的城市具有更加完备的金融系统和公共教育体系，并且信息的流通也比较便捷和高效，能够缓解现代化产业体系建设中的资金错配和人力资本不足等问题，提升要素在各产业生产部门间的配置效率。

六　推动城市现代化是实现统筹发展和安全的基础保证

党的二十大报告多次强调国家安全是民族复兴的根基。城市是人类进行聚集生活的场所，人口在城市中的集聚带动了要素的集聚，扩大了城市的体量（赵吉，2022）。人口的集聚性和大体量往往给城市的生产关系带来复杂性，并叠加来自社会的各种风险。城市在发展过程中可能会遇到来自自然灾害的风险、病毒侵害的风险，也可能遇到因人口集聚带来的城市设施风险、金融风险、社会关系风险、运营管理风险等，而现代化的城市在防范化解风险方面具有明显的优势，在一定程度上能够统筹好城市经济发展和社会安全，最大限度地降低突发性安全事件给城市带来的损失。一方面，中国式城市现代化的基础设施建设体现"以人为核心"的基本原则，城市基础设施的规划和布局已经较为合理，在具备一定承载力的同时，还配备完善的应急备案措施，从而能够避免因人口集聚带来的风险；

另一方面，城市现代化意味着城市具有智慧性的特征，能够利用数字化技术做出风险的事前预警，特别是自然风险的预警工作，防患于未然，此外，在风险的防控方面，智慧城市还能提升风险的事中防控效率，做到精准研判，及时并且有效遏制风险的蔓延。最后，现代化城市具有高效的管理体系和现代化治理能力，在减少安全风险的同时还能够高效处理城市中的突发性安全事件，做好安全风险事件之后的恢复和安置工作。可见，中国式城市现代化具有的"以人为核心""智慧性""高效性"等特征有利于统筹发展和安全。

第三节　数字经济赋能城市现代化的理论机理

党的二十大报告将"宜居城市""韧性城市""智慧城市"作为中国式城市现代化的建设目标，在《"十四五"新型城镇化实施方案》中，还提出了"绿色城市""创新城市""人文城市"的目标，这"六个城市"均是未来实现中国式城市现代化的重点领域。而数字经济伴随的数字化技术和催生的新产业、新业态可以有效实现城市的创新性、绿色性、智慧性、人文性、韧性、宜居性，从而赋能中国式城市现代化。

一　数字化转型促进城市创新水平提升

创新是经济发展的内生动力（Romer，1986）。在中国实现科技自立自强、破解"卡脖子"困境的实践中，城市扮演着重要的角色。一系列研究表明，城市是研发活动的主要空间载体，不仅是研发要素的集聚地，还是科技创新成果创造和转化的主要阵地（李政和杨思莹，2019），其在释放国家创新活力、增加国家科技实力方面发挥着重要的支撑作用。作为新一轮科技革命主力军的数字经济能够提升城市的网络化、智能化水平，在优化创新资源配置的同时，还能够激发新的创意、新的模式、新的业态，从而对新时代城市的技术变革和创新能力提升产生深远的影响（姜舸等，2021；张营营等，2023）。首先，数字经济能够提升创新资源的配置效率。

将有限的创新资源配置到合适的创新部门是提升创新效率和创新成果质量的前提。在算法和网络技术的驱动下，一方面，数字经济能够快捷、准确地传输信息，降低创新资源配置过程中的陌生成本、搜寻成本、合约成本等，在解决信息不对称的同时使创新资源在各部门、各环节间按照市场信号配置，提升配置效率；另一方面，数字经济的发展使创新生产活动具有开源式的特点（Nambisan 等，2019），不仅能够拓展创新资源的配置范围、寻找到最合适的创新主体，还能够将创新资源配置由传统的"地理空间"拓展到"网络空间"（张昕蔚，2019），有利于提升创新资源在各部门之间的配置效率，也为跨部门之间的合作创新提供了可能。其次，数字经济催生了新的消费模式和消费场景，新的消费需求的出现能够倒逼创新生产活动向高质量发展（Malerba 等，2007）。需求引致创新理论指出，创新成果高质量化依赖高质量需求的出现。数字经济的发展提升了需求侧的智能化和多样性，加大了供给侧的竞争，为了满足市场中崛起的高质量需求并获取利润，企业会不断加大研发力度，夯实建设"创新之城"的微观基础。最后，数字经济的发展本身就是一种技术进步，数字经济的发展能够助推城市内的产业实现数字化转型，促使产业生产向高质量发展，助力"创新型"城市建设。

二　数字基础设施促进城市智慧性提升

城市的数字经济发展水平往往与智慧城市的建设是相伴相生的（韩兆柱和马文娟，2016）。随着城市化进程的加快，城市发展暴露了"拥堵""资源紧张""失业率上升"等一系列"大城市病"，在此情形下，加快建设智慧城市、推进中国式城市现代化是提高人民生活满意度和幸福感的重要途径（王瑾，2018；Chen 和 Chan，2023）。数字经济包括的数字技术、数据要素、数据基础设施、数字治理、大数据、算法、人工智能等是建成智慧城市的基础条件和基本支撑。首先，数字技术和数字基础设施可以将城市中海量的数据吸纳到数据存储库，构建城市的公共大数据库，并利用数字算法在公共大数据库中提取各个领域的有效数据，在此基础上建成智慧化的监测系统，提高城市的高效性。例如，在金融领域方面，可以基于市场和用户信息构建金融数据管理平台，降低城市中金融风险发生的概率，提高金融的稳定性和安全性（梁平汉和江鸿泽，2020）；在交通运输领域方面，可以利用数字技术实时报告道路拥挤情况，还可以利用数字算法根据以往的出行大数据预测未来的道路运行情况，为居民的出行提供方便。其次，数字经济的发展可以提高城市内的数字产业化和产业数字化水平，提高产业生产效率、推动智能制造、加大服务型供给、为城市建设现代化产业体系提供支撑。最后，数字经济的应用可以提升城市治理的现代化水平，数智化与城市治理的结合，不仅能够及时、准确发现城市中的一些问题，还能对这些问题进行高效地处理，并提升政府治理的透明度，增强居民对政府的信任，提高治理效率。例如，利用数字技术构建跨部门联合审批服务平台，让数据多跑路，极大地提高了居民办事效率，并且还能提升每个办事流程的准确性，践行了"以人为本"的价值理念。

三 数字智能化促进城市生态水平提升

城市是能源消耗和环境污染的主要聚集地。以往的城市化进程依靠的是高投入和高排放的发展模式，进入新时代，中国式现代化下的城市发展要走人与自然和谐共生的中国特色之路，因此，建设"绿色城市"成为中国式城市现代化的应有之义。数字经济的发展为促进城市绿色化转型提供了新优势。首先，数字经济和数字技术的发展，拓展了传统经济下的生产可能性边界，改变了传统生产模式中实现范围经济、利润最大化时的约束条件，在提升资源配置效率的同时，通过节能减排、淘汰落后产能促进产业的绿色发展；在提升生产效率的同时，降低了对资源和生态的过度消耗，促进"绿色城市"建设（荆文君和孙宝文，2019）。其次，数字经济的发展可以提升城市的绿色监管效能，对于环境监管部门而言，大数据、遥感技术的应用可以实现对河流、空气质量、环境承载力等的实时监测、动态监测（Shin 等，2015），在提升城市环境治理效率的同时，也为城市绿色发展提供了更多有针对性的政策支撑。最后，数字经济能够促进城市绿色技术创新能力的提升，数字经济的发展提升了知识溢出和创新迭代速度，促进低要素损耗、高效率的绿色创新工作开展（韦施威等，2022），拓展了城市绿色技术创新的生产前沿面，以更大范围、更高效率的绿色创新技术助力城市绿色发展。

四　数字文明促进城市人文水平提升

人文城市建设是中国共产党"以人民为中心"的发展思想在城市现代化领域的集中体现。城市作为一种空间载体，既需要满足人的物质生活，又需要满足人的精神生活，而城市这些特质最终会通过城市的文化体现出来。习近平总书记指出："中国式现代化是物质文明和精神文明相协调的现代化。"① 因此在推进中国式城市现代化的建设中，"人文城市"建设的逻辑起点是满足居民在城市生活中多样化的物质和生存需要，全方位、高质量地提升城市品质；人文城市建设的应有之义是满足居民在城市生活中对精神和文化审美等的需要。在物质文明方面，首先，数字经济发展能够促进城市内的资源进行重新配置，将资源从低效率部门配置到高效率部门，促进产业结构升级，推动城市高质量发展，为满足人民的物质生活提供保障（柏培文和张云，2021）；其次，数字经济发展能够助力城市间形成全国统一大市场，不断提升国内产品质量和竞争力，推进"双循环"新发展格局的构建，提升城市的财富创造能力和创造速度（李金昌和余卫，2022）；最后，数字经济的发展创造了大量与数字化相关的就业岗位，为大量的城镇失业人口提供了就业岗位，增加了居民收入，从而能够更好满足人们对物质生活的需要。在精神文明方面，数字经济的发展极大地丰富了人们的精神生活（蓝庆新等，2022）。首先，数字经济发展带来的数字图书馆、数字文娱等极大地丰富了城市的文化，提升了居民对于文化活动的参与度，城市空间载体内的数字文化正在逐步形成；其次，依托数字技术的教育共享平台的出现，不仅为个体学习知识提供了便利，还丰富了居民文化生活；最后，数字经济的发展为宣传城市优秀文化、加强地区间特色文化交流、提升城市形象等提供了便利，不断促进城市人文品质的提升。可以看出，数字经济的发展可以从物质文明和精神文明两个层面提升

---

① 高举中国特色社会主义伟大旗帜　为全面建设社会主义现代化国家而团结奋斗——在中国共产党第二十次全国代表大会上的报告［N］. 人民日报，2022-10-26（001）.

城市的人文水平，丰富城市的底蕴，促进"人文城市"的建设。

五 数字技术促进城市韧性水平提升

城市韧性水平反映了城市面临突发性风险后表现出的适应、恢复和可持续发展能力（Holling，1973），是中国式城市现代化的重要体现。数字经济的发展为提升城市的韧性水平创造了新的机遇。首先，大数据、人工智能、算法技术等的发展能够为城市建立一套智能化的风险预警和修复系统，利用数据的变化规律，对数据进行模拟仿真分析，提前预测风险发生的概率，有利于城市提前遏制风险或者做出防范风险的事前准备。其次，数字经济的高效性、突破地理空间单元限制性等特征，能够显著提升灾中和灾后应急救援、损失评估、恢复重建等工作的效率和成效，提升城市的韧性水平。最后，数字经济具有的"连接性"特征能够将城市道路、医疗、商品物资等相互连接起来，促进城市内部各个系统间的渗透、融合，快速配置好城市内教育、交通、医院等资源，在城市实现数字化转型的过程中加快新旧动能的转换，提升城市面对未知风险时的适应、恢复和可持续发展能力。

六 数字生产力促进城市宜居水平提升

提升城市的宜居水平，不仅是"人民城市为人民"思想的具体实践，也是城市建设的最终目标。受工业化初期发展理念的影响，我国很多城市在发展过程中过于重视生产属性，而忽视生活属性。在推进中国式城市现代化的过程中，城市发展要注重生活属性，提升宜居水平。数字经济的发展能够赋能宜居城市建设。首先，数字经济的发展能够为居民提供更加高效的城市服务供给，提升城市管理水平，实现一站式办事生活圈、社区网络化服务的便捷可及，更好地服务人民群众。其次，数字化技术在城市电力供应系统、交通基础设施系统、气象监管系统、办公系统的应用提升了居民日常生活的质量，降低了居民在城市中生活的"隐性成本"，提升了城市的宜居程度。最后，数字产品和数字服务的涌现，已经融入城市教育、文旅、卫生、金融、生态等各个领域，打破时空限制，丰富交易形态，创新生活方式，赋能城市更新行动，不断提升城市的宜居水平。

第四节　数字经济赋能城市现代化过程中面临的主要问题

党的十八大以来，我国城市品质有序提升，智慧城市、韧性城市等的建设取得显著成效，城市发展正在朝着现代化方向迈进，但是在这一过程中仍然存在城市现代化水平较低的问题，如城市新型基础设施配套不足、缺乏统一的信息化平台、数据资源过于分散、智慧城市建设水平不高等。

一　新型基础设施布局不合理，低水平重复建设与短缺问题并存

更好发挥数字经济对城市现代化的赋能作用，需要集约高效的新型基础设施作为支撑。《我国各省区市"新基建"发展潜力白皮书》对目前中国省级和城市层面的新型基础设施建设项目情况进行了统计，结果发现当前一些地区的新型基础设施布局不合理，呈现重复建设趋势，并挤占了大量的城市资源；与此同时，还有一些地区的新型基础设施却面临短缺的困境。在推进城市现代化的进程中，各城市要加强统筹，因地制宜地推动新型基础设施的建设，合理选择城市资源使用方向。

相较于传统基础设施，新型基础设施具有数字技术含量高、应用场景多、折旧更新速度快的特点。数字技术含量高是指新型基础设施是以物联网、大数据、人工智能、区块链等数字技术为依托，具有较高的技术进入壁垒；应用场景多是指新型基础设施能够充分发挥数字经济对经济发展的叠加作用，催生很多的数字应用场景；折旧更新速度快是指新型基础设施往往三到五年就会面临更新迭代的需求，这与道路等传统基础设施的质量特点不一致。这些特点决定了如果城市在发展新型基础设施上不做好规划、偏离城市实际发展需求，则在长期中可能不会取得理想的城市发展效果，还可能造成地方债务危机，最终给城市带来的收益小于投资。

二 数据要素共享水平不高，存在大量数据浪费问题

在数字经济赋能城市现代化的过程中，"数据"无疑是最重要的资源。当前，我国城市层面上数据的开放、共享仍然处于相对较低的水平，数据资源有 80% 以上掌握在各相关政府部门手中，大量数据束之高阁，主要表现在三个方面：一是"不愿开"，大部分城市管理部门在数据开放、共享方面缺乏动力，部门利益本位思想还未改变；二是"不敢开"，当前数据市场化的相关法律、制度以及标准还不完善，在一些领域甚至缺失，因而各部门往往不确定哪些数据可以开放，加之数据公开过程中存在一些不确定的风险因素，使各部门不敢开放数据；三是"不会开"，各部门的数据开放在技术层面上缺少安全可靠的平台支持，数据开放往往依赖于各部门自有的信息平台，但是这些平台在开发时往往很少考虑数据的开放和共享技术方面的设计，数据标准、接口协议等不统一，因此数据开放共享的技术难度较高。

相较于其他资源，数据具有可重复利用的特征，并且数据经过多个主体的多次利用会促使其价值进一步增值，实现价值最大化（张峰，2020）。这就意味着，数据只有在不同主体间实现开放、共享及整合才能充分释放其所蕴含的价值（李忠汉，2022）。城市作为经济活动的重要地域载体，拥有较为丰富的数据资源，因而需要尽快破除城市数据开放、共享中存在的"不愿开""不敢开""不会开"难题，最大限度地释放城市数据的价值，将数据资源培育成支撑城市现代化发展的新动力。

三 数字经济与实体经济融合不充分，不利于推动城市产业现代化

从历史规律来看，现代化的实现往往与产业变革有着深刻的关联。因此，要抓住数字经济的发展机遇，推进城市产业现代化建设，这对于实现城市现代化具有重要的意义。虽然我国产业数字化和数字产业化在提速发展，但是数实融合的深度和广度仍需拓展：一是当前第二产业的数实融合水平还偏低，截至 2020 年底，数字经济在第二、第三产业的数字化渗透率

分别为 21.0%、40.7%；二是数字技术在企业的应用仅停留在初级层面，制造业核心环节的数字化赋能水平还较低，除此之外，数字技术在产业制造全生命周期的利用率普遍低于 50%（童佩珊和施生旭，2018），数字技术的助推作用还不明显；三是企业的数字化核心人才普遍不足，难以满足数字化转型的需要，截至 2020 年底，国内数字化技术人才缺口达 417 万人，传统的人才体系又难以支撑数字化转型的需要，导致产业数字化转型的人才储备不足。

城市作为我国数字经济发展的重要载体，在城市场域内推进数字经济和实体经济的融合能够发挥数字技术对经济发展的放大、叠加作用，提升产业发展的韧性，有利于在城市内打造具有竞争优势的数字产业集群，优化城市的资源配置，推动城市向现代化方向发展。

四　城市智慧化治理水平总体较低，不利于实现城市现代化

城市智慧化治理是实现城市的精细化管理、科学化治理的前提，因而也成为中国式城市现代化的应有之义。数字经济的发展使城市智慧化治理成为可能，虽然当前各地智慧城市的建设规模在逐年扩大，但是仍然存在着一些突出问题，导致我国城市智慧化治理水平总体较低：一是城市内各部门的智慧化管理呈"碎片化"分布，一个城市内部有多个智慧平台，每个领域只用自己的平台和数据，不仅增加了居民的使用难度，不同智慧平台之间的数据还会相互冲突，降低了居民的便捷感，例如交通领域只能用交通平台、市政设施领域只能用市政平台等；二是应用场景开发不足，目前的智慧城市应用场景集中于交流、物流、医疗、园区等领域，还可以拓展到很多便民领域，例如户籍等政府服务的异地办理、智慧环保、智慧消防、智慧社区等，从而提升城市的宜居性；三是停留在数字展示的初始阶段，对数据感知质量缺乏重视，不注重数据的应用，例如当前城市中的智慧监测系统采集到的数据真正使用在城市的民生建设、经济建设、环境保护中的非常少，使数据难以在城市智慧化治理中充分发挥作用。

城市智慧化治理是促进城市绿色发展、提升城市宜居性、提高城市竞

争力的重要抓手，因而提升城市智慧化治理水平对于推进城市现代化具有重要的意义。

第五节 数字经济赋能中国式城市现代化的对策建议

城市现代化是全面建成社会主义现代化强国的关键一步。当前数字经济与城市现代化发展并行，为充分发挥数字经济对城市现代化建设的赋能作用，需从新型基础设施建设、打破数据流通壁垒、推动数实融合、加速城市精细化治理等方面全方位发力，更好促进我国城市现代化发展。

一 因地制宜推动新型基础设施集约建设，为城市现代化提供基础设施支撑

面对我国不同城市在新型基础设施建设中存在的盲目投资和投资不足困境，需要按照各城市发展实际，坚持因地制宜地推动新型基础设施的集约建设。第一，加强顶层设计，相关政府部门尽快出台新型基础设施规划、布局指导意见。各城市应该依托产业发展的实际需求布局新型基础设施，有针对性地规划下一步新型基础设施建设的重点内容，避免同质化发展。第二，针对新型基础设施技术迭代快、折旧速度快的特征，将建设理念从投资拉动转向创新驱动，把握数字经济发展的技术趋势、技术路线，在新型基础设施建设的过程中保持弹性和可拓展性，降低新型基础设施的折旧速度。第三，充分发挥市场在新型基础设施建设中的资源配置作用。各城市的新型基础设施下一步要布局什么、要建设什么应该由市场决定，要怎么建设应该由企业主体决定，避免行政手段的过度干预扰乱市场规律和创新机制。第四，针对不同类型的"新基建"，分级分类推进建设。例如，在信息基础设施领域，除了5G、星网等，更多要依靠市场进行建设；在传统基础设施数字化改造方面，例如传统铁路、中央储备库等的数字化改造，更多要依靠政企协同进行建设；在科教等公共产品属性较强的新型基础设施建设中，要更多依靠政府的力量进行投资建设。

二　打破城市内部数据流通壁垒，提高数据资源的开放和共享水平

数据的合理流通和开放共享是提升数据要素使用效率，加快城市数字化转型，进而实现城市现代化的重要方面，需从顶层设计、各主体间协同、提升平台品质等方面加快城市内部数据流通，提升数据资源的共享水平。第一，在法律和政策层面构建顶层引导机制，为数据资源的合理流动和开放共享提供法律上的保护和行动上的指导。在国家层面上，国家要在法律上规定数据资源开放的范围、哪些数据可以开放以及数据的权责等问题，使数据的开放共享有法可依；在城市层面上，各城市应该根据本城市的发展规划、战略等制定相应的政策文件，明确各类数据提供者的权责，制定数据进行整合、利用时的标准规范，确保数据开放、共享过程中数据质量的稳定性。第二，引导多元主体协作参与数据的流通和共享。上级政府机构协调各层级政府之间数据的流通与共享，建立纵向协作关系，打破城市内部部门之间的数据流通的壁垒，并成立数据公开领导小组，对城市中相关数据开放遇到的问题进行及时处理和监督。此外，政府部门要加强与其他社会组织部门和公共部门之间的共享协同关系，拓展数据可共享的渠道和范围，在横向上破除数据孤岛，重点收集交通、医疗、天气等民生领域相关数据，助力城市品质的提升。第三，建立公共数据开放平台，为各部门和公众获取数据提供高效的渠道，降低公众使用数据的门槛。提升数据获取的效率，提供数据兼容性强的平台，促进城市内、城市间各平台之间的数据联通，确保平台中的数据广度能覆盖城市生产和生活的方方面面，充分发挥数据要素的价值。

三　深度推动数实融合发展，为城市现代化积蓄新动能

城市是第二、第三产业活动的重要空间载体，加快城市中的数实融合是建设现代化产业体系的重要方面。受数据要素错配、"卡脖子"技术等的制约，我国各城市中的数实融合水平还偏低，需要从推进传统产业数字化、加快数字产业布局、塑造本土数字新品牌、优化数字人才结构等方面发力，提

升城市中的数实融合水平。第一，传统产业数字化的重点在制造业，而城市在数实融合过程中应大力发展服务型制造，鼓励制造企业向定制化服务、节能环保服务、工业设计服务、供应链服务等服务型制造模式转型，推进数字技术与制造业转型过程中的深度融合，提升制造业数智化水平。第二，营造具有活力的数字产业生态，构建基于5G技术的产业生态和应用场景，并在交通、能源、物流、医疗等领域开展试点示范，此外要鼓励第三方大数据服务产业的发展。第三，各地要培育、支持、壮大数字产业，培育一批数字软件、智能终端、信息服务、数字产品领域的领军企业，塑造本土的数字新品牌，以品牌化提升城市的数字经济发展层级。第四，优化数字人才结构，为数实融合提供人才支撑。加快构建高校与企业相结合的数字人才培养机制，培养一批懂理论和实务操作的全能型数字人才，建立稀缺数字技术人才引进绿色通道，实现数字人才供给和需求的匹配。

四 推动数字经济与城市精细化治理深度融合，提升城市治理现代化水平

新阶段下，城市治理面临新挑战和新要求，因而推动数字经济与城市精细化治理的深度融合已经成为提升城市治理现代化水平的必由之路。需从拓宽数字经济在城市治理领域的应用场景、提升基层和社区的智慧化治理水平等方面发力，提高城市智慧化治理水平。第一，优化智慧城市规划建设的方法论体系。城市智慧化建设是不断迭代、不断升级的过程，因此，智慧城市的规划和设计应该具有较强的可拓展性和包容性，当产生新技术和新应用时，能便捷地接入现有智慧化体系中，实现智慧城市平稳、有序迭代升级和演化。第二，重视基层社区的智慧化治理，以基层社区的发展需要为导向，对相关领域进行智慧化改造，依托社区层面的智慧化治理，打通城市协同化和精细化治理的桥梁。第三，拓展智慧城市的应用场景，加速研发以社区为应用场域、以数字科技和信息技术为技术依托的社区智慧化治理应用场景。第四，利用云计算等新一代信息技术推动城市治理设施之间的互联互通，借助数字化中承载的算力、算法等手段解决城市治理中跨部门、跨行政层级形成的"边界排斥"问题，构建城市治理全景"一张图"，不断提升城市治理现代化水平。

第十章 研究结论、政策启示与研究展望

　　前述章节对互联网发展、市场整合与城市生产率增长之间的关系及内在作用机制进行了理论与实证分析。本书不仅证明了互联网发展促进市场整合效应的存在和市场整合促进城市生产率增长效应的存在，还进一步探索出互联网发展通过提高城市间的市场整合程度，进而促进城市生产率增长的传导路径和影响效应。本章将对前文的研究结论进行总结，并在此基础上提出相关政策建议和进一步的研究展望。

第一节　研究结论

　　本书围绕当前我国互联网快速发展和统筹区域协调发展的现实背景，以新兴互联网经济理论、区域一体化理论和经济增长理论为理论基础，将"互联网发展→市场整合→城市生产率增长"作为基本的逻辑路径，旨在探索市场整合在互联网发展影响城市生产率增长过程中的传导路径和影响机制。在对基础理论和以往相关文献进行回顾的基础上，从空间联通机制、经济整合机制和制度作用机制三个方面探析了互联网发展影响市场整合的内在机制，并通过构建包含互联网因素的跨期分工决策模型进一步验证了互联网发展影响市场整合的影响机理；进而利用新经济地理学中的自由企业家模型考察了市场整合影响城市生产率增长的内在逻辑，进一步将互联网发展、市场整合与城市生产率增长纳入统一的分析框架，探究市场整合路径下互联网发展影响城市生产率增长的内在机制。通过对中国近年来市场整合和城市生产率增长水平的测算和分析以及对互联网的发展特征

和时空演变特征等的分析，识别当前中国互联网发展情况、市场整合和城市生产率增长的基本特征和经验事实。之后，利用中国城市层面的面板数据实证分析了互联网发展对市场整合的影响效应；在此基础上，进一步实证研究了市场整合对城市生产率增长的影响效应，以及该效应是通过促进效率改善还是通过促进技术进步实现的。上述研究得出的结论如下。

第一，互联网发展（包括固定互联网发展和移动互联网发展）对城市间的市场整合具有显著的正向促进作用。本书发现，（1）互联网发展会通过空间网络效应、规模效应、交易成本降低效应和制度完善效应对市场整合产生促进作用，但是其引致的空间集聚效应、垄断效应、信息冗余等则会对市场整合产生抑制作用，最终的影响效应取决于两者博弈的结果，实证研究结果证明考察期内互联网发展对市场整合的正向促进作用大于负向抑制作用；（2）互联网发展对市场整合的正向促进作用会随着互联网规模的扩大而提升，呈现边际递增的特征；（3）互联网发展对市场整合的影响具有区域异质性特征，相较于互联网发展水平还较低的内陆地区和中部地区，沿海地区和东部地区的互联网发展对市场整合的促进作用更强；（4）基于经济发达程度的异质性分析结果表明，相较于初始经济发展水平较低的城市，具有一定经济发展基础的城市更容易通过互联网发展水平的提升促进城市间的市场整合；（5）基于城市规模的异质性分析结果表明，超大、特大和大城市中的互联网发展能够显著促进市场整合水平的提升，并且该影响效应高于全国层面的平均水平，中小城市的这一影响效应虽然为正，但是大小和显著性均有所降低，说明城市规模越大，互联网的网络效应越强；（6）互联网发展对市场整合的促进作用具有独立性，不会被高速铁路、高速公路等交通基础设施所替代，并且互联网对市场整合的影响在较大的地理范围内能够更好地发挥作用。

第二，市场整合对城市生产率增长的影响依赖市场整合程度的大小，当市场整合程度较低时会对城市生产率增长产生负向抑制作用，当市场整合程度较高时会对城市生产率增长产生正向促进作用。研究发现，（1）在样本考察期内（2006～2018年），市场整合对城市生产率增长产生了显著的促进作用，说明样本考察期内我国最低的市场整合水平已经越过了对城市生产率增长产生负向影响的拐点，市场化经济体制改革的效果明显；

（2）市场整合对城市生产率增长的影响具有区域异质性特征，相较于内陆地区和中部地区，沿海地区和东部地区的市场整合对城市生产率增长的促进作用更强，而西部地区和东北地区的市场整合对城市生产率增长的影响效应并不显著；（3）市场整合对城市生产率增长的影响具有"因经济发达程度而异"的特征，与初始经济发展水平较低的城市相比，初始经济发达程度高、经济发展基础好的城市更容易通过市场整合促进城市生产率的增长，因而各地区在推进市场整合的过程中，还需要不断提高城市的经济发展实力，挖掘更多的经济增长点，以此形成正向合力，从而更好地促进城市生产率增长水平的提升；（4）市场整合对城市生产率增长的影响具有"因城市行政层级而异"的特征，因为高行政层级城市受政府行为的影响较深，所以市场整合对城市生产率增长的影响并不显著，但是低行政层级城市中的这一影响效应显著为正；（5）市场整合对城市全要素生产率增长的影响主要是通过效率改善效应发挥的，而技术进步效应的效果并不明显。这说明市场整合在实现规模经济、提升资源优化配置效率、促进市场竞争过程中，也正向影响了生产部门的管理方式变革和制度革新，进而有助于效率改善效应的发挥。

第三，互联网发展不仅可以直接促进城市生产率增长，还可以通过促进市场整合实现效率改善间接促进城市生产率增长，也即市场整合在互联网促进城市生产率增长过程中发挥了中介作用。研究发现：（1）市场整合路径下互联网发展对城市生产率增长的影响具有区域异质性特征，沿海地区互联网发展对城市生产率增长影响的直接效应和通过作用于市场整合影响城市生产率增长的间接效应以及总效应均显著为正，并且三个效应均高于全国层面上的平均水平，而内陆地区的三个效应虽然显著为正，但是各效应的数值大小明显低于全国平均水平；（2）市场整合路径下互联网发展对城市生产率增长的影响还具有基于城市规模的异质性特征，在超大、特大和大城市中，互联网发展影响城市生产率增长的直接效应及通过市场整合的间接效应均显著为正，但是在中小城市中，这一影响效应的大小和显著性明显降低；（3）在初始经济发展水平较高的城市中，互联网发展影响城市生产率增长的直接效应，以及通过作用于市场整合影响城市生产率增长的间接效应和总效应均显著为正，而在初始经济发展水平较低的城市中，互联网发展影响城市生产率增长的直接效应、间接效应和总效应虽然为正，但是均不显著。

第二节　政策启示

在"双循环"战略实施的背景下，整合国内市场资源、利用市场规模优势提升城市的全要素生产率增长水平是畅通国内大循环、实现经济高质量发展的关键。近年来，互联网的快速发展逐步打破了传统市场的地域限制，拓展了城市间合作交流的渠道，为各地市场要素的匹配流动、生产方式的变革提供了新的动力，进而成为影响城市全要素生产率增长的重要力量。本部分在前文研究结论的基础上，提出相应的政策启示。

第一，随着信息通信技术的发展，城市间的市场整合对互联网发展的需求越来越迫切。进一步提升互联网普及率，特别是移动互联网普及率已经成为新发展格局下畅通国内大循环的重要方面之一。

具体来说，互联网发展不仅带来了规模经济，还加速了城市间的市场整合。与交通基础设施等其他因素不同，互联网发展对市场整合的促进作用存在网络效应和规模效应，更具有持久性。随着互联网普及率的提高，其对市场整合的边际贡献也逐渐增大，并且移动互联网普及率对市场整合的促进作用更强。因而地方政府要积极推进互联网基础设施的普及优化，扩大公共无线网络的覆盖范围，对固定互联网和移动互联网的基础设施建设"双管齐下"，打破互联网使用的空间限制。一方面，继续推进互联网基础设施建设，着力加大对内陆城市、中西部城市、低行政层级城市和城市规模较小城市的互联网建设与政策扶持，使这些地区的民众和企业认识到使用互联网的便利，提升民众使用互联网的意愿，着力解决中国互联网发展中存在的空间集聚和数字鸿沟问题，逐步推进互联网的全面普及；另一方面，各地政府应该积极贯彻实施网络强国战略，大力发展移动互联网、大数据、物联网、云计算等新兴产业，鼓励信息技术在社会生活中的应用，为企业和居民通过互联网参与市场活动提供稳定的互联网硬件设施保障。

第二，在互联网发展促进市场整合的过程中，要重视对互联网信息的监管，防止互联网带来的平台垄断，营造良好的网络环境。

具体来说，互联网的快速发展同样也面临着海量虚假信息、信息冗余、平台垄断等负面影响的挑战，这些因素均不利于市场的整合和经济高质量发展，因而在提升互联网普及率的同时，地方政府不仅要加强对互联网信息的监管，提升线上市场信息使用的安全性，建立相应的法律制度对虚假信息和违规信息发布者进行严厉的惩处，还需要加强对互联网平台垄断行为的监管，完善互联网时代"相关市场"的界定方法，维护公平有序的市场秩序。首先，地方政府要重视网信监管工作，通过网络信息监督提高各市场主体获取信息的有效性，提高信息端与市场供给端的有效连接效率，推动网络信息与市场有效衔接的可持续性；其次，制定完善的法律条款，完善对传递、散布互联网虚假信息行为的界定和惩罚措施，净化网络信息环境；再次，地方政府要着力营造良好的互联网参与环境，加大对市场参与主体的网络信息风险普及和教育，使各主体能够科学合理地使用互联网开展区际生产和交易活动；最后，互联网的"锁定效应""自然垄断"等经济特征容易造成行业垄断，干扰正常的市场秩序运行，不利于市场整合，但是互联网所具有的免费增值、锁定效应等又给反垄断带来了新的挑战，传统的"5%原则""假定垄断者测试"等的适应性引起了一定的争议，因而相关部门应该进一步完善信息化时代的反垄断测试办法，规范互联网经济下各商业活动的市场化发展。

第三，加强地区间的市场整合不仅是区域协调发展的关键方面之一，也是提升城市全要素生产率增长水平，实现经济高质量发展的重要举措。

具体来说，我国地区间的市场分割已经成为阻碍区域协调发展和经济高质量转型的主要方面。区域协调发展和高质量发展问题也是"十四五"时期我国区域经济发展的主要任务。本书在对市场整合与城市生产率增长关系的分析过程中发现，高度的市场整合所伴随的竞争加剧、技术溢出、需求规模改变等效应是促进城市全要素生产率增长的关键因素。除了利用互联网技术促进城市间的市场整合以外，合理引导地方政府之间竞争、营造更加公平开放的市场环境、设计更加科学的各地区利益分配机制也是实现市场整合进而促进城市全要素生产率增长的重要方面。首先，中央政府需要进一步摒弃"唯 GDP 至上"的晋升考核机制，更多从经济发展质量、参与其他地区的合作项目数、环保、创新、民生等方面对地方政府官员进行考核，破除地方保护主义，引导地方政府之间的竞争，营造良好的市场竞争环境。其次，对于地方政府自身来说，也要树立更加科学的政绩观念，利用互联网主动加强与其他地区的合作和交流，把提升全要素生产率增长和经济发展质量作为地方政府施政的核心和关键。再次，建立健全地方政府之间更加畅通和常态化的沟通机制，这也是城市间市场整合的关键。可以利用互联网建立专门的地方政府网上对话渠道，加强地方性产业政策、市场制度之间的协同，避免重点产业政策和制度的冲突或雷同，利用互联网建立数字化政府，提高沟通效率和频率，这是消除市场分割，进而实现经济高质量发展的关键。最后，地方政府不愿意进行市场整合的原因主要还在于市场整合之后的利益分配问题，如何得到与地区贡献相符合的利益，同时兼顾各地方政府的利益最大化目标是地区间市场整合面临的关键问题。因此，地方政府需要事前明确利益分配机制，对区际违约行为进行惩处，并利用互联网及时宣传普及这些规章制度，使各地区充分了解这些规定和保障，从制度层面保障市场整合的顺利进行。

第三节　研究展望

本书是笔者攻读博士学位期间对中国互联网发展、市场整合与城市生产率增长之间关系的一些思考和研究，期望这些思考和研究为我国互联网的合理化发展、区域一体化建设、全要素生产率增长等提供更多的启示。然而，受限于个人研究能力和认知水平，本书还存在以下不足之处，有待在未来研究中进一步挖掘和改进。

第一，城市间的市场整合行为具有多元性。本书主要考察的是城市间商品市场的整合，基于"一价定律""冰川成本"等理论，采用价格法测算了各城市间商品零售价格指数的差别，这有助于更加直观、全面地观察各城市商品市场整合的具体程度。但是，该方法可能忽视了地区间的要素市场整合状态，也没有考虑到不同类型的地方保护行为所导致的差异化影响，如户籍制度放松背景下的劳动力市场整合程度、金融发展导致的资本市场整合等。在后续研究中，笔者将继续探索更加科学全面的市场整合衡量方法，并进一步探析互联网发展能否对要素市场的整合产生显著影响并作用于城市生产率增长。

第二，互联网发展具有广泛性。目前中国的互联网发展具有广泛性特征，互联网基础设施的多元化、互联网催生商业模式的多样化等都使互联网发展体现在多个层面。本书从当前我国互联网发展的具体实际出发，选取了固定互联网普及率、移动互联网普及率作为互联网发展的衡量指标。但是由于数据获取方面的限制，本书并未考虑互联网使用的安全环境、互联网平台发展情况等。因此，在后期的研究中，笔者也将利用数据爬虫技术，获取更多层面的数据，争取使用更加多元化的互联网发展指标对互联网发展、市场整合与城市生产率增长之间的关系进行研究。

第三，市场整合路径下互联网发展对市场整合的影响机制具有多样性。本书在互联网发展影响市场整合的内在机制过程中，主要基于市场整合产生的根源，从空间联通机制、经济整合机制和制度作用机制三个层面考察了互联网发展对市场整合的影响；接下来，在市场整合作用于城市生产率增长的内在机制过程中，从竞争加剧效应、技术溢出效应、资源配置效应、需求规模改变效应分析了市场整合对城市生产率增长的作用机制，这些方面基本构成了互联网发展通过作用于市场整合进而影响城市生产率增长的机制。但是，不可否认的是，由于互联网发展情况和市场整合存在复杂性和多样性特征，这都可能使市场整合路径下互联网发展对城市生产率增长的影响机制存在多元性，而这也可能被本书所遗漏。因此，笔者在后期的研究中将继续关注互联网发展、市场整合与城市生产率增长之间的关系，以期为"立足中国实际，解决中国问题"、促进经济高质量发展提供更多的有益启示。

第四，进一步促进市场整合、提升城市经济发展质量具有系统性。本书通过理论和实证分析，考察了互联网发展通过作用于市场整合对城市生产率增长的影响。在政策启示中，笔者也提出了实现互联网规范化发展、促进市场整合以提升城市全要素生产率增长的主要路径。但是，在当前中国经济转型过程中，促进互联网规范化发展、促进市场整合以提升城市全要素生产率的路径具有多样性，这都使提升互联网发展质量、统筹区域协调发展、促进城市生产率增长成为一个系统性的复杂过程。因此，如何更加系统地、全面地寻求提升互联网发展质量、市场整合和城市生产率增长的内在路径也是笔者在未来持续关注的重点之一。

参考文献

Aghion P, Howitt P. Endogenous Growth Theory [M]. Cambridge Mass: MIT Press, 1998.

Aigner D, Lovell C, Schmidt P. Formulation and Estimation of Stochastic Frontier Production Function Models [J]. Journal of Econometrics, 1977, 6: 21-37.

Alesina A, La Farrara E. Ethnic Diversity and Economic Performance [J]. Journal of Economic Literature, 2005, 43(3): 762-800.

Alexandre R. ICT Penetration and Aggregate Production Efficiency: Empirical Evidence for a Cross-section of Fifty Countries [J]. Journal of Applied Economical Sciences, 2008(3): 65-72.

Anderson J E, Wincoop E V. Trade Costs [J]. Journal of Economic Literature, 2004, 42(3): 691-751.

Ark B V, Inklaar R. Catching up or Getting Stuck? Europe's Troubles to Exploit ICT's Productivity Potential [A]. GD-79 Research Memorandum [C]. The Netherlands: Groningen Growth and Development Centre, 2005.

Arthur W B. Increasing Returns and the Two Worlds of Business [J]. Harvard Business Review, 1996(7-8): 100-109.

Au C, Henderson J V. Are Chinese Cities too Small? [J]. Review of Economic Studies, 2006, 73 (3): 549-576.

Banker R D, Charnes A, Cooper W. Some Models for Estimating Technical and Scale Inefficiencies in Data Envelopment Analysis [J]. Management science, 1984, 30: 1078-1092.

Baourakis G, Kourgiantakis M, Migdalas A. The Impact of E-commerce on Agro-food Marketing: The Case of Agricultural Cooperatives, Firms and Consumers in Crete[J]. British Food Journal, 2002, 104(8).

Baron R M, Kenny D A. The Moderator-mediator Variable Distinction in Social Psychological Research: Conceptual, Strategic, and Statistical Considerations [J]. Journal of Personality and Social Psychology, 1986, 51(6): 1173-1182.

Basu S, Fernald J. Information and Communications Technology as a General-purpose Technology: Evidence for Us Industry Data[J]. German Economic Review. 2007, 8(2): 146-173.

Baumol W J. Macroeconomics of Unbalanced Growth: The Anatomy of Urban Crisis[J]. American Economic Review, 1967, 57(3): 415-426.

Becker G S, Murphy K M, Tamura R. Human Capital, Fertility, and Economic Growth [J]. Journal of Political Economy, 1990, 98(5): S12-S37.

Bertrand M, Duflo E, Mullainathan S. How Much Should We Trust Differences-in-differences Estimates? [J]. The Quarterly Journal of Economics, 2004, 119(1): 249-275.

Bloom N, Schankerman M, Reenen V J. Identifying Technology Spillovers and Product Market Rivalry [J]. Econometrica, 2013, 81(4): 1347-1393.

Bosworth B P, Triplett J E. Is the 21st Century Productivity Expansion still in Services? And What should be Done about It? [J]. Washington, 2007, 14(1): 1-33.

Brynjolfsson E, Hitt L. Paradox Lost? Firm-level Evidence on the Returns to Information Systems Spending [J]. Management Science, 1996, 42(4): 541-558.

Bun M., Windmeijer F. The Weak Instrument Problem of the System Gmm Estimator in Dynamic Panel Data Models[J]. The Econometrics Journal, 2010, 13 (1): 95-126.

Chen Z, Chan I C. Smart Cities and Quality of Life: A Quantitative Analysis of Citizens' Support for Smart City Development [J]. Information Technology & People, 2023, 36(1): 263-285.

Choi C, Yi M H. The Effect of the Internet on Economic Growth: Evidence from Cross-country Panel Data [J]. Economics Letters, 2009, 105 (1): 39-41.

Chung Y H, Färe R, Grosskopf S. Productivity and Undesirable Outputs: A Directional Distance Function Approach [J]. Journal of Environmental Management, 1997, 51: 229-240.

Chu S Y. Internet, Economic Growth and Recession [J]. Modern Economy, 2013, 4 (3A): 209-213.

Coase R H, The Nature of the Firm [J]. Economica, 1937, 4 (16): 386-405.

Coe D T, Helpman E. International R&D Spillovers [J]. European Economic Review, 1995, 39 (5): 859-887.

Colecchia A, Schreyer P. ICT Investment and Economic Growth in the 1990s: Is the United States A Unique Case? A Comparative Study of Nine OECD Countries [J]. Review of Economic Dynamics, 2002, 5 (2): 408-442.

Conti M, Sulis G. Human Capital, Employment Protection and Growth in Europe [J]. Journal of Comparative Economics, 2016, 44 (2): 213-230.

Corrado C. Modeling Aggregate Productivity at a Disaggregate Level: New Results for U. S. Sectors and Industries [Z]. EU KLEMS Working Paper Series, 2006 (9).

Cumming D, Johan S. The Internet and Regional Economic Development [J]. Academy of Management Annual Meeting Proceedings, 2007, 2007 (1): 1-6.

Czernich N, Falck O, Kretschmer T, et al. Broadband Infrastructure and Economic Growth [J]. Economic Journal, 2011, 121 (552): 505-532.

Daveri F. The New Economy in Europe: 1992-2001 [J]. Oxford Review of Economic Policy, 2002, 18 (3): 345-362.

Dewan S, Kraemer K L. Information Technology and Productivity: Evidence from Country-level Data [J]. Management Science, 2000, 46 (4): 548-562.

Dippel C, Ferrara A, Heblich S. Causal Mediation Analysis in Instrumental-variables Regressions [J]. The Stata Journal, 2020, 20 (3): 613-626.

Fan X, Song D L, Zhao X Y. How Infrastructure Construction Reduces Market Segregation in China: Achievements and Problems [J]. China Economist, 2017, 12 (6): 28-41.

Farrell M J. The Measurement of Productive Efficiency [J]. Journal of the Royal Statistical Society, 1957(120): 253−290.

Firpo S, Fortin N M, Lemieux T. Unconditional Quantile Regressions [J]. Econometrica, 2009, 77(3): 953−973.

Forslid R, Ottaviano G I P. An Analytically Solvable Core−periphery Model [J]. Journal of Economic Geography, 2003, 3(3): 229−240.

Färe R, Grosskopf S, Lindgren B, et al. Productivity Developments in Swedish Hospitals: A Malmquist Output Index Approach [M]. Springer Netherlands, 1994.

Fujita M, Krugman P, Venables A J. The Spatial Economy: Cities, Regions, and International Trade [J]. Mit Press Books, 2001, 1(1): 283−285.

Goldfarb A, Tucker C. Digital Economics [J]. Journal of Economic Literature, 2019, 57(1): 3−43.

Gretton P, Gali J, Parham D. The Effects of ICTs and Complementary Innovations on Australian Productivity Growth [J]. SourceOECD. Sciense and Information Technology, 2004, 31: 314−344.

Griffith R, Redding S, Reenen J. V. Mapping the Two Faces of R&D: Productivity Growth in a Panel of OECD Industries [J]. Review of Economic and Statistics, 2000, 86: 883−895.

Griliches Z. Issues in Assessing the Contribution of Research and Development to Productivity Growth [J]. The Bell Journal of Economics, 1979(1): 92−116.

Hardy A P. The Role of the Telephone in Economic Development [J]. Telecommunications Policy, 1980, 4(4): 278−286.

Hayes A F. Beyond Baron and Kenny: Statistical Mediation Analysis in the New Millennium [J]. Communication Monographs, 2009, 76(4): 408−420.

Heo P S, Lee D H. Evolution of the Linkage Structure of ICT Industry and Its Role in the Economic System: the Case of Korea [J]. Information Technology for Development, 2019, 25(3): 424−454.

Hofstede G. Culture's Consequence [M]. Beverly Hills: Sage, 1980.

Holling C S. Resilience and Stability of Ecological Systems [J]. Annual Review of Ecology and Systematic, 1973(4): 1-23.

Hsieh C, P Klenow, Misallocation and Manufacturing TFP in China and In-dia [J]. Quarterly Journal of Economics, 2009, 124(4): 1403-1448.

Huang R R. Distance and Trade: Disentangling Unfamiliarity Effects and Transport Cost Effects [J]. European Economic Review, 2007, 51(1): 161-181.

Jeanneney S G, Hua P, Liang Z. Financial Development, Economic Efficien-cy, and Productivity Growth: Evidence from China [J]. Developing Economies, 2006, 44(1): 27-52.

Jorgenson D W, Ho M S, Stiroh K. J. A Retrospective Look at the US Pro-ductivity Growth Resurgence [J]. Journal of Economic Perspectives, 2008, 22 (1): 3-24.

Jorgenson D W, Stiroh K J. Information Technology and Growth [J]. A-merican Economic Review, 1999, 89(2): 109-15.

Jorgenson D W, Vu K. Information Technology and the World Economy [J]. Scandinavian Journal of Economics, 2005, 107(4): 631-650.

Jovanovic B. Firm-specific Capital and Turnover [J]. Journal of Political E-conomy, 2005, 87(6): 1246-1260.

Jung J. Regional Inequalities in the Impact of Broadband on Productivity: Evidence from Brazil [A]. Mpra Paper, 2014.

Katz M L, Shapiro C. Network Externalities, Competition and Compatibility [J]. American Economic Review, 1985, 75(3): 424-440.

Koopmans T C. Activity Analysis of Production and Allocation [M]. New York: Wiley, 1951.

Kumar A. China: Internal Market Development and Regulation [M]. World Bank Publications, 1994.

Kumbhakar S C, Lovell K. Stochastic Frontier Analysis: An Econometric Ap-proach [M]. New York: Cambridge University Press, 2000.

Leff N H. Externalities, Information Costs, and Social Benefit-cost Analysis for Economic Development: an Example from Telecommunications [J]. Econom-ic Development and Cultural Change, 1984, 32(2): 255-276.

Leff N H. Externalities, Information Costs, and Social Benefit-cost Analysis for Economic Development: An Example from Telecommunications [J]. Economic Development and Cultural Change, 1984, 32(2): 255-276.

Li J, Qiu L D, Sun Q. Interregional Protection: Implications of Fiscal Decentralization and Trade Liberalization [J]. China Economic Review, 2003, 14(3): 227-245.

Lin W T, Shao B B M. The Business Value of Information Technology and Inputs Substitution: the Productivity Paradox Revisited [J]. Decision Support Systems, 2006, 42(2): 493-507.

Lipsey R G. The Theory of Customs Union: A General Survey [J]. Economic Journal, 1960: 11-23.

Litan R E, Rivlin A M. Projecting the Economic Impact of the Internet [J]. American Economic Review, 2001, 91(2): 313-317.

Lucas R E. On the Mechanics of Economic Development [J]. Journal of Monetary Economics, 1988, 22(1): 3-42.

Machlup F. The History of Thought on Economic Integration [J]. Journal of Economic History, 1978, 38(1): 323-585.

Malerba F, Nelson R, Orsenigo L, et al. Demand, Innovation and the Dynamics of Market Structure: the Role of Experimental Users and Diverse Preferences[J]. Journal of Evolutionary Economics, 2007, 17(4): 371-399.

Matthews R C O. The Economics ofInstitutions and the Sources of G rowth [J]. Economic Journal, 1986, 96(384): 903-918.

Meade J. The Theory of Customs Union[M]. Amsterdam: North-Holland, 1955.

Meeusen W, Julien V D B. Efficiency Estimation from Cobb-douglas Production Functions with Composed Error [J]. International Economic Review, 1977, 18(2): 435.

Montealegre F, Thompson S R, Eales J S. An Empirical Analysis of the Determinants of Success of Food and Agribusiness E-commerce Firms[J]. International Food and Agribusiness Management Review, 2007, 10(1).

Montobbio F. An Evolutionary Model of Industrial Growth and Structural Change[J]. Structural Change and Economic Dynamics, 2012, 13(4): 387−414.

Nambisan S, Wright M, Feldman M. The Digital Transformation of Innovation and Entrepreneurship: Progress, Challenges and Key Themes [J]. Research policy, 2019, 48 (8): 1−9.

Naughton B, How much Can Regional Integration Do to Unify China's Markets? [C]. Conference for Research on Economic Development and Policy Research, Stanford University, 1999.

Noseleit F. Entrepreneurship, Structural Change, and Economic Growth[J]. Journal of Evolutionary Economics, 2011, 23(4): 735−766.

Nunn N, Qian N. US Food Aid and Civil Conflict[J]. American Economic Review, 2014, 104(6): 1630−1666.

Parsley D C, Shang−Jin W. Convergence to the Law of One Price without Trade Barriers or Currency Fluctuations [J]. Quarterly Journal of Economics, 1996(4): 1211−1236.

Parsley D C, Wei S J, Limiting Currency Volatility to Stimulate Goods Market Integration: a Price Based Approach[R]. NBER Working Paper, 2001, No. 8468.

Peters T. Spanning the Digital Divide−understanding and Tackling the Issues [M]. Cape Town, South Africa: Bruce White Press, 2001.

Pisano P, Pironti M, Rieple A. Identify Innovative Business Models: Can innovative Business Models Enable Players to React to Ongoing or Unpredictable Trends[J]. Entrepreneurship Research Journal, 2015, 5(3): 181−199.

Poncet S. Measuring Chinese Domestic and International Integration [J]. China Economic Review, 2003, 14(1): 1−21.

Pradhan R P, Arvin M B, Norman N R. The Dynamics of Information and Communications Technologies Infrastructure, Economic Growth, and Financial Development: Evidence from Asian Countries [J]. Technology in Society, 2015, 42(8): 135−149.

Qian Y, Weingast B R. Federalism as a Commitment to Preserving Market Incentives [J]. Journal of Economic Perspectives, 1997 , 11(4): 83−92.

Richard B, et al. Economic Geography and Public Policy [M]. Princeton U-niversity Press, 2002.

Romer P, Increasing Returns and Long-rungrowth [J]. Journal of Political Economy, 1986, 94 (5): 1002-1037.

Rudra S. Comparative Area Studies and the Study of the Global South [J]. Vestnik Rudn International Relations, 2020, 20 (2): 279.

Samuelson P A. The Transfer Problem and Transport Costs II: Analysis of Effects of Trade Impediments [J]. Economic Journal, 1954, 64 (254): 264-289.

Schumpeter J. The Theory of Economic Development: an Inquiry into Prof-its, Capital, Credit, Interest, and the Business Cycle [M]. Cambridge, MA: Har-vard University, 1934.

Shin D H, Clioi M J, Kim W G. Ecological Views of Big Data: Perspectives and Lssues [J]. Telematics & Lnformatics, 2015, 32 (2): 311-320.

Shobhakar D. Urban Energy Use and Carbon Emissions from Cities in China and Policy Implications [J]. Energy Policy, 2009 (5): 20.

Solow R M. Perspectives on Growth Theory [J] The Journal of Economic Perspectives, 1994, 8 (1): 45-54.

Solow R M. We' d Better Watch Out [N]. NewYork Times Book Re-view, 1987, 7: 36.

Stephens E C, Mabaya E, Cramon-Taubadel S V, et al. Spatial Price Adjust-ment with and without Trade [J]. Oxford Bulletin of Economics and Statistics, 2012, 74 (3): 453-469.

Stiroh K. Are ICT Spillovers Driving the New Economy? [J]. Review of Income and Wealth, 2002, 48 (1): 33-57.

Stiroh K J. Information Technology and the U. S. Productivity Revival: What do the Industry Data Say? [J]. American Economic Review, 2002, 92 (5): 1559-1576.

Strassmann P A. The Business Value of Computers: an Executive's Guide [M]. New Canaan, CT: Information Economic Press, 1990.

Studer R. The Great Divergence Reconsidered: Europe, India, and the Rise to Global Economic Power [M]. London: University of Cambridge Press, 2015.

VIiner J. The Customs Union Issue[M]. New York: The Carnegie Endowment for International Peace, 1950.

Vining A, Globeman S. A Conceptual Framework for Understanding the Outsourcing Decision[J]. European Management Journal, 1999, (17): 645-654.

Weil D N, Basu S. Appropriate Technology and Growth [J]. Quarterly Journal of Economics, 2000, 113(4): 1025-1054.

Whitesell R S. Industrial Growth and Efficiency in The United States and the Former Soviet Union [J]. Comparative Economic Studies, 1994, 36(4): 47-77.

Williamson O E. Transaction-cost Economics: the Governance of Contractual Relations [J]. Journal of Law and Economics, 1979, 22(2): 233-261.

Xu B, Lu J Y. Foreign Direct Investment, Processing trade, and the Sophistication of China's Exports[J]. China Economic Review, 2009, 20 (3): 425-439.

Young A. The Razor's Edge: Distortions and Incremental Reform in the People's Republic of China [J]. Quarterly Journal of Economics, 2000, 115(4): 1091-1135.

Yushkova E. Impact of ICT on Trade in Different Technology Groups: Analysis and Implications [J]. International Economics and Economic Policy, 2014, 11(1): 165-177.

安虎森，陈晓佳. 市场整合的城镇化效应分析——基于交通扩大市场规模的视角 [J]. 甘肃社会科学，2018 (1)：131-139.

安同良，杨晨. 互联网重塑中国经济地理格局：微观机制与宏观效应 [J]. 经济研究，2020，55 (2)：4-19.

白俊红，刘怡. 市场整合是否有利于区域创新的空间收敛 [J]. 财贸经济，2020，41 (1)：96-109.

白重恩，杜颖娟，陶志刚，仝月婷. 地方保护主义及产业地区集中度的决定因素和变动趋势 [J]. 经济研究，2004 (4)：29-40.

柏培文，喻理. 数字经济发展与企业价格加成：理论机制与经验事实 [J]. 中国工业经济，2021 (11)：59-77.

柏培文，张云. 数字经济、人口红利下降与中低技能劳动者权益 [J]. 经济研究，2021，56 (5)：91-108.

卞元超，白俊红．市场分割与中国企业的生存困境［J］．财贸经济，2021，42（1）：120-135.

卞元超．市场分割的环境污染效应研究［D］．东南大学，2019.

布里安·阿瑟，刘云鹏．收益递增与两个商业世界［J］．经济导刊，2000（3）：7-16.

蔡昉．全要素生产率增长怎么提高？［J］．商讯，2018（6）：89-90.

蔡跃洲，张钧南．信息通信技术对中国经济增长的替代效应与渗透效应［J］．经济研究，2015（12）：100-114.

曹春方，张婷婷，范子英．地区偏袒下的市场整合［J］．经济研究，2017，52（12）：91-104.

茶洪旺，胡江华．中国数字鸿沟与贫困问题研究［J］．北京邮电大学学报（社会科学版），2012（1）：74-80.

陈亮，李杰伟，徐长生．信息基础设施与经济增长——基于中国省际数据分析［J］．管理科学，2011，24（1）：98-107.

陈柳，于明超，刘志彪．长三角的区域文化融合与经济一体化［J］．中国软科学，2009，（11）：53-63.

陈文，吴赢．数字经济发展、数字鸿沟与城乡居民收入差距［J］．南方经济，2021，386（11）：1-17.

陈晓东，杨晓霞．数字经济发展对产业结构升级的影响——基于灰关联熵与耗散结构理论的研究［J］．改革，2021（3）：26-39.

程艳，袁益．内生交易费用与商品市场分割——兼论互联网企业的创新行为［J］．中共浙江省委党校学报，2017，33（4）：98-106.

楚明钦，刘志彪．装备制造业规模、交易成本与生产性服务外化［J］．财经研究，2014，40（7）：108-118.

崔蓉，李国锋．中国互联网发展水平的地区差距及动态演进：2006～2018［J］．数量经济技术经济研究，2021，38（5）：3-20.

戴维·N. 韦尔．经济增长［M］．金志农、古和今译，中国人民大学出版社，2007年．

戴亦一，肖金利，潘越．"乡音"能否降低公司代理成本？——基于方言视角的研究［J］．经济研究，2016，51（12）：147-160+186.

邓慧慧，杨露鑫．高质量发展目标下市场分割的效率损失与优化路径［J］．浙江社会科学，2019（6）：4-14+155．

邓明．中国地区间市场分割的策略互动研究［J］．中国工业经济，2014（2）：18-30．

丁从明，吉振霖，雷雨，梁甄桥．方言多样性与市场一体化：基于城市圈的视角［J］．经济研究，2018，53（11）：148-164．

丁志帆．数字经济驱动经济高质量发展的机制研究：一个理论分析框架［J］．现代经济探讨，2020，（1）：85-92．

董晓媛，路易斯·普特曼．中国国有工业企业劳动力冗员问题研究［J］．经济学（季刊），2002（1）：397-418．

董直庆，蔡啸．技术进步方向诱发劳动力结构优化了吗？［J］．吉林大学社会科学学报，2016，56（5）：25-33+187-188．

杜丹清．互联网助推消费升级的动力机制研究［J］．经济学家，2017（3）：48-54．

樊纲，王小鲁，马光荣．中国市场化进程对经济增长的贡献［J］．经济研究，2011，46（9）：4-16．

范爱军，李真，刘小勇．国内市场分割及其影响因素的实证分析——以我国商品市场为例［J］．南开经济研究，2007（5）：111-119．

范欣，宋冬林，赵新宇．基础设施建设打破了国内市场分割吗？［J］．经济研究，2017，52（2）：20-34．

范子英，张军．财政分权、转移支付与国内市场整合［J］．经济研究，2010，45（3）：53-64．

付强，乔岳．政府竞争如何促进了中国经济快速增长：市场分割与经济增长关系再探讨［J］．世界经济，2011，34（7）：43-63．

付强．市场分割促进区域经济增长的实现机制与经验辨识［J］．经济研究，2017，52（3）：47-60．

傅京燕．我国对外贸易中污染产业转移的实证分析——以制造业为例［J］．财贸经济，2008（5）：97-102．

傅元海，叶祥松，王展祥．制造业结构优化的技术进步路径选择——基于动态面板的经验分析［J］．中国工业经济，2014（9）：78-90．

高帆．基于城乡关系视域的要素市场化改革与全国统一大市场建设[J]．马克思主义与现实，2022，(5)：110-118.

龚六堂，林东杰．资源配置效率与经济高质量发展[J]．北京大学学报（哲学社会科学版），2020，57（6）：105-112.

桂琦寒，陈敏，陆铭，陈钊．中国国内商品市场趋于分割还是整合：基于相对价格法的分析[J]．世界经济，2006（2）：20-30.

郭家堂，骆品亮．互联网对中国全要素生产率增长有促进作用吗？[J]．管理世界，2016（10）：34-49.

郭进，徐盈之，顾紫荆．我国产业发展的低端锁定困境与破解路径——基于矫正城镇化扭曲视角的实证分析[J]．财经研究，2018，44（6）：64-76.

国务院发展研究中心课题组．国内市场一体化对中国地区协调发展的影响及其启示[J]．中国工商管理研究，2005（12）：22-25.

韩宝国，朱平芳．宽带对中国经济增长影响的实证分析[J]．统计研究，2014，31（10）：49-54.

韩保江，李志斌．中国式现代化：特征、挑战与路径[J]．管理世界，2022，38（11）：29-43.

韩长根，张力．互联网是否改善了中国的资源错配——基于动态空间杜宾模型与门槛模型的检验[J]．经济问题探索，2019（12）：43-55.

韩兆柱，马文娟．"互联网+"背景下智慧城市建设路径探析[J]．电子政务，2016（6）：89-96.

郝寿义，马洪福．中国智慧城市建设的作用机制与路径探索[J]．区域经济评论，2021，(3).

何大安，任晓．互联网时代资源配置机制演变及展望[J]．经济学家，2018（10）：63-71.

何凡．地区竞争及其对国家产业空间结构演进的影响[D]．西南财经大学，2008.

洪正，谢漾．财政分权制度、市场分割同群效应与产能过剩[J]．中南大学学报（社会科学版），2021，27（4）：111-127.

侯世英，宋良荣．数字经济、市场整合与企业创新绩效[J]．当代财经，2021（06）：78-88.

黄玖立，李坤望．出口开放、地区市场规模和经济增长［J］．经济研究，2006（6）：27-38.

黄玖立．对外贸易、区域间贸易与地区专业化［J］．南方经济，2011（6）：7-22.

黄群慧，余泳泽，张松林．互联网发展与制造业生产率提升：内在机制与中国经验［J］．中国工业经济，2019（8）：5-23.

黄小勇，查育新，朱清贞．互联网对中国绿色经济增长的影响——基于中国省域绿色竞争力的实证研究［J］．当代财经，2020（7）：112-123.

黄赜琳，王敬云．地方保护与市场分割：来自中国的经验数据［J］．中国工业经济，2006（2）：60-67.

黄赜琳，姚婷婷．市场分割与地区生产率：作用机制与经验证据［J］．财经研究，2020，46（1）：96-110.

江曼琦，刘勇．"三生"空间内涵与空间范围的辨析［J］．城市发展研究，2020，27（4）：43-48+61.

江三良，赵梦婵．市场整合促进全要素生产率提升的路径分析——来自长江经济带的证据［J］．福建论坛（人文社会科学版），2020（3）：83-91.

江永红，陈羃楠．产业结构服务化对全要素生产率增长增速的影响机理［J］．改革，2018（5）：87-96.

姜舸，安同良，陈孝强．新发展格局下的互联网与数字经济研究——第二届互联网与数字经济论坛综述［J］．经济研究，2021，56（4）：198-200.

姜建强，乔延清，孙烽．信息技术革命与生产率悖论［J］．中国工业经济，2002（12）：21-27.

姜涛，任荣明，袁象．我国信息化与区域经济增长关系实证研究——基于区域差异的面板数据分析［J］．科学学与科学技术管理，2010，31（6）：120-125.

解晋．转移支付、对外开放与劳动力市场整合——分权下的锦标赛竞争［J］．上海经济研究，2021（3）：33-44.

荆文君, 孙宝文. 数字经济促进经济高质量发展: 一个理论分析框架 [J]. 经济学家, 2019, 242 (2): 66-73.

柯善咨, 郭素梅. 中国市场一体化与区域经济增长互动: 1995~2007 年 [J]. 数量经济技术经济研究, 2010, 27 (05): 62-72+87.

孔令池. 国内市场分割的测度及其影响因素分析 [J]. 郑州大学学报 (哲学社会科学版), 2019, 52 (1): 59-64+127-128.

蓝庆新, 童家琛, 丁博岩. 数字经济与共同富裕的关联机制和协调发展 [J]. 经济社会体制比较, 2022, 223 (5): 18-26.

李海舰, 田跃新, 李文杰. 互联网思维与传统企业再造 [J]. 中国工业经济, 2014 (10): 135-146.

李杰伟, 吴思栩. 互联网、人口规模与中国经济增长: 来自城市的视角 [J]. 当代财经, 2020 (1): 3-16.

李金昌, 余卫. 共同富裕统计监测评价探讨 [J]. 统计研究, 2022, 39 (2): 3-17.

李立威, 景峰. 互联网扩散与经济增长的关系研究——基于我国 31 个省份面板数据的实证检验 [J]. 北京工商大学学报 (社会科学版), 2013, 28 (3): 120-126.

李善同, 侯永志, 刘云中, 陈波. 中国国内地方保护问题的调查与分析 [J]. 经济研究, 2004 (11): 78-84+95.

李斯嘉, 吴利华. 市场分割对区域创新资源配置效率的影响 [J]. 现代经济探讨, 2021 (1): 75-87.

李文洁. 国内市场分割对经济增长的影响路径研究 [J]. 开发研究, 2013 (3): 127-131.

李雪松. 大数据推进城市公共服务精细化的逻辑解构 [J]. 电子政务, 2018 (5): 93-100.

李一丹, 王超. 互联网对"一带一路"沿线区域经济增长的影响研究 [J]. 商业经济研究, 2019 (5): 118-121.

李政, 杨思莹. 创新型城市试点提升城市创新水平了吗? [J]. 经济学动态, 2019, 702 (8): 70-85.

李忠汉. 数字治理驱动治理重心下移的机制分析——以北京市"接诉

即办"改革为例［J］. 北京社会科学，2022（11）：25-33.

理查德·桑德尔. 衍生品不是坏孩子：金融期货和环境创新的传奇［M］. 陈晗等译，北京：东方出版社，2013.

梁平汉，江鸿泽. 金融可得性与互联网金融风险防范——基于网络传销案件的实证分析［J］. 中国工业经济，2020，385（04）：116-134.

林娟. 互联网对经济收敛性的影响研究［J］. 经济问题探索，2016（01）：7-13.

林文. 财政分权、产业政策与中国国内市场整合［J］. 中国经济问题，2011（3）：70-77.

林文益. 论国内统一市场的形成［J］. 北京商学院学报，1994（01）：9-14+20.

林毅夫. 新结构经济学——重构发展经济学的框架［J］. 经济学（季刊），2011，10（1）：1-32.

蔺子荣，徐景颜，阎兆万. 论地域分工对市场一体化与规模经济的影响［J］. 山东大学学报（哲学社会科学版），1988（2）：75-82+125.

刘凤委，于旭辉，李琳. 地方保护能提升公司绩效吗——来自上市公司的经验证据［J］. 中国工业经济，2007（4）：21-28.

刘华军，彭莹，贾文星，裴延峰. 价格信息溢出、空间市场一体化与地区经济差距［J］. 经济科学，2018（3）：49-60.

刘辉煌，刘晓函. 基于市场分割的地方政府补贴对地区贸易出口的影响［J］. 财经理论与实践，2019，40（2）：118-125.

刘建，许统生，涂远芬. 交通基础设施、地方保护与中国国内贸易成本［J］. 当代财经，2013，（9）：87-99.

刘瑞明. 国有企业、隐性补贴与市场分割：理论与经验证据［J］. 管理世界，2012（4）：21-32.

刘瑞翔. 区域经济一体化对资源配置效率的影响研究——来自长三角26个城市的证据［J］. 南京社会科学，2019（10）：27-34.

刘生龙，胡鞍钢. 基础设施的外部性在中国的检验：1988～2007［J］. 经济研究，2010（3）：4-15.

刘小勇，李真. 财政分权与地区市场分割实证研究［J］. 财经研究，

2008（2）：88-98.

刘小勇．市场分割能改善地方经济绩效吗［J］．山西财经大学学报，2010，32（10）：18-27.

刘修岩，何玉梅．集聚经济、要素禀赋与产业的空间分布：来自中国制造业的证据［J］．产业经济研究，2011（3）：10-19.

刘毓芸，戴天仕，徐现祥．汉语方言、市场分割与资源错配［J］．经济学（季刊），2017，16（04）：1583-1600.

刘毓芸，戴天仕，徐现祥．汉语方言、市场分割与资源错配［J］．经济学（季刊），2017，16（04）：1583-1600.

刘云鹏．论信息产品的经营战略［J］．经济导刊，2000（06）：50-59+69.

刘姿均，陈文俊．中国互联网发展水平与经济增长关系实证研究［J］．经济地理，2017，37（8）：108-113+154.

陆铭，陈钊，严冀．收益递增、发展战略与区域经济的分割［J］．经济研究，2004（1）：54-63.

陆铭，陈钊．分割市场的经济增长——为什么经济开放可能加剧地方保护？［J］．经济研究，2009，44（3）：42-52.

吕冰洋，聂辉华．弹性分成：分税制的契约与影响［J］．经济理论与经济管理，2014（7）：43-50.

吕明元，陈磊．"互联网+"对产业结构生态化转型影响的实证分析——基于上海市2000～2013年数据［J］．上海经济研究，2016（9）：110-121.

吕荣杰，杨蕾，张义明．人工智能、产业升级与人力资本的关系研究——基于省际面板的PVAR模型分析［J］．管理现代化，2021，41（1）：26-31.

吕越，盛斌，吕云龙．中国的市场分割会导致企业出口国内附加值率下降吗［J］．中国工业经济，2018（5）：5-23.

吕越，田琳，吕云龙．市场分割会抑制企业高质量创新吗？［J］．宏观质量研究，2021，9（1）：29-44.

罗楚亮，梁晓慧．互联网就业搜寻对流动人口就业与工资的影响

［J］．学术研究，2021（3）：72-79.

罗珉，李亮宇．互联网时代的商业模式创新：价值创造视角［J］．中国工业经济，2015（1）：95-107.

毛其淋，盛斌．对外经济开放、区域市场整合与全要素生产率增长［J］．经济学（季刊），2012，11（1）：181-210.

毛琦梁，王菲．交通发展、市场分割与地区产业增长［J］．财贸研究，2018（8）：16-30.

毛宇飞，曾湘泉，祝慧琳．互联网使用、就业决策与就业质量——基于 CGSS 数据的经验证据［J］．经济理论与经济管理，2019（1）：72-85.

宁光杰，杨馥萍．互联网使用与劳动力产业流动——对低技能劳动者的考察［J］．中国人口科学，2021（2）：88-100+128.

潘爽，叶德珠．交通基础设施对市场分割的影响——来自高铁开通和上市公司异地并购的经验证据［J］．财政研究，2021（3）：115-129.

彭澎，周月书．新世纪以来农村金融改革的政策轨迹、理论逻辑与实践效果——基于 2004~2022 年中央"一号文件"的文本分析［J］．中国农村经济，2022，（9）：2-23.

彭绪庶．目标导向的创新驱动发展战略实施进展研究［J］．经济纵横，2019（5）：74-86.

戚聿东，刘翠花，丁述磊．数字经济发展、就业结构优化与就业质量提升［J］．经济学动态，2020（11）：17-35.

邱子迅，周亚虹．数字经济发展与地区全要素生产率——基于国家级大数据综合试验区的分析［J］．财经研究，2021，47（7）：4-17.

任保平，刚翠翠．我国城乡市场分割的制度分析［J］．中州学刊，2011，（4）.

任保平，李婧瑜．数字经济背景下中国式城市现代化的路径与政策创新［J］．西安财经大学学报，2023，36（2）：3-11.

任志成，张二震，吕凯波．贸易开放、财政分权与国内市场分割［J］．经济学动态，2014（12）：44-52.

邵文波，李坤望．信息技术、团队合作与劳动力需求结构的差异性［J］．世界经济，2014，37（11）：72-99.

申广军，王雅琦．市场分割与制造业企业全要素生产率［J］．南方经济，2015（4）：27-42．

沈立人，戴园晨．我国"诸侯经济"的形成及其弊端和根源［J］．经济研究，1990（3）：12-19+67．

沈悦，郭品．互联网金融、技术溢出与商业银行全要素生产率［J］．金融研究，2015（3）：160-175．

盛斌，毛其淋．贸易开放、国内市场一体化与中国省际经济增长：1985~2008年［J］．世界经济，2011（11）：44-66．

施炳展，李建桐．互联网是否促进了分工：来自中国制造业企业的证据［J］．管理世界，2020，36（4）：130-149．

施炳展．互联网与国际贸易——基于双边双向网址链接数据的经验分析［J］．经济研究，2016，51（5）：172-187．

石敬勋．互联网平台经济的区域集聚与空间溢出效应研究［D］．山东大学，2020．

石磊，马士国．市场分割的形成机制与中国统一市场建设的制度安排［J］．中国人民大学学报，2006（3）：25-32．

石枕．怎样理解和计算"全要素生产率增长"的增长——评一个具体技术经济问题的计量分析［J］．数量经济技术经济研究，1988（12）：68-71．

宋冬林，范欣，赵新宇．区域发展战略、市场分割与经济增长——基于相对价格指数法的实证分析［J］．财贸经济，2014（08）：115-126．

宋马林，金培振．地方保护、资源错配与环境福利绩效［J］．经济研究，2016，51（12）：47-61．

宋书杰．对外开放与市场分割是倒U型关系吗？［J］．当代财经，2016（6）：15-24．

宋旭光，何佳佳，左马华青．数字产业化赋能实体经济发展：机制与路径［J］．改革，2022（6）：76-90．

宋志涛．经济开放、市场分割与我国地区经济发展不平衡［D］．山东大学，2012．

苏剑，邵宇佳，陈丽娜．中国市场一体化进程：趋势、成效与建议

[J]. 社会科学辑刊, 2021 (3): 157-170.

苏庆义. 国内市场分割是否导致了中国区域发展不平衡 [J]. 当代经济科学, 2018, 40 (4): 101-112+128.

苏治, 荆文君, 孙宝文. 分层式垄断竞争: 互联网行业市场结构特征研究——基于互联网平台类企业的分析 [J]. 管理世界, 2018, 34 (4): 80-100+187-188.

孙博文. 市场分割影响城市经济增长的新经济地理解释 [J]. 城市与环境研究, 2020 (3): 3-28.

孙利君. 我国数字经济发展战略与对策研究 [J]. 管理现代化, 2020, 40 (3): 74-76.

孙浦阳, 张靖佳, 姜小雨. 电子商务、搜寻成本与消费价格变化 [J]. 经济研究, 2017, 52 (7): 139-154.

谭用, 孙浦阳, 胡雪波, 张为付. 互联网、信息外溢与进口绩效: 理论分析与经验研究 [J]. 世界经济, 2019, 42 (12): 77-98.

田帆, 孙琳琳. 信息化 (ICT) 外溢对我国全要素生产率 (TFP) 增长的影响 [J]. 统计与决策, 2013 (18): 123-126.

童佩珊, 施生旭. 城市生态化与智慧城市建设耦合协调评价分析——以厦门市为例 [J]. 生态经济, 2018, 34 (5): 148-153.

汪淼军, 张维迎, 周黎安. 信息技术、组织变革与生产绩效——关于企业信息化阶段性互补机制的实证研究 [J]. 经济研究, 2006 (1): 65-77.

汪向东, 张才明. 互联网时代我国农村减贫扶贫新思路——"沙集模式"的启示 [J]. 信息化建设, 2011 (2): 6-9.

王弟海, 黄亮, 李宏毅. 健康投资能影响跨国人均产出差距吗?——来自跨国面板数据的经验研究 [J]. 经济研究, 2016, 51 (8): 129-143.

王瑾. 完善导向标识 给"大城市病"减压 [J]. 人民论坛, 2018, 594 (14): 58-59.

王娟. "互联网+"与劳动生产率: 基于中国制造业的实证研究 [J]. 财经科学, 2016 (11): 91-98.

王娟. 信息化、创新与劳动生产率——基于 CDM 模型的实证研究

[J].财经科学，2017（6）：70-81.

王磊，邓芳芳.市场分割与资源错配——基于生产率分布视角的理论与实证分析 [J].经济理论与经济管理，2016（11）：16-26.

王满仓，吴登凯.中国经济高质量发展的潜在增长率研究 [J].西安财经大学学报，2021，34（1）：19-27.

王宋涛，温思美，朱腾腾.市场分割、资源错配与劳动收入份额 [J].经济评论，2016（1）：13-25+79.

王伟，孔繁利.交通基础设施建设、互联网发展对区域市场分割的影响研究 [J].云南财经大学学报，2020，36（7）：3-16.

王玥，孟婉荣.互联网赋能城镇居民家庭消费升级研究——基于CGSS2015数据分析 [J].辽宁大学学报（哲学社会科学版），2020，48（6）：82-93.

王钺，刘秉镰.创新要素的流动为何如此重要？——基于全要素生产率的视角 [J].中国软科学，2017（8）：91-101.

王钺."互联网+国家治理"破解突发性公共卫生事件的机理及其思考——以新型冠状病毒肺炎疫情防控为例 [J].情报理论与实践，2021，44（2）：64-70.

王铮，庞丽，腾丽，等.信息化与省域经济增长研究 [J].中国人口·资源与环境，2006，16（1）：35-39.

韦施威，杜金岷，潘爽.数字经济如何促进绿色创新——来自中国城市的经验证据 [J].财经论丛，2022，291（11）：10-20.

魏天保.税收负担、税负结构与企业投资 [J].财经论丛，2018（12）：28-37.

温忠麟，叶宝娟.中介效应分析：方法和模型发展 [J].心理科学进展，2014，22（5）：731-745.

吴向鹏.发展战略、市场分割与统一市场建设——专业化分工的视角 [J].中共宁波市委党校学报，2005（4）：46-49.

吴义爽，盛亚，蔡宁.基于互联网+的大规模智能定制研究——青岛红领服饰与佛山维尚家具案例 [J].中国工业经济，2016（4）：127-143.

吴意云，朱希伟.中国为何过早进入再分散：产业政策与经济地理

[J]. 世界经济，2015，38（2）：140-166.

习近平.高举中国特色社会主义伟大旗帜 为全面建设社会主义现代化国家而团结奋斗——在中国共产党第二十次全国代表大会上的报告 [N].人民日报，2022-10-26（001）.

席鹏辉，梁若冰，谢贞发，苏国灿.财政压力、产能过剩与供给侧改革 [J].经济研究，2017（9）：86-102.

夏杰长.数字贸易的缘起、国际经验与发展策略 [J].北京工商大学学报（社会科学版），2018，33（5）：1-10.

肖建华，熊娟娟.财政引导创新资源配置效率及其影响因素——来自18个高新区与新区的经验分析 [J].财经理论与实践，2018，39（3）：105-111.

肖利平.“互联网+”提升了我国装备制造业的全要素生产率吗 [J].经济学家，2018（12）：38-46.

谢莉娟，陈锦然，王诗桪.ICT投资、互联网普及和全要素生产率 [J].统计研究，2020，37（9）：56-67.

谢平，邹传伟.互联网金融模式研究 [J].金融研究，2012（12）：11-22.

谢小平，汤萱，傅元海.高行政层级城市是否更有利于企业生产率的提升 [J].世界经济，2017，40（6）：120-144.

徐保昌，谢建国.市场分割与企业生产率：来自中国制造业企业的证据 [J].世界经济，2016，39（1）：95-122.

徐慧超，张曼芮，陆香怡，赵彦云.数字化对于国际贸易发展及竞争格局的影响 [J].调研世界，2022，35（6）：11-22.

徐伟呈，范爱军.“互联网+”驱动下的中国产业结构优化升级 [J].财经科学，2018（03）：119-132.

徐伟呈，范爱军.互联网技术驱动下制造业结构优化升级的路径——来自中国省际面板数据的经验证据 [J].山西财经大学学报，2018，40（7）：45-57.

徐现祥，李郇，王美今.区域一体化、经济增长与政治晋升 [J].经济学（季刊），2007（4）：1075-1096.

徐现祥，李郇．市场一体化与区域协调发展［J］．经济研究，2005（12）：57-67.

徐现祥，刘毓芸，肖泽凯．方言与经济增长［J］．经济学报，2015（2）：1-32.

许和连，亓朋，祝树金．贸易开放度、人力资本与全要素生产率：基于中国省际面板数据的经验分析［J］．世界经济，2006（12）：3-10+96.

宣烨．本地市场规模、交易成本与生产性服务业集聚［J］．财贸经济，2013（8）：117-128.

亚当·斯密．国民财富的性质和原因的研究［M］，商务印书馆，1996.

颜色，刘丛．18世纪中国南北方市场整合程度的比较——利用清代粮价数据的研究［J］．经济研究，2011（12）：124-137.

杨思维，苟露峰，毛艳华．市场分割、对外开放与城市群经济增长——以粤港澳大湾区为例［J］．经济问题探索，2019（11）：125-133.

姚毓春，张嘉实．构建基于全国统一大市场的城乡融合发展路径研究［J］．求是学刊，2022，49（6）：51-63.

叶初升，任兆柯．互联网的经济增长效应和结构调整效应——基于地级市面板数据的实证研究［J］．南京社会科学，2018（4）：18-29.

银温泉，才婉茹．我国地方市场分割的成因和治理［J］．经济研究，2001（6）：3-12.

尹正，倪志伟．区域博弈、产业分工与经济一体化［J］．中国流通经济，2017，31（12）：65-72.

余东华，刘运．地方保护和市场分割的测度与辨识——基于方法论的文献综述［J］．世界经济文汇，2009（1）：80-93+49.

余胜泉，汪晓凤．"互联网+"时代的教育供给转型与变革［J］．开放教育研究，2017，23（1）：29-36.

余泳泽，刘大勇．我国区域创新效率的空间外溢效应与价值链外溢效应——创新价值链视角下的多维空间面板模型研究［J］．管理世界，2013（7）：6-20+70+187.

余泳泽，潘妍．中国经济高速增长与服务业结构升级滞后并存之谜——基于地方经济增长目标约束视角的解释［J］．经济研究，2019，54

（3）：150-165.

余泳泽，张先轸.要素禀赋、适宜性创新模式选择与全要素生产率提升［J］.管理世界，2015（9）：13-31+187.

俞前.企业竞争的维度与层次研究［D］.首都经济贸易大学，2014.

袁志刚，陆铭.对我国城镇失业率变动趋势的理论推断［J］.天津社会科学，1998（5）：56-61.

曾国平，彭艳，曹跃群.产业结构调整与全要素生产率增长实证分析［J］.重庆大学学报（社会科学版），2015，21（6）：77-85.

曾龙.地方政府竞争、土地出让策略与城市生产率研究［D］.华中师范大学，2019.

詹娜.电子商务对我国商品市场分割的影响研究［D］.浙江工商大学，2018.

张锋.中国社会治理：语境、演进、特征和展望［J］.中共中央党校（国家行政学院）学报，2020（6）：71-78.

张桂文，孙亚南.人力资本与产业结构演进耦合关系的实证研究［J］.中国人口科学，2014（6）：96-106.

张昊.再议国内区域市场是趋于分割还是整合——对测度方法的探讨与改进［J］.财贸经济，2014，396（11）：101-110.

张家平，程名望，潘烜.互联网对经济增长溢出的门槛效应研究［J］.软科学，2018（9）：1-4.

张杰，张培丽，黄泰岩.市场分割推动了中国企业出口吗？［J］.经济研究，2010，45（8）：29-41.

张军，金煜.中国的金融深化和生产率关系的再检测：1987—2001［J］.经济研究，2005（11）：34-45.

张克俊，唐新.我国城乡要素市场的二元性再分析与统一建设取向［J］.中州学刊，2019（11）：34-41.

张昕蔚.数字经济条件下的创新模式演化研究［J］.经济学家，2019，247（7）：32-39.

张勋，万广华，张佳佳，何宗樾.数字经济、普惠金融与包容性增长［J］.经济研究，2019，54（8）：71-86.

张勋，杨桐，汪晨，万广华．数字金融发展与居民消费增长：理论与中国实践［J］．管理世界，2020，36（11）：48-63．

张营营，彭硕毅，白东北．数字经济影响城市创新质量的效应与机制研究［J］．经济经纬，2023，40（1）：14-24．

张永林．互联网、信息元与屏幕化市场——现代网络经济理论模型和应用［J］．经济研究，2016，51（9）：147-161．

张于喆．数字经济驱动产业结构向中高端迈进的发展思路与主要任务［J］．经济纵横，2018（9）：85-91．

张宇．地方保护与经济增长的囚徒困境［J］．世界经济，2018，41（03）：147-169．

张之光，于睿，史耀波．信息技术投资与中国经济增长：基于向量自回归模型的分析［J］．系统工程，2014，32（5）：75-81．

张治栋，赵必武．互联网产业集聚能否缓解地区资源错配——基于长三角41个城市的经验分析［J］．科技进步与对策，2021，38（13）：46-54．

赵吉．总体性治理策略：面向复杂社会的城市安全实现逻辑［J］．理论与改革，2022，248（6）：96-105+159-160．

赵奇伟，熊性美．中国三大市场分割程度的比较分析：时间走势与区域差异［J］．世界经济，2009（6）：41-53．

赵伟，赵嘉华．互联网、离岸与技术进步的要素偏向：一个全球视野［J］．世界经济研究，2020（9）：104-118+137．

赵晓男，代茂兵，郭正权．科技创新与中国产业结构升级［J］．经济与管理研究，2019，40（7）：61-74．

赵玉奇．国内市场整合、空间互动与区域协调发展［D］．湖南大学，2018．

郑世林，周黎安，何维达．电信基础设施与中国经济增长［J］．经济研究，2014，49（05）：77-90．

周建中，陈秀宏．非对称信息下市场需求与生产成本同时发生扰动时的供应链决策［J］．中国管理科学，2013，21（03）：61-70．

后　记

本书是在我博士学位论文的基础上整理而成的，在尽量保持博士学位论文原貌的前提下，我努力做了修改和完善，并增加了近两年来的一些研究成果。本书的"后记"内容主要源自我博士学位论文中的"致谢"，因为这个"致谢"是在我学习生涯告一段落时内心最好的表达，也是在本书即将问世之时，我内心最好的独白。

我在南开园度过了四年的春夏秋冬，春柳依依、夏荷悠悠、叶落励学路、雪覆文中馆。至今依稀记得 2016 年冬天踏入南开园参加博士研究生入学面试时的紧张，而转眼间就到了离别之际。回首来路，还好在求学期间我有幸遇到一群恩师和挚友，得到了他们无私的指导和倾囊相助，谨在此向给予我指导、帮助及鼓励的老师、朋友和家人致以我最真挚的感谢和祝福。

首先，我要特别感谢我的授业恩师刘秉镰教授，能够成为刘老师的学生是我的荣幸。在学业中，刘老师的严谨要求与谆谆教导令我受益良多，使我迅速进入了博士研究生该有的学习状态，不断拓宽学术视野，提升自己的学术科研能力。我的博士学位论文是在刘老师的悉心指导和帮助下完成的，老师深厚的学术功底、严谨求实的工作态度值得我一生去学习。在生活中，刘老师对我无微不至的关心和鼓励总是能使我及时调整好心态，乐观地投入学习中，他"做人、做事、做学问"的智慧，是我一生之所求。再次感谢恩师的谆谆教诲，在今后的人生道路上我将始终以您为学习的榜样！

其次，我要感谢在我攻读博士学位期间给予我帮助和指导的白雪洁老师、李兰冰老师、周密老师、江曼琦老师、刘维林老师、刘玉海老师……

感谢老师们无私的指导和关怀，在我博士学位论文的写作过程中给予了我宝贵的意见和中肯的建议，增强了我的信心和不断前行的勇气，同时也要感谢邢相云老师、靳羽珊老师、王天娇老师……谢谢你们在生活中总能给我提供帮助。

感谢我的硕士研究生导师白俊红教授，白老师在我攻读博士学位期间还时常给予我帮助和关心，是我亦师亦友的人生导师。此外，我还要感谢边杨师姐、孙智帅师兄、孙哲师兄、吕程师兄、王海鹏师兄、尹喆师兄、汪旭师弟、秦文晋师妹、孙鹏博师弟等的鼓励和陪伴，他们使我愉快地度过了枯燥的博士生学习生活。感谢同窗海鹏、冉忠明、孙超、张轶群、刘莹莹、阎丽、刘旺、张开志、关乾伟，有你们的日子格外美好！感谢南京师范大学卞元超副教授、北京大学国家发展研究院李彦龙博士后对我博士学位论文写作所给予的帮助！

最后，感谢我的家人，没有你们的支持我就不会取得今天的成功。我不能忘记博士学位论文写作期间，父母为了让我多一些写作时间，每天专程来给我做好一日三餐的日子。感谢我的公婆为了让我完成学业，帮我照顾幼小的女儿。感谢我的丈夫张煜晖陪我一同求学，他总是能及时开导我，消化我的坏情绪，使我能够及时调整好心态。感谢我的姐姐王戈帮我承担起照顾父亲、母亲的责任。感谢我的女儿张芷宁，懂事听话、健康活泼，小小的年纪却能够理解我，让我安心求学。

未来路漫漫，唯愿自己能不忘初心，不负梦想，继续前行！最后，还要感谢中共中央党校（国家行政学院）经济学教研部城乡经济教研室的邹一南教授对本书出版给予的莫大支持！

王钺

二〇二三年十一月于北京

图书在版编目（CIP）数据

数字经济时代互联网发展对城市全要素生产率的影响/
王钺著 . -- 北京：社会科学文献出版社，2024.5（2025.1 重印）
ISBN 978-7-5228-3612-6

Ⅰ.①数…　Ⅱ.①王…　Ⅲ.①互联网络-影响-城市
-全要素生产率-研究-中国　Ⅳ.①F299.2

中国国家版本馆 CIP 数据核字（2024）第 095463 号

数字经济时代互联网发展对城市全要素生产率的影响

著　　者／王　钺

出 版 人／冀祥德
组稿编辑／任文武
责任编辑／张丽丽
文稿编辑／李铁龙
责任印制／王京美

出　　版／社会科学文献出版社·生态文明分社（010）59367143
　　　　　　地址：北京市北三环中路甲 29 号院华龙大厦　邮编：100029
　　　　　　网址：www.ssap.com.cn
发　　行／社会科学文献出版社（010）59367028
印　　装／唐山玺诚印务有限公司

规　　格／开　本：787mm×1092mm　1/16
　　　　　　印　张：18.75　字　数：293 千字
版　　次／2024 年 5 月第 1 版　2025 年 1 月第 2 次印刷
书　　号／ISBN 978-7-5228-3612-6
定　　价／98.00 元

读者服务电话：4008918866